Capito

Übungsbuch 2

C.C. Buchner

CAPITO
Unterrichtswerk für Italienisch
Herausgegeben von Andreas Jäger und Axel Schmidt

CAPITO 2 wurde bearbeitet von Norbert Becker, Luciana Gandolfi-Rihl, Andreas Jäger, Karma Mörl, Axel Schmidt, Udo Schmitt, Norbert Stöckle und Susanne Zieglmeier
unter Mitarbeit von
Viviana Cessi

Bildnachweise

Archiv für Kunst und Geschichte, Berlin (1), Norbert Becker, Mainz (11), Cesa-Diaarchiv, Cölbe (2), dpa-Bildarchiv, Frankfurt (8), Interfoto, München (4), Internationales Bildarchiv Horst von Irmer, München (1), Andreas Jäger, München (5), Keystone Pressedienst, Hamburg (3), Karma Mörl, München (1), Scala, Florenz (2), Axel Schmidt, München (9), Norbert Stöckle, Bodenheim (6), Transglobe Agency, Hamburg (2), Zentrale Farbbild Agentur, Düsseldorf (2), Susanne Zieglmeier, München (1), Verlagsarchiv (4)
M. Carazzi (et al.): Spazi e civiltà 1. Firenze 1984. Jean-Baptiste Duroselle: Europa. Gütersloh/München 1990. Lucio Gambi / Carlo Ginzburg: L'Italia. Regioni e paesaggi. Bologna 1976 und ²1980. W. Koschatzky: Die Kunst der Zeichnung. Salzburg/Wien 1977. Gabriele Nepi: Conosci la tua città: San Benedetto del Tronto. San Benedetto del Tronto 1984. Silver: Il grande Lupo Alberto 2. Milano 1990. Guido Silvestri/Quipos: Lupo Alberto. Milano 1986. Vamba: Il Giornalino di Gian Burrasca. Firenze 1964

1. Auflage 5 4 3 2 1   1997 96 95
Die letzte Zahl bedeutet das Jahr dieses Druckes.

Alle Drucke dieser Auflage sind, weil untereinander unverändert, nebeneinander benutzbar.

ISBN 3 7661 4902 4

© 1995 C. C. Buchners Verlag, Bamberg
Das Werk und seine Teile sind urheberrechtlich geschützt.
Jede Verwertung in anderen als den gesetzlich zugelassenen Fällen bedarf deshalb der vorherigen schriftlichen Einwilligung des Verlages.

Einband: Rolf Hirsch, Bamberg
Illustrationen: Sabine Schmidt-Malaj, Zorneding
Satz und Druck: Fränkischer Tag GmbH & Co. KG, Bamberg
Bindearbeiten: Universitätsdruckerei Heinrich Stürtz AG, Würzburg

INHALT

Lektion	Themen	Grammatische Strukturen	Kommunikative Ziele
1 Una metropoli va in vacanza			**8**
A Ma che caldo!	Mailand im August	Konjunktiv Präsens	Alltagsbedürfnisse ausdrücken, Suche nach Dienstleistungen formulieren
B In vacanza al lago di Como	Rund um den Comer See	Konjunktiv Perfekt Relativpronomen **cui**	Vorzüge und Kultur eines Feriengebiets darstellen, einen Prüfling ermutigen
C Due immigrati a Milano	Ein Lied über Mailand; Leonardo da Vinci in Mailand		über poetische Texte sprechen
2 Tutte le strade portano a . . . ?			**22**
A Roma capitale: tesoro o incubo?	Rom: Vorzüge und Probleme	Indirekte Rede I	sich kritisch zur sozialen Wirklichkeit äußern
B Roma – la città più affascinante del mondo	Zwei Neuankömmlinge in Rom	**trapassato prossimo**	zu einer neuen Umgebung Stellung beziehen, über einen literarischen Text sprechen
C Roma – il tema dei poeti e cantautori	Ein Gedicht und ein Lied über Rom		über poetische Texte sprechen, persönlich Stellung nehmen

3	La più antica università			36
	A Un po' di storia	Universität Bologna: Geschichte	Passiv **si impersonale**	Geschichte darstellen und mit der Gegenwart konfrontieren
	B Maestro Simone medico	Spott über den **dottore di Bologna**	Gerund	erzählen, Einwände vorbringen und berichten
	C Studi d'italiano in Italia	Ferienkursanmeldung		sich telefonisch und schriftlich um Kurs und Zimmer bemühen

4	Patria ed emigrazione			52
	A San Benedetto del Tronto	Portrait und Geschichte des Ortes	**passato remoto**	Geschichte(n) erzählen
	B Rivoluzionarie, ma non troppo	Zwei junge Italienerinnen in Deutschland		Menschen schildern, andere und sich selbst erfassen, persönliche Perspektiven entwickeln
	C Paese che vai, gente che trovi	Klischeevorstellungen von Europäern		Vorurteile wiedergeben, kritisch dazu Stellung nehmen

5	Ricostruzione e volontariato			64
	A Il terremoto del 1976	Das Friaul und die Bewältigung einer Naturkatastrophe	Konjunktiv Imperfekt/ Plusquamperfekt Zeitenfolge I	Mißverständnisse klären, Stolz auf seine Heimat ausdrücken
	B Non serve volare, basta volere	Helfen und Hilfsorganisationen	Indirekte Rede II Zeitenfolge II	über eigene caritative Tätigkeiten sprechen
	C Osterie	Gastronomie im Friaul		über Arbeit und Freizeit sprechen

6	Un'isola – un mondo			76
A	Un congresso internazionale	Gespräch über die Identität und die Probleme Sardiniens	Konjunktionen I	die eigene Welt historisch, wirtschaftlich und kulturell darstellen, Informationen einholen
B	In Sardegna	Eine Erzählung über den Zusammenhang von Sprache und Bewußtsein	Konjunktionen II Hervorhebung	über einen literarischen Text sprechen, persönliche Stellungnahme abgeben
C	In treno o in aereo?	Möglichkeiten, nach Sardinien zu gelangen		Reiseinformationen einholen, eine Reise buchen

7	Viaggi e feste storiche			94
A	Una gita scolastica	Planung einer Schulfahrt in die Toskana	Konditionalsätze	sich über Planung und Ziele einer Reise verständigen
B	Feste storiche in Toscana	Feste in Arezzo, Florenz und Siena		historische Hintergründe darlegen, Vorgänge beschreiben
C	Giannino Stoppani detto «Gian Burrasca»	Eine Geschichte aus der Kindheit		Geschichten erzählen

8	Problemi naturali – e sociali			108
A	L'Etna: un vicino focoso	Ein Ausbruch des Ätna	Wortbildung durch Präfixe	Probleme und Denkweisen von Menschen darstellen und diskutieren
B	Un problema grave della vita sociale	Das organisierte Verbrechen und seine Hintergründe		ein Phänomen nach Für und Wider erörtern
C	L'Italia – un paese di contrasti	Die vielen Gesichter Italiens		über Gegensätze sprechen, Vergleiche anstellen

9	Tre Italie?			120
	A Ma cos'è il Mezzogiorno?	Die Probleme Süditaliens	Infinitivkonstruktionen	über geographische und wirtschaftliche Probleme sprechen
	B I sassi di Matera	Veränderungen im Leben der Süditaliener		über historische Prozesse sprechen
	C Diventare portiere a Napoli	Arbeits- und Wohnungssuche in Neapel		eine Erzählung zusammenfassen und kommentieren

10	La città nata dalla laguna			130
	A La passeggiata	Ein Ausflug nach Venedig	Relativpronomen: **cui, il quale** Wortbildung durch Suffixe	Vorschläge machen, Erklärungen zu Kunst und Geschichte geben
	B In gondola	Venedig und seine heutigen Probleme	Komposita	über aktuelle Probleme sprechen, persönliche Wertungen vornehmen
	C Arrivo a Venezia	Pauschaltouristen in Venedig		persönlich Stellung nehmen, Verhaltensweisen beschreiben

Prime letture — 146

Aspetti del mondo moderno — 146

L. Malerba, In tram	Zeit und Raum	146
G. Rodari, Il filobus numero 75	Ausbruch aus dem Alltag	148
Un incidente	Stromausfall	152
L. De Crescenzo, Lo strillone	Ein Verkaufstrick	153
I Parchi Nazionali	Nationalparks in Italien	155
S. Benni, La chitarra magica	Ein modernes Märchen	158

Favole, canzoni, poesie — 161

L. Malerba, Le galline pensierose	Eitelkeit und Verzerrung der Wirklichkeit	161
F. de André, Il pescatore	Mitmenschlichkeit	164
E. Jannacci, La fotografia	Verbrechen und Verantwortung	166
A. Branduardi, L'uomo e la nuvola	Liebe und Vergänglichkeit	168
S. Quasimodo, Ed è subito sera	Vergänglichkeit	169
F. Petrarca, Pace non trovo	Liebesleid	170
G. Calcagno, Ai miei figli	Freiheit und ihre Grenzen	171
G. Ungaretti, San Martino del Carso	Krieg und Zerstörung	172
P. Levi, da: Se questo è un uomo	Gegen das Verdrängen und Vergessen des Holocaust	173

Espressioni utili (Analisi del testo) — 174
Vokabular — 176
Alphabetisches Vokabelverzeichnis (Lernwortschatz) — 226

1   Una metropoli va in vacanza

A   Ma che caldo! Una metropoli va in vacanza

Già da due settimane dorme male. Malgrado le finestre restino aperte, al 4° piano dell'appartamento in Corso Vercelli non c'è neanche un po' di vento fresco. E poi, quell'allarme che non la smette più di suonare! ...
«È ora che faccia meno caldo e che piova», pensa Enrico, mentre va in cucina a prepararsi il caffè. Lì non c'è neanche un pezzo di pane da mangiare. Da quando la sua famiglia è in vacanza al lago di Como e lui è rimasto solo a preparare gli esami alla Bocconi, ha sempre trovato qualcosa in frigorifero. Purtroppo è inevitabile che le provviste dopo una settimana finiscano!
La spesa, ora, non può proprio più evitarla. I giornali prevedono un fine settimana difficile, in centro come in periferia, a causa del lungo ponte di Ferragosto che quest'anno capita di giovedì. Gli sembra ancora di vedere quei drammatici titoli sui giornali

> Tutti i disagi di chi deve fare shopping e spostarsi,
> Corso Vercelli e Porta Romana i quartieri meno serviti
> ### Caccia di mezz'estate a un negozio

> La giornata festiva è trascorsa senza traffico,
> con pochissimi turisti e affluenza ridotta nelle piscine
> ### L'ultima domenica nel deserto

> Parte l'ultima ondata dell'estate: a chi resta toccano gravi disagi,
> soprattutto nella periferia
> ### In missione per fare la spesa

Enrico allora esce di casa: si dirige verso il centro, dove spera di trovare un negozio di generi alimentari o un panificio aperti. Le strade sono deserte, i negozi quasi tutti chiusi, con un grande cartello all'entrata che rinvia l'apertura al 26 agosto o addirittura al 2 settembre. Di qua e di là si vede gente che carica l'auto per le vacanze. Sembra incredibile che non si senta il solito rombo delle macchine e che l'aria sia meno inquinata del solito.
«C'è il pericolo che io debba camminare molto», pensa Enrico, mentre passa davanti a S. Maria delle Grazie, dove un gruppo di turisti aspetta l'apertura del celebre refettorio con il Cenacolo di Leonardo da Vinci.

Corso Magenta, poi, è un'unica fila di negozi chiusi, con eccezione di un bar, all'incrocio con via Meravigli.

«Basta che beva una bibita fresca e che ci sia qualcosa da mangiare», pensa Enrico, mentre entra nel bar per fuggire dal sole che già picchia forte, benché siano solo le nove e mezzo.

Fa lo scontrino alla cassa e poi va al banco.
«Mi dia un cornetto e una spremuta, per favore.»
«Subito, signore», gli risponde il cameriere e si mette al lavoro.

La città abbandonata: strade semi-vuote, quasi impossibile trovare un negozio aperto

Improvvisamente il bar comincia a riempirsi di persone. Si vede che sono turisti, perché tanti portano con sé la macchina fotografica.

«Pare proprio che questo sia l'unico bar aperto a Milano», commenta il barista. A un signore spiega poi che è necessario fare lo scontrino alla cassa prima di passare al banco. Con un sorriso gli dice: «Spero che non abbiate fretta e possiate aspettare. Mi ci vorrà un po' per i cappuccini.»

«Sembra anche a me che non ci siano altri bar aperti tra qui, Sant'Ambrogio e il Museo della Scienza», commenta Enrico.
«Ma non tutti vogliono andare al museo», si intromette un signore del gruppo. «Alcuni di noi preferiscono andare nella Galleria Vittorio Emanuele e poi visitare il Duomo.»

Enrico pensa che quella è proprio la direzione in cui vuole andare a cercare un supermercato aperto. Si offre dunque come guida e, con un gruppetto di dieci persone, lascia il bar.

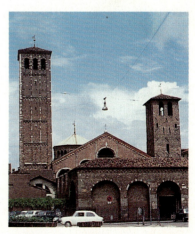

S. Ambrogio a Milano

prima lezione

E **1** *Rispondiamo:*
a) Perché Enrico si trova a Milano?
b) Come mai non può dormire la notte?
c) Perché deve uscire a fare la spesa?
d) Come viene descritta Milano dai giornali?
e) Come si presenta la città a Enrico quando esce?
f) Perché la città è deserta?
g) Di quali attrattive turistiche si parla nel testo?
h) Perché Enrico si ferma in un bar?
i) Come mai Enrico esce dal bar in compagnia?

2 Il congiuntivo presente. *Completiamo:*
a) «È ora che ☐ (fare) meno caldo e che ☐ (piovere)», pensa Enrico.
b) È inevitabile che le provviste dopo una settimana ☐ (finire).
c) «C'è il pericolo che io ☐ (dovere) camminare molto.»
d) «Basta che ☐ (bere) una bibita fresca e che ☐ (esserci) qualcosa da mangiare.»
e) Fa caldissimo benché ☐ (essere) solo le nove e mezzo.
f) Spero che non ☐ (avere) fretta e che ☐ (potere) aspettare un po'.

Le forme del congiuntivo presente

I. Coniugazione regolare

restare	prendere	sentire	finire	venire
rest-i	prend-a	sent-a	fin-isc-a	veng-a
rest-iamo	prend-iamo	sent-iamo	fin-iamo	ven-iamo
rest-iate	prend-iate	sent-iate	fin-iate	ven-iate
rest-ino	prend-ano	sent-ano	fin-isc-ano	veng-ano

Per le forme del singolare e della terza persona plurale si prende il tema della prima persona dell'indicativo presente: faccio – faccia; posso – possano. La prima e la seconda persona plurale, invece, prendono il tema della prima persona plurale dell'indicativo: rimaniamo – rimaniamo, rimaniate

II. Forme irregolari

essere	avere	dovere	dare	stare	andare
sia	abbia	debba	dia	stia	vada
siamo	abbiamo	dobbiamo	diamo	stiamo	andiamo
siate	abbiate	dobbiate	diate	stiate	andiate
siano	abbiano	debbano	diano	stiano	vadano

Le forme del singolare e della terza persona plurale sono anche quelle dell'imperativo di cortesia.

3 Enrico sa che i suoi genitori sono in vacanza al lago di Como. Ma i suoi amici? Dove sono? Cosa fanno? Non lo sa esattamente. Gli sembra/gli pare che...

Modello:
a) Gianna e Carlo ☐ al mare (essere).
   Gli sembra/gli pare che Gianna e Carlo siano al mare.

Continuiamo:
b) Antonio ☐ per due settimane da suo zio (stare).
c) Paolo ed Anna ☐ domani (partire).
d) Ferdinando ☐ in un supermercato per guadagnare un po' (lavorare).
e) Maria ☐ agli esami come lui (prepararsi).
f) Paolo ☐ a casa (rimanere).
g) Franca e Luisa ☐ un viaggio insieme (fare).
h) Filippo ☐ insieme con Claudio (studiare).
i) Marco ☐ stare in Calabria con i suoi genitori (preferire).
l) Il barista all'angolo ☐ il suo bar e ☐ l'aereo per la Sardegna (chiudere, prendere).

4 Mentre camminano verso il Duomo, Enrico si rivolge ai ragazzi del gruppo.
Combiniamo.
Modello: Spero che la città vi piaccia.

È ora
C'è il pericolo che
Spero

non (essere) troppo stanchi per camminare.
(ritrovare) l'autobus.
la temperatura (salire) ancora.
Milano vi (piacere).
(finire) questo caldo.
(assaggiare) il risotto alla milanese.
Milano non (mostrarvi) la sua faccia normale.
(trovare) una guida per il Duomo.

5 Guardiamo la lista di espressioni e di verbi che vogliono il congiuntivo nelle proposizioni subordinate.

Espressioni e verbi:

I. **di volontà** (desiderio, permesso, divieto, necessità)

– è ora che
– basta che
– sperare che
– è inevitabile che

II. **che esprimono qualcosa che non è certo**

– c'è il pericolo che

III. **di opinione**

– parere che
– sembrare che
– credere che
– immaginare che

IV. **il congiuntivo dopo congiunzioni** come

– benché
– malgrado

Mettiamo adesso i verbi e le espressioni seguenti al posto giusto. Scriviamoli nel nostro quaderno.

Bisogna che, desiderare che, ritenere che, può darsi che, a condizione che, è (im-)-possibile che, è meglio che, temere che, mi sa che, permettere che, affinché, è necessario che, volere che, prima che, senza che, è facile/difficile che

6 La sera, l'autista dell'autobus aspetta i turisti e pensa.
Completiamo con un'espressione, un verbo o una congiunzione che vogliono il congiuntivo:

Modello: ☐ tornino
 È ora che (bisogna che) tornino.
a) ☐ siano ancora in un bar o in un museo.
b) ☐ sbaglino strada.
c) ☐ telefoni in ufficio ☐ mi dicano come continuare il viaggio.
d) Devo arrivare all'albergo ☐ lo chiudano ma ☐ facciamo in tempo.
e) Sulle grandi strade ☐ troviamo tanto traffico.
f) ☐ in Corso Buenos Aires non si passi a causa di lavori.
g) ☐ sia già tardi, aspetterò fino alle ventidue. Poi partirò in ogni caso.

7 Esercizio di provocazione.
Un amico non vuole viaggiare:
non vado mai in Italia, non sono stupido! Se ci vado con la ragazza, andrà via con un italiano! E poi parlano una lingua che non si capisce... e a che cosa serve studiare l'italiano per tanti anni, se poi non riesci a parlare la lingua correntemente? Inoltre preferisco la mia cucina bavarese: entrerò in un ristorante, studierò la lista e non troverò la mia diletta cucina bavarese! E poi ci fa un caldo terribile. No, in Italia non ci andrò mai.

Allora contraddiciamo, ragazzi!

8 I pendolari. *Completiamo con l'indicativo o il congiuntivo:*

Si sa che Milano (essere) la capitale industriale ed economica e finanziaria non solo della Lombardia, ma di tutta l'Italia. Milano (avere) 1.722.000 abitanti ed è, dopo Roma, la seconda città italiana. Tanti credono che Milano non (essere) bella, ma (avere) comunque molte cose interessanti da offrire.
I dati dicono pure che lo sviluppo economico (richiamare) a Milano fra gli anni '50 e '70 tanta gente, soprattutto dal Sud. Così, (esserci) moltissime case in periferia, dove (crescere) sempre di più il numero di quelli che ci abitano.
Ogni giorno circa 500.000 persone (partire) dalle città vicine la mattina presto e (arrivare) nella grande Milano per lavorare negli uffici, nelle banche o nelle industrie.
La sera tutti (ripartire) alla stessa ora. Così è inevitabile che, in alcune ore del giorno, (esserci) lunghe file di persone che (aspettare) treni e autobus e, per le strade, un gran numero di automobili. È facile che il pendolare (sentirsi) stanco dopo due o tre ore passate sui mezzi di trasporto, alla fine di una giornata di lavoro. Si può ben pensare in che misura l'aria a Milano (essere) inquinata, non solo dalle macchine, ma anche dalle molte fabbriche. Quando (esserci) nebbia, come spesso in inverno, (formarsi) lo «smog», che (essere) pericoloso per gli uomini e per le cose. Anche se da alcuni anni si (cercare) di ridurre l'inquinamento, è ora che lo Stato (essere) più severo.

9 Milano – la città della moda e del design. Come si presentano ai clienti alcuni negozi?
Completiamo con la forma di cortesia dell'imperativo:
– Signora, vuole un cappello dai colori allegri? Allora, ☐ (scegliere) questo modello che troverà in tutti i negozi Gherardini.
– Signori, ☐ (andare) da Alias di Milano e ☐ (comprare) questa sedia originale per il loro salotto. ☐ (Accomodarsi) e ☐ (sentire) come ci si sta bene!
– «Lei, ☐ (scusare), va al lavoro in bicicletta? Allora ☐ (proteggersi) dallo smog con questa mascherina antiinquinamento della Brekka di Milano.
– Signore e signorine, per una serata speciale, ☐ (passare) in Via Formentini 1 a Milano e ☐ (guardare) che vestito da sogno Luisa Beccaria vende nel suo negozio per soli tre milioni e mezzo di lire.
– Signori, hanno bisogno di un mobile divertente? ☐ (Telefonare) allo 02-9961241 e ☐ (chiedere) alla Arflex spa di Milano informazioni su questo incredibile divano.

Città della moda e del design

prima lezione

B — In vacanza al lago di Como

Caro Enrico,   *Tremezzo 15-8-94*
siccome stamattina non ti ho trovato al telefono, ti scrivo una letterina, anche se corro il rischio che arrivi dopo il nostro ritorno. Allora? Come stai? Mi dispiace molto che tu non sia venuto qui con noi a Tremezzo. Come sempre, una vacanza sulle rive del lago di Como è molto riposante e stiamo proprio bene da queste parti. Eppure tuo padre è riuscito anche qui a stancarsi. Ieri infatti lui e Piera sono andati in bicicletta fino a Cadenabbia, da dove hanno preso il traghetto per Bellagio. Dopo aver visitato Villa Melzi, hanno avuto la bell'idea di salire un po' in montagna fino al rifugio Anna Maria a 1100 m. sopra Cernobbio. Per Piera tutto è andato bene, ma a papà fanno male le gambe e credo che oggi e domani non si muoverà da qui. Non dico che debba stare sempre a riposo, comunque oggi pomeriggio andiamo a giocare a minigolf...
Invece io e la zia Delia abbiamo preso la macchina e siamo arrivate a Menaggio. Ci siamo fermate a Loveno, alla periferia della città, per fare una passeggiata nel parco di Villa Vigoni. È il giardino più bello che abbia mai incontrato e da cui penso che si goda una delle viste migliori del lago. Infatti si ammira non solo la penisola di Bellagio, ma anche il paesaggio della riva orientale descritto dal Manzoni all'inizio de «I Promessi Sposi». È probabile che abbiano progettato e realizzato il parco nel secolo scorso. Benché io non abbia precise informazioni sulla storia di questa favolosa villa, credo che un nobile italiano l'abbia donata al governo tedesco. Adesso è un centro che promuove studi italo-tedeschi in diversi campi. Ci vengono professori, studenti e studiosi italiani e tedeschi per approfondire temi di comune interesse. Dopo la visita al parco siamo tornate pian piano a casa dove abbiamo aspettato papà e Piera.
Sono contenta che tu continui nella tua intenzione di prepararti agli esami a casa da solo, dove certamente trovi il silenzio di cui hai bisogno.
A questo proposito ti mando un articolo preso dal Corriere della Sera di domenica scorsa che trovo molto adatto alla tua situazione e con cui ti auguro tu possa proseguire bene le tue «vacanze» a Milano.
                            Ti abbraccio affettuosamente
                                           Mamma

Il lago di Como

1 *Rispondiamo:*
a) Dov'è Tremezzo?
b) Come mai la famiglia di Enrico si trova a Tremezzo?
c) Come mai la madre di Enrico scrive una lettera a suo figlio?
d) Perché suo padre non sta bene?
e) Qual è la funzione di Villa Vigoni?

E secondo voi:
f) Quali sono i temi di comune interesse?
g) Quali possibilità offre una vacanza sul lago di Como?

2 Il congiuntivo passato. *Completiamo:*
a) Mi dispiace molto che tu ☐ (non venire) con noi.
b) È il parco più bello che io ☐ (incontrare).
c) È probabile che ☐ (progettare) il parco nel secolo scorso.

Il congiuntivo passato			
	abbia		sia
…che	finito	…che	partito/a/i/e
	abbiamo		siamo
	abbiate		siate
	abbiano		siano

3 Mentre sale la montagna in bicicletta, al padre di Enrico passano per la testa tanti pensieri sui suoi figli e su se stesso.
Completiamo con le forme del congiuntivo passato o con l'infinito:

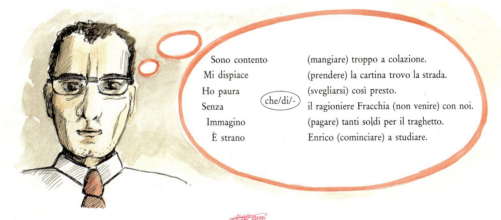

Sono contento   (mangiare) troppo a colazione.
Mi dispiace   (prendere) la cartina trovo la strada.
Ho paura   (svegliarsi) così presto.
Senza   che/di/- il ragioniere Fracchia (non venire) con noi.
Immagino   (pagare) tanti soldi per il traghetto.
È strano   Enrico (cominciare) a studiare.

prima lezione

4 I pensieri della madre di Enrico. *Completiamo con le forme del testo:*
a) Alla mamma di Enrico dispiace che lui non ☐ (venire).
b) È contenta che Enrico ☐ (persistere) nella sua intenzione di prepararsi agli esami.
c) Non dice che suo marito ☐ (dovere) stare sempre a riposo.

Continuiamo con la forma conveniente del congiuntivo presente o passato:
d) Si preoccupa che non ☐ (telefonare).
e) Secondo lei non è giusto che Enrico ☐ (studiare) mentre gli altri sono in vacanza.
f) È naturale che tutti ☐ (partire) in vacanza a Ferragosto.
g) È bene che ☐ (esserci) un istituto come Villa Vigoni.
h) Non è vero che ☐ (già vedere) tutti i luoghi interessanti del lago.
i) È un po' triste che le vacanze ☐ (passare) così velocemente.
l) È una fortuna che un lago così bello come il lago di Como ☐ (trovarsi) così vicino a Milano.

5 *Prendiamo dal testo i verbi e le espressioni che richiedono il congiuntivo. Aggiungiamoli poi sotto i numeri 1-4 nella lista dell'esercizio 5 parte A.*

Stolz

6 L'orgoglio dei milanesi.
Modello: «Milano è la città più attiva che esista in Italia.»

Chi lo dice? *Combiniamo bene:*

a) I tifosi del Milan e dell'Inter: «Milano è la città più attiva che ☐ (esistere) in Italia.»
b) Gli amici dell'opera lirica: «Abbiamo la Fiera più importante che ☐ (svolgersi) nel nostro Paese.»
c) Gli amici del teatro: «Abbiamo le squadre più forti che ☐ (giocare) nel campionato.»
d) I commercianti: «La Bocconi offre le migliori prospettive che un'università ☐ (potere) dare.»
e) Gli architetti: «C'è qui il numero di fabbriche più alto che ☐ (trovarsi) in Italia.»
f) I politici: «Abbiamo al Piccolo Teatro gli artisti più famosi che ☐ (lavorare) in Italia.»
g) Gli studenti: «Il grattacielo Pirelli, costruito tra il 1955 e il 1960, è il palazzo più alto che si ☐ (vedere) a Milano.»
h) Gli industriali: «Cantare alla Scala è il sogno più grande che ogni cantante ☐ (sperare) di realizzare.»

Il grattacielo Pirelli

7 Una telefonata. Siccome Enrico non ha telefonato da due giorni, sua madre lo chiama. *Completiamo con le forme dell'indicativo o del congiuntivo:*

- Pronto?
- Enrico? Sono io, la mamma. Tutto bene?
- Certo. Perché mi m (chiamare)?
- Ho sempre un po' paura che tu non ☐ (farcela) da solo.
- Perché?
- Può darsi che ti ☐ (mancare) alcune cose...
  Dicono che quasi tutte le panetterie ☐ (essere) chiuse.
- Infatti. Ieri ☐ (fare) la spesa.
  ☐ (Camminare) molto prima di trovare un negozio aperto.
- Me l'immagino: ☐ (leggere) tutto sul giornale. Penso che i negozi ☐ (riaprire) lunedì.
- Speriamo che ☐ (essere) così.
- Ti ☐ (chiamare) l'altro ieri, ma non ti ☐ (trovare). Mi auguro che tu ☐ (passare) una buona giornata.
- Sì, come no! ☐ (incontrare) un piccolo gruppo di turisti tedeschi in un bar. ☐ (essere) simpaticissimi. Li ☐ (accompagnare) un po', fino al Duomo, dove mi hanno chiesto di fargli da guida.
- In tedesco?
- No, sai che io non lo ☐ (parlare) bene.
  Comunque, ☐ (spiegare) molte cose e pare che gli ☐ (piacere).
- Magnifico.
- E voi? Immagino che (stare) bene.
- Non c'è male. Sai, l'altro giorno ti (scrivere) una lettera: spero che (arrivare) presto.
- Scusami un attimo! Qualcuno (suonare) alla porta.
- È possibile che (essere) il postino.
- Allora ciao, mamma.
- Ciao, Enrico. Ci sentiamo tra due giorni.

8 Immaginiamo una telefonata tra Enrico e la sua ragazza Paola che è in vacanza in Sardegna. *Lavoriamo con il nostro compagno di banco. Poi scriviamola.*

9 Il pronome relativo «cui».
Riprendiamo gli esempi del testo:

a) È un parco ☐ si ammira il paesaggio montuoso.
b) A casa trovi il silenzio ☐ hai bisogno.
c) Ti mando un articolo ☐ ti auguro tu possa proseguire bene le tue «vacanze».

Il pronome relativo «cui»

- Si trova dopo una preposizione
- È senza preposizione con il significato: dessen, deren

Esempio: Il lago di Como, il cui paesaggio è bellissimo, attira i turisti.

---

prima lezione

10 *Mettiamo il pronome relativo con (o senza) la preposizione adatta – ed ecco la scelta delle preposizioni: a, con, da, di (2x), fra, in (3x):*

a) Non ho visto il film ☐ parlate.
b) Come si chiama il parco ☐ si vede benissimo il lago?
c) La ragazza ☐ mi hai visto, non è mia sorella.
d) Ti mando il libro ☐ hai tanto bisogno.
e) Nell' «Ultima Cena» di Leonardo da Vinci si vede il momento ☐ Gesù dice le drammatiche parole: «Uno di voi mi tradirà.»
f) La Scala è il celebre teatro ☐ tutti sognano di cantare.
g) Paolo, ☐ fratello è un nostro caro amico, viene a trovarmi domenica prossima.
h) Questa è una lettera ☐ devi rispondere assolutamente.
i) Ieri ho letto tre giornali ☐ il *Corriere della Sera*.
l) La domenica è il giorno ☐ faccio volentieri un po' di sport.

11 Il lago di Como. *Completiamo con «cui» e la preposizione adatta o con «che»:*

I turisti ☐ vanno al lago di Como trovano un bellissimo paesaggio. Le ragioni ☐ ci passano le vacanze sono diverse: molti di loro, ☐ soprattutto i giovani, ci vanno per fare lo sport: nuoto, vela, canottaggio, ciclismo o alpinismo. Altri cercano il riposo nel silenzio di grandi parchi ☐ si ha spesso un bellissimo panorama. Un terzo gruppo visita le splendide ville ☐ ammira l'architettura e i mobili.
Un ultimo gruppo, poi, va sui luoghi ☐ sono stati teatro de «I Promessi Sposi».

Il parco di Villa Melzi a Bellagio

12 Chi è il più bravo con il karaoke?
Dopo aver ascoltato il testo rispondiamo alle domande:

a) Come mai Giorgio e Mauro sono a Pescara?
b) Qual è il punto d'arrivo del loro viaggio?
c) Che cos'è il karaoke?
d) In questa gara quale posto hanno i partecipanti e la gente che guarda? Ricostruitene l'ambiente.
e) A Giorgio dispiace di non aver vinto?
f) Esiste anche da voi il karaoke? Vi avete mai partecipato? Se sì, cercate dei punti in comune o delle differenze con il testo ascoltato.

C Due immigrati a Milano

Lontana è Milano

Lontana è Milano, dalla mia terra
2000 miglia più a Sud.
La nebbia non c'è, la pioggia nemmeno
lontana è Milano dalla mia terra.
5 Lontana è la casa del mio padrone
2000 treni più a Nord
guadagno la fame sognando il ritorno.
Lontana è la casa del mio padrone
la gente parte per far fortuna
10 2000 sogni più in su, i vecchi
sono stanchi, le donne di aspettare
i treni fischiano un addio.
(Antonello Venditti)

La nebbia: non si vede bene quando c'è nebbia
più in su: verso il Nord
fischiare: produrre un suono acuto e sottile

Domande sul testo:
a) Chi parla in questa poesia?
b) Che cosa dice l'io narrante di Milano?
c) Quali sono i suoi sentimenti verso Milano?
d) Quali sono gli elementi stilistici più importanti di questa canzone e quale effetto ne risulta per il lettore?

Un «immigrante» celebre

Siamo nel 1482. Fa ancora freddo. Un uomo a cavallo attraversa il Po ed entra nel ducato degli Sforza. Il suo futuro è ancora incerto. Porta con sé una lettera firmata da Lorenzo de' Medici, il Magnifico, con cui spera di trovare un lavoro da Ludovico il Moro, che è alla ricerca di un artista capace di fare una statua equestre di bronzo di suo padre Francesco. Leonardo si è già presentato per lettera al Duca e gli ha fatto un elenco delle cose di cui è esperto. Egli infatti non solo progetta ponti, cannoni e strade sotto terra, ma sa anche fare statue, disegni, quadri, ecc... È maestro in ogni genere di architettura. Mentre passa, Leonardo vede molte ricche ville, palazzi, bei paesini e così, sicuro di sé, si presenta al Duca.
A Milano, dove vivrà per 20 anni, Leonardo da Vinci ha dipinto la sala delle Asse, progettato chiese e la cupola del Duomo, preparato feste per il Duca, guidato i lavori per la ricostruzione delle fortificazioni e delle stanze del Castello Sforzesco. Ha anche progettato il sistema di irrigazione delle risaie nella Pianura Padana.
Molti dei suoi disegni e schizzi sono oggi in musei e nella Biblioteca Ambrosiana. Ma la sua opera più conosciuta è «l'Ultima Cena».
Anche nel Museo delle Scienze e della Tecnica si trovano tanti lavori che ricordano il soggiorno milanese del più illustre «immigrante» di questa città.

Domande sul testo:
a) Perché Leonardo da Vinci va a Milano?
b) Secondo te, che cosa ha scritto Lorenzo de' Medici al Duca Ludovico il Moro?
c) Che tipo di lavori ha fatto Leonardo a Milano?
d) Facciamo un paragone tra questo immigrante e quello della canzone di Venditti.

Castello Sforzesco

Leonardo da Vinci (1452–1519), genio universale

prima lezione

bekommen: – ricevere
– ottenere (coniugazione come ‹tenere›)
– trovare
– prendere/pigliare
– venire (con il dativo)
– avere

Ho ricevuto un regalo, una lettera, un pacco, un invito, ecc. (L'idea è: qualcosa che viene da fuori, su iniziativa di un'altra persona).
Ho ottenuto un diploma, una laurea, una promozione, un premio, un posto di lavoro, ecc. (L'idea è: qualcosa per cui mi sono impegnato, ho studiato, ho lavorato, su mia iniziativa).
Ho trovato questo libro antico al mercatino. Dove si trovano giornali tedeschi?
Ho preso/pigliato il raffreddore, l'influenza, il morbillo, ecc.
Mi **viene** sonno, voglia di un panino, la pelle d'oca, ecc.
Avremo brutto tempo domani, dicono le previsioni.

besuchen: – andare/venire a trovare qualcuno, fare una visita a qualcuno
– visitare
– frequentare
– andare a

Quando **mi vieni a trovare**? Quando mi **fai una visita**? **Andiamo a trovare** la nonna? Facciamo una **visita** alla nonna? (Si usano sempre con le persone, scegliendo «andare» o «venire» a seconda della direzione, come nell'espressione «zu Besuch gehen/kommen»).
Abbiamo visitato la Sicilia, la chiesa di San Luca, il Museo Nazionale, la mostra dell'antiquariato, ecc.
Frequento un corso di ballo, un bar, una compagnia (regolarmente!)
Ein Kinobesuch war unser einziges Vergnügen = **Andare al** cinema era il nostro unico divertimento (attenzione: visitare il cinema o il teatro sarebbe come andarci per vedere il cinema e non il film, il teatro e non lo spettacolo).

prima lezione

2 Tutte le strade portano a...?

A Roma capitale: tesoro o incubo?

Il traffico...

Sappiamo tutti che nei tempi antichi Roma era la capitale di un impero immenso e che per lunghi secoli è stata capitale dello Stato della Chiesa. E, mentre rimane, da secoli, la capitale religiosa del Cattolicesimo, Roma è, dal 1871, anche la capitale politica d'Italia e, dal 1946, quella della Repubblica Italiana. Inoltre potremmo considerare Roma il luogo di nascita della C.E.E., la Comunità Economica Europea: qui, nel 1957, i rappresentanti di sei paesi europei firmano i Trattati di Roma, che costituiscono il mercato comune europeo, la base dell' Unione Europea di oggi.
E chi non sa che ogni epoca della storia di Roma ha lasciato le sue tracce nella città? Il Foro romano, il Colosseo, il Vaticano con la Basilica di San Pietro, la Scalinata di Trinità dei Monti – nessuna città ci può dire di più della cultura occidentale.
Roma, un tesoro?

...distrugge i tesori

E la Roma di oggi? Cosa pensano i romani della loro città? Vediamo che cosa hanno scritto alcuni ragazzi romani:
Alessandro Fiaschi si lamenta che i parchi pubblici sono sempre pieni di rifiuti e che mancano i giochi per i bambini.
Vittoria Neri ci racconta che Roma riserva sempre delle sorprese: un'ora di orologio per cercare un posteggio.
Natalia Maria Di Stefano scrive che Roma, la mattina, si offre nel suo volto peggiore: quando lei esce di casa per andare a scuola si trova subito immersa in un fiume di auto.
Paolo Lo Pinto pensa che Roma si sia rovinata e che sia diventata una città caotica.

Carlo Pannone si chiede se la città
sia una città museo, se sia bella
solo per i suoi monumenti, se
Roma nel futuro potrà ancora offrire una vita decente ai suoi abitanti.
Ma infine Valentina Russi parla
forse per tutti quando dice che
non vuole cambiare Roma, che va
bene così. Aggiunge che non esiste
una città perfetta e non deve esistere. Niente è bello senza il brutto, niente è brutto senza il bello.

Sull'Aventino

Tutto sommato si può dire che Roma soffre dei mali tipici delle metropoli di oggi, solo che nella città eterna la situazione è ancora più grave. Perché?
Nell'ultimo secolo la popolazione di Roma è aumentata enormemente: oggi su tre abitanti del Lazio due vivono a Roma. A differenza di Milano o Torino, che sono circondate da cinture di piccoli comuni, Roma è un solo comune con tanti problemi di edilizia. Mentre i vecchi rioni del centro storico sono rimasti gli stessi da secoli, sono cresciuti tanti sobborghi, nuovi quartieri e zone, nella periferia e nei dintorni di Roma. E come in altre metropoli, anche a Roma troviamo la cosiddetta edilizia selvaggia, cioè case o anche baracche che sono state costruite senza permesso. Così sono nate le ‹borgate› di Roma, quartieri simili a slum dove spesso mancano perfino le infrastrutture urbane più elementari come strade, luce elettrica o fognature.
Da capitale, Roma è una città di impiegati statali, quindi una città che produce solo poco nel senso ‹industriale›; l'unica ‹industria› è quella turistica. «Milano produce e Roma consuma», dicono i milanesi quando vogliono denunciare i difetti del sistema statale.
Tra tutte le capitali europee Roma è senza dubbio la meno adatta al traffico: le vie di Roma risalgono a secoli senza auto; ma anche il sistema del trasporto pubblico è inadeguato: due linee di metropolitana e gli autobus non bastano per una città di tre milioni di abitanti. Ed è poco convincente dire ai romani di lasciare le loro macchine nel garage, finché il comune non avrà trovato delle alternative.
Roma, un incubo?

(Intervista da: Enzo Biagi, «Ho capito che questi ragazzi amano la loro città», Settimanale del Corriere, 30. 5. 1991)

La crescita di Roma

1. La Roma antica

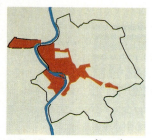
2. La Roma medievale

3. La Roma del 1870

4. Roma dopo la seconda guerra mondiale

E **1** *Rispondiamo:*

a) Roma – cosa era nei tempi antichi?
b) Da quando Roma è la capitale dello Stato italiano?
c) Che monumenti dei tempi antichi ci sono ancora?
d) Come sono tanti parchi pubblici a Roma?
e) È facile trovare un posteggio a Roma?
f) Cos'è una città museo?
g) Come si è sviluppata Roma nel secolo scorso?
h) In che senso Roma è diversa da città come Milano o Torino?
i) Dove lavora la maggior parte dei romani?
l) Cosa pensano tanti milanesi dei romani?
m) Per quale ragione le vie di Roma sono poco adatte al traffico moderno?
n) Com'è il sistema del trasporto pubblico?
o) Come reagiscono tanti romani a questa situazione?

seconda lezione

2 Roma ed i romani. *Completiamo con le forme giuste dei verbi:*

a) Tutti ☐ (sapere) che Roma ☐ (essere) la capitale di un impero.
b) Chi non ☐ (sapere) che ogni epoca ☐ (lasciare) le sue tracce?
c) Alessandro ☐ (lamentarsi) che ☐ (mancare) i giochi nei parchi.
d) Paolo ☐ (pensare) che la città ☐ (rovinarsi).
e) Carlo ☐ (chiedersi) se la città ☐ (essere) un museo.
f) Valentina ☐ (dire) che ☐ (andare) bene così.
g) Si ☐ (potere) dire che Roma ☐ (soffrire) di mali tipici.
h) È poco convincente ☐ (dire) ai romani di ☐ (lasciare) la macchina nel garage.

Il discorso indiretto I

	dice:		
Valeria	dirà:	«Non voglio cambiare Roma.»	
	ha detto:		
		→ che non vuole cambiare Roma.	= contemporaneità
Il libro spiega:		«Roma era la capitale di un impero.»	
		→ che Roma era la capitale di un impero.	
	anche:		
Il libro spiega:		«La storia ha lasciato le sue tracce.»	
		→ che la storia ha lasciato le sue tracce.	= anteriorità

– imperfetto vs. passato prossimo ↗ **Capito 1,** lez. 14
– indicativo vs. congiuntivo ↗ **Capito 2,** lez. 1

Il pessimista dice:	«Roma perderà il suo carattere.»	
	→ che Roma perderà il suo carattere.	= posteriorità
Carlo si chiede:	«La città è un museo?»	
	→ se la città è un museo.	= domanda
Paolo dice:	«Guarda anche il Pantheon, Maria!»	
	→ a Maria di guardare anche il Pantheon.	= imperativo

---

3 Altre opinioni su Roma. *Raccontiamo che cosa dicono i romani:*

Modello: Antonio: «Odio la mia città, ma non voglio lasciarla.»
Antonio dice che odia la sua città, ma che non vuole lasciarla.

Usiamo non solo ‹dire›, ma anche ‹spiegare›, ‹raccontare›, ‹aggiungere›, ‹lamentarsi› ecc.:

a) *Claudia:* A Roma sto bene; la città offre tanto.
b) *Marco:* Roma è sempre stata il centro politico del paese e lo rimarrà sempre.
c) *Stefano:* Secondo me bisogna chiudere il centro al traffico.
d) *Ilaria:* Non mi interessa cosa dicono i milanesi. Ma devo dire che Roma era più tranquilla vent'anni fa.
e) *Gianni:* La crescita enorme della città ha avuto conseguenze negative.
f) *Paola:* È difficile cambiare le abitudini degli abitanti, quando mancano le alternative del trasporto.
g) *Giulio:* I milanesi saranno sempre più ricchi di noi, ma non avranno mai il nostro sole.

4 Gli uni danno gli ordini, gli altri fanno le domande.

Noi facciamo il messaggero e mettiamo ‹domandare›, ‹voler sapere›, ‹consigliare›, ‹avvertire›, ‹chiedersi›, ‹ricordare›:

Modelli: Renzo: «Non dimenticarmi, Lucia!»
　　　　　Renzo dice a Lucia di non dimenticarlo.
　　　　　Lucia: «Ne hai veramente paura, Renzo?»
　　　　　Lucia domanda a Renzo se ne ha veramente paura.

a) *Tino:*　　Visitate anche Trastevere, turisti!
b) *Piero:*　　È interessante salire sul Quirinale, ragazzi?
c) *Gina:*　　Marilena, vendono roba bella ai mercatini?
d) *Ettore:*　　Fa' attenzione alle macchine, Giuseppina!
e) *Pia:*　　Dove posso comprare i biglietti per l'autobus, Signore?
f) *Andrea:*　　Fermatevi a Ostia antica quando andate al mare, ragazzi!
g) *Franca:*　　C'è qualcosa di interessante sull'Aventino, Maria?
h) *Monica:*　　Quando costruiranno finalmente altre linee di metro?

5 Una conversazione tra Peter di Stoccarda, studente di geografia e storia, e Claudio Giulio Argan, professore di storia dell'arte ed ex-sindaco di Roma.
Noi facciamo l'interprete:

Peter:　　Herr Professor Argan, welche sind heute die größten Probleme der Stadt Rom?
Interprete:　　Professore, Peter vuole sapere quali sono i problemi più grandi di Roma oggi.
Prof.:　　Be', senza dubbio i punti più gravi oggi sono il traffico con tutte le sue conseguenze e la mancanza di appartamenti, dato che la popolazione di Roma è sempre in aumento.
Interprete:　　Professor Argan sagt, daß ohne Zweifel ☐
Peter:　　Und welche Lösungen sehen Sie?
Interprete:　　☐
Prof.:　　Secondo me dobbiamo radicalmente chiudere il centro al traffico individuale e sviluppare il trasporto pubblico; e poi l'aumento demografico deve finire: i posti di lavoro devono essere creati dove vive la gente.
Interprete:　　☐
Peter:　　Was ist gegen den Verfall (il degrado) vieler Monumente in Rom zu tun?
Interprete:　　☐
Prof.:　　Tutto è una questione di denaro. Possiamo salvare tutto con un contributo di 10.000 lire da parte di ogni turista.
Interprete:　　☐
Peter:　　Ein interessanter Vorschlag. Vielen Dank für das Gespräch.
Interprete:　　☐
Prof.:　　Grazie altrettanto, e buon lavoro!

6 La città – come se ne parla.

Nelle serie seguenti si trova una parola che non va bene con le altre; troviamola e spieghiamo perché:
– quartiere – sobborgo – borgata – zona – rione – comune.
– metro – macchina – taxi – autobus – treno – aereo.
– fognatura – luce elettrica – vigili urbani – assistenza medica – bar.

Troviamo una parola che comprende le parole delle serie seguenti:
– autobus – tram – metro – biglietto – linea – stazione – fermata.
– casa – appartamento – casamento – baracca – quartiere.
– giardino – giochi – zona pedonale – periferia – piscina – parco.

7 Che cosa ricordiamo delle due città più importanti d'Italia?

Guardiamo le fotografie e diciamo quali sono di Roma, quali di Milano.

a) Il Duomo
b) S. Trinità dei Monti
c) La Galleria Vittorio Emanuele
d) Il Foro
e) La Fontana di Trevi

seconda lezione

Treni superveloci

8 Milano – Roma. *Completiamo con l'indicativo o il congiuntivo:*

Le due città ☐ (essere) rivali da molto tempo: alcuni milanesi ☐ (vedere) in Roma una città caotica, quasi del Terzo Mondo, dove ☐ (finire) i soldi che loro ☐ (guadagnare). I romani ☐ (credere) che Milano ☐ (essere) troppo orgogliosa e interessata più all'Europa che all'Italia.
Così gli italiani del resto della penisola pensano che l'Italia ☐ (avere) due capitali: quella del commercio e dell'industria e quella politica e storica. Sembra che Milano ☐ (guardare) al futuro, e che Roma ☐ (vivere) nel presente e del suo grande passato. ☐ (Esserci) una soluzione possibile? Sì, si può immaginare che Roma e Milano insieme ☐ (formare) una bellissima capitale. Per realizzare ciò sono necessari treni superveloci, aerei ogni 15 minuti e servizi telefonici e postali rapidissimi che ☐ (unire) le due città. Ma questo basta?

9 *Completiamo:* È poco convincente dire ai romani di lasciare la loro macchina nel garage, finché il comune non ☐ delle alternative.

Il futuro anteriore

Ti dirò tutto quando **avrò parlato** con lui.
La casa vi piacerà di più quando **sarà stata pulita**.

formazione: futuro di essere / avere + part. pass.
uso: azione **anteriore** a un futuro

---

10 Enrico sta male; non gli piace stare solo in casa, ma sa bene che cosa potrebbe fare per sentirsi meglio.

Modello: (leggere questo libro): Mi sentirò meglio quando avrò letto questo libro.
Formiamo delle frasi:

a) . . . capire quest'articolo.
b) . . . prendere il caffè.
c) . . . chiamare i genitori.
d) . . . ascoltare il mio nuovo CD.
e) . . . farsi la doccia.
f) . . . prepararsi un panino.
g) . . . essere finiti gli esami.

E tu? Quando ti sentirai meglio?

11 Milano – Roma. Ci sono contrasti del genere anche fra città nelle vostre vicinanze?

Facciamo un confronto umoristico o anche polemico fra due città o paesi ed utilizziamo anche luoghi comuni (Gemeinplätze) come:

	da noi:		da loro:
tutto è	molto bello		bruttissimo
c'è	gente ricca	mentre	tanti poveri
ci sono	pulito		sporco
	case moderne		baracche

Continuiamo e troviamo altri aspetti.

12 La nostra città. *Descriviamola, ma facciamolo come interprete del compagno di banco:*

Modello: A: «Meine Stadt hat 30 000 Einwohner.»
B: «A dice che la sua città ha trentamila abitanti.»

Continuiamo in classe.

13 La mia città ideale del futuro. Come dovrebbe essere? Esiste già? *Descriviamola.*

14 A tavola.
Ripetiamo il pronome relativo adatto con/senza preposizione:

Modello:
Raffaella: Mia zia Pierangela è quella □ ha dimenticato di far la spesa.
→ ... che ha dimenticato ...
Ma parliamo anche di Riccardo, le □ idee sono sempre buone.
→ ... le cui idee ...
Abitano in una casa □ si trova la fermata del 53.
→ ... davanti a cui .../... dove ...

a) Per la cena prima pensano al ristorante *La Corona* □ l'ultima guida ha dato due stelle.
b) Proveranno dunque un ristorante □ conoscono solo il nome?
c) Ecco l'elenco telefonico, □ cercano il numero del ristorante.
d) Quante sono allora le persone □ prenotano i posti? Sono due!
e) Ma il padrone □ vogliono parlare non c'è. Chiuso, purtroppo!
f) Ci sono però altri ristoranti □ una bella trattoria □ conoscono bene.
g) Fanno loro quelle ottime tagliatelle □ ti viene l'acquolina in bocca.
h) Ma ecco un piccolo cartello □ si legge: Chiuso per ferie.
i) C'è anche la pizzeria *Da Loredana* □ purtroppo non trovano un tavolo libero.
l) Non vedete il fast-food □ devono essere contenti alla fine?
m) Finalmente un ristorante aperto □ ci sono tavoli liberi!
n) Ma c'è anche Raffaella, le □ fotografie sono famose e □ tutti hanno paura quando si presenta con la macchina fotografica.

seconda lezione

B   Roma – la città più affascinante del mondo

Riccio, un giovane siciliano, attraversa tutta l'Italia, perché vuole andare a trovare suo padre che lavora in Francia. Durante il suo viaggio incontra tanti personaggi della storia italiana:

Quei pini, quei cavalli felici, quei buoi solenni dicevano che Roma non era lontana e, solo a dirsi in silenzio «Roma», Riccio si sentiva battere il cuore. Suo padre una volta gli aveva raccontato di Roma, dove era stato soldato: gli aveva detto di tutte le pietre che sono a Roma, grandi pietre bianche e gialle, con lettere dell'alfabeto incise, una «Q», una «V», lettere che messe insieme erano state leggi, ordini di un console, stemmi di un papa, erano state rivoluzioni, guerre, morti, vittorie, festeggiamenti e pianto di popoli. E ancora ricordava cosa aveva raccontato suo padre: di come un povero soldato semplice può camminare nel sole e tra le pietre di Roma, ammirare tanto le pietre, fermarsi davanti alle chiese, alle colonne, a San Pietro, che è come cento chiese e centomila colonne... Riccio pensava «Roma» e si sentiva piccolo e grande, sentiva l'inizio di un'altra specie di viaggio.

L'arco di Tito

Lo stemma del papa

Poco dopo Riccio fa la conoscenza di un altro ragazzo di nome Benito; decidono di passare alcuni giorni insieme.

Da tre giorni erano a Roma, avevano trovato rifugio tra i gatti del Colosseo. Riccio, che cantava un po' nelle osterie, che dava una mano ai mercati, aveva guadagnato qualche soldo, o almeno una mela, un carciofo, una fetta di pane e porchetta arrostita. Benito invece, incapace di fare qualsiasi cosa, aveva campato alle sue spalle, aveva diviso la mela, il carciofo, le lire.
Qual è la virtù dell'uomo? La pazienza, pensava Riccio, dopo che Benito si era lamentato che il pane non era fresco e il carciofo era stato cotto in poco olio. Ma quel Benito lo voleva troppo uomo, troppo paziente cioè, e Riccio cominciava a seccarsi.

seconda lezione

Appena erano arrivati a Roma, avevano girato a lungo per le piazze, strade, chiese, col naso in aria e la bocca aperta. Roma era dorata e larga, rumorosa e lucente, profumata. Riccio aveva camminato e guardato, intimidito, Benito s'era piazzato davanti a palazzi e monumenti col suo petto in fuori e l'occhio prepotente. (...)

«Li vedi quei palazzi? Si apriranno davanti a me, e i signori stenderanno tappeti rossi per ricevermi. E io sputerò sui loro velluti», diceva ancora Benito. E Riccio sempre più zitto.

«Le vedi quelle statue di Cesare e Augusto? Quando sarò grande...»

«Lo vedi Muzio Scevola?», lo interrompeva Riccio.

«Bruciarsi una mano? Sei matto? Oh, mamma mia...», inorridiva Benito.

(adattato da: Giovanni Arpino: Le mille e una Italia)

Muzio Scevola: Cittadino romano che ha messo la mano nel fuoco per sottolineare il fatto che non aveva paura. (E come si chiama questo cittadino in latino? in tedesco?)

Sopra le case di Roma

E **1** *Corretto o sbagliato? E diciamo perché:*
  a) Riccio fa un viaggio in Francia.
  b) Le leggi di Roma erano scritte su carta.
  c) Riccio non ricorda cosa ha raccontato suo padre.
  d) Passa alcuni giorni insieme ad un altro ragazzo.
  e) Riccio e l'altro ragazzo abitano in un albergo.
  f) I due ragazzi si guadagnano la vita insieme.
  g) Dopo alcuni giorni Riccio comincia ad arrabbiarsi.
  h) Riccio è prepotente, Benito è timido.
  i) Benito sogna un grande futuro.
  l) Non ha paura di pericoli e nemici.

2 *Altre domande sul testo:*

a) Come vede la città il nostro viaggiatore Riccio?
b) Che cosa possiamo dire del suo carattere?
c) In che senso Benito è diverso?
d) Come possiamo caratterizzarlo? Come si comporta?
e) Che personaggio storico si nasconde dietro Benito?
f) Che posizione dunque prende il testo verso quel personaggio e verso il periodo storico che rappresenta?
g) Ti piace il racconto? Perché?

3 *Ricordiamoci del testo e mettiamo la forma giusta dei verbi:*

a) Suo padre gli □ (raccontare) di Roma, dove □ (essere) soldato.
b) «Q» e «V» □ (essere) leggi, ordini di un console.
c) Riccio □ (guadagnare) qualche soldo.
d) La pazienza, □ (pensare) Riccio, dopo che Benito □ (lamentarsi).
e) Appena □ (arrivare) a Roma, □ (girare) per le piazze.
f) Benito □ (piazzarsi) davanti a palazzi e monumenti.

Il trapassato prossimo

essere		**avere**	
ero		avevo	
eri	stato/a	avevi	avuto
era		aveva	
eravamo		avevamo	
eravate	stati/e	avevate	avuto
erano		avevano	

Il trapassato prossimo = imperfetto di essere/avere + participio passato

↗ **Capito** 1, lez. 11/12

Riccio **ricordava** cosa   (azione del **passato**)
aveva raccontato suo padre   (azione **precedente l'azione del passato**)

———×—————————×—————————×————→
aveva raccontato   ricordava   (narrazione)

= **anteriorità** ad un'azione del passato
soprattutto anche dopo congiunzioni come:
dopo che
appena (che)

4 Anche quando viaggiamo dobbiamo fare una cosa dopo l'altra.
Combiniamo le frasi con una congiunzione e mettiamo tutto al passato:

Modello: Facciamo colazione. Andiamo alla spiaggia. (dopo che)
Dopo che avevamo fatto colazione, siamo andati alla spiaggia.

a) Arriviamo a Roma. Andiamo in giro. (appena)
b) Il gruppo va un po' in giro per le strade. Cerca un bel ristorante. (dopo che)
c) Cena. Torna all' albergo. (dopo che)
d) I ragazzi si riposano. Escono in cerca di una discoteca. (appena)
e) La discoteca chiude. È difficile trovare un bar aperto. (dopo)
f) Compriamo una pianta della città. Non ci perdiamo più. (dopo)
g) Troviamo la fermata. Arriva l'autobus. (appena)

E adesso continuiamo in classe: parliamo di un viaggio nello stesso modo.

5 Cosa dice Riccio della storia di Roma? *Completiamo con i verbi nella forma giusta del passato:*

La Repubblica Romana □ (diventare) la potenza più forte nel Mediterraneo dopo che □ (sconfiggere) la rivale Cartagine. Ma dopo tre secoli di espansione tanti □ (capire) che il vecchio sistema repubblicano non □ (potere) più controllare lo Stato. Così, dopo che alcuni nobili □ (uccidere) Cesare, Augusto □ (creare) pian piano la monarchia. E quattro secoli dopo □ (cominciare) il declino di Roma, dopo che l'impero non □ (poter resistere) alle nuove forze, soprattutto ai popoli germanici. I papi, che □ (essere) i veri signori di Roma per un lungo periodo, □ (dovere accettare) infine Roma come capitale dello Stato italiano.

6 *Scriviamo il racconto di un'avventura di viaggio; facciamo attenzione all'uso corretto dei tempi.*

7 Proverbio: Tra il dire e il fare c'è di mezzo il mare.
Che senso ha questo proverbio
a) ... in generale?
b) ... nel contesto del viaggio di Riccio e Benito?

 8 *Dopo aver ascoltato le brevi conversazioni, leggiamo il seguente riassunto e diciamo che cosa ci troviamo di sbagliato:*

A Daniele e ad Anna Monaco piace, anche se ci sono poche macchine con il catalizzatore; l'aria è comunque migliore che a Napoli perché ci sono molti parchi. Ad Ilaria e a Valeria piacciono i fiori e così vogliono rimanere a Monaco più a lungo del previsto per andare ogni giorno al Giardino Inglese. Alla famiglia di Alessandra non piace la cucina tedesca, ma piace molto la birra, così tutti ne bevono moltissima. Isabella e Laura sono due turiste affascinate dai tanti musei che visitano insieme agli amici greci e turchi. Infine a Rita e a Franco piace molto il carattere allegro dei bavaresi e pensano di tornare presto a Monaco.

seconda lezione

C Roma – il tema di poeti e cantautori

Ecco due testi, una poesia ed una canzone, che parlano di Roma.

Trilussa, «Le rovine, fortuna d'Italia»
a) versione originale, in dialetto ‹romanesco›:

> Pe' Roma le rovine so' un ristoro,
> pe' l'ingresi che vengheno a guardalle:
> noi nun ce famo caso, invece loro
> 4 cianno puro er libretto pe' studialle.
>
> Pe' quelli 'ste rovine so' tant'oro!
> Se farebbero Turchi pe' pijalle!
> Li voi fa' godé? Faje vedé er Foro
> 8 e er Culiseo cor lume de bengalle.
>
> Intratanto nojantri guadambiamo:
> da le prime locanne sopraffine
> 11 al'ultime ciociare, ci abbuscamo.
>
> Dunque 'sto gran guadambio t'addimostra
> ch'a rigiralle bene, le rovine
> 14 so' state sempre la fortuna nostra.

b) versione italiana:

> Per Roma le rovine sono un guadagno
> grazie agli stranieri che vengono a guardarle:
> noi non ci facciamo caso, invece loro
> 4 hanno anche la guida per studiarle.
>
> Per quelli, queste rovine sono oro!
> Si farebbero Turchi per prenderle!
> Vuoi farli godere? Fagli vedere il Foro
> 8 e il Colosseo coi fuochi d'artificio.
>
> Intanto noi ci guadagniamo:
> dagli alberghi più lussuosi
> 11 all'ultimo venditore di fiori, denaro ne ricaviamo.
>
> Dunque, questo gran guadagno ti dimostra
> che a rigirarle bene, le rovine
> 14 sono sempre state la fortuna nostra.

1 *Cerchiamo almeno tre elementi tipici del romanesco.*

2 *Cerchiamo tre differenze tra le due versioni: vocabolario, grammatica, fonetica.*

3 *Domande:*

a) Quale versione sembra più espressiva, più ‹poetica›? Diamo esempi concreti.
b) Come si chiama una poesia di due strofe a quattro e due a tre versi? Che tema tratta normalmente una tale poesia?
c) In che senso le rovine sono una ‹fortuna›?
d) Gli stranieri – come vedono le rovine? Ed i romani?
e) L'autore come vede la sua città?

Roma Capoccia

Quanto sei bella Roma quand'è sera,
quando la luna se specchia dentro ar Fontanone,
e le coppiette se ne vanno via,
4 quanto sei bella Roma quando piove.

Quanto sei grande Roma quand'è er tramonto,
quando l'arancia rosseggia ancora sui sette colli,
e le finestre so' tanti occhi,
8 che te sembrano di quanto sei bella.

Oggi me sembra che er tempo se sia fermato qui,
vedo la maestà der Colosseo,
vedo la santità der Cuppolone,
12 e so' più vivo e so' più bbono,
no, nun te lasso mai Roma capoccia.

Oggi me sembra che er tempo se sia fermato qui,
la carrozzella va co' du stranieri,
16 il robivecchi te chiede un po' de stracci,
li passeracci so' usignoli,
ah io ce so' nato a Roma, Roma capoccia.

(Antonello Venditti)

4 *Domande:*

a) Anche questa canzone è scritta in romanesco: cerchiamone alcuni elementi tipici.
b) Il testo nomina alcuni posti famosi di Roma: il Fontanone, il Cupolone: che posti sono?
c) Il testo parla non solo dei monumenti, ma anche della vita della gente: che cosa viene descritto e come?
d) Che posizione prende l'autore verso la sua città?
e) In che senso questa posizione è diversa da quella di Trilussa?

sich auskennen: – essere pratico di… / conoscere
                    – intendersi di…

– Scusi, dov'è viale Mazzini? Mi dispiace, non lo so, non **sono pratico di** / non **conosco** questa città.
– Mio fratello **si intende** molto **di** macchine.

seconda lezione

3 La più antica università

A Un po' di storia

1

Lo studente chiama; *Primula rossa* corre in suo aiuto. Così è stato battezzato dagli studenti il numero verde (1678–55002) della più grande e più antica università italiana, quella di Bologna. Se un professore non fa le sue lezioni, se non riceve gli studenti, se manca addirittura di rispetto verso di loro, gli studenti possono chiamare questo numero e da un gruppo di lavoro le loro segnalazioni vengono comunicate al rettore. È un servizio di studenti per aiutare i loro compagni, un servizio che però ha trovato il consenso dello stesso rettore dell'università.

La società fra il maestro e gli scolari
(sarcofago medievale a Bologna)

2

Gli studenti venivano da tutti i paesi (stemmi nel cortile dell'Archiginnasio)

Una notizia strana? Non tanto! L'università di Bologna è nata verso il 1090, non da un'iniziativa dello Stato, ma dalla libera collaborazione di un numero sempre crescente di persone. Così l'insegnamento dei dottori bolognesi, di quei famosi esperti del diritto romano come Pepone ed Irnerio, andava esercitato come iniziativa privata, e questa veniva interpretata da tutti come una «società» fra il maestro che insegnava e gli scolari che lo pagavano. Gli studenti entravano in un'organizzazione chiamata in latino *universitas scholarium* ossia «Associazione degli studenti» con due rettori eletti dalle loro file, uno per gli studenti italiani e l'altro per quelli francesi, tedeschi, inglesi ecc. Per quegli «studenti rettori» c'era molto da fare e da pensare:

25 gli stava a cuore
- controllare i prezzi delle camere a Bologna e quelli del pane nell'Emilia, che per fortuna anche allora era molto fertile e molto ricca;
30 - scegliere le osterie a prezzo basso per gli studenti;
- controllare il prezzo dei libri;
- procurare agli studenti i prestiti a interesse basso;
35 - controllare i professori: professori bolognesi o fatti venire da fuori, ma sempre scelti e pagati dagli studenti stessi.
Ed i professori? Erano riusciti a mantenere soltanto il controllo degli esami.

I libri sono sempre così cari a Bologna? (il mercatino dei libri)

3

40 Non c'è scuola senza libri. Nel Medio Evo i libri erano di grandissimo valore, come oggi i computer più cari. Quei libri si scrivevano a mano, su pergamena: per produrre questa si staccavano le pelli di pecora e di
45 agnello e poi si tagliavano nella misura voluta. A Bologna andava sviluppandosi una scuola di copisti. Tra loro c'erano molte donne che lavoravano a casa per gli editori di libri. Se si voleva un esemplare davvero
50 bello, lo si dava ad un copista e ad un pittore che ornava i libri con immagini. Anche con questi libri bellissimi ci si preparava agli esami.
I futuri medici avevano un'aula, il teatro
55 anatomico, con un tavolo di marmo per sezionare i corpi. Qui ci si riuniva anche senza il morto, perché gli «spellati» rappresentano, in modo perfetto, due corpi umani senza pelle per mostrarne i muscoli. Sono statue
60 fatte con assoluta precisione da Ercole Lelli, nel 1734.

Il teatro anatomico

4

Primula rossa ci ricorda dunque una tradizione in cui tutti erano al servizio della comunità e nessuno stava al di sopra degli altri.

E **1** *Rispondiamo:*
  a) A che cosa serve il telefono chiamato *Primula rossa*?
  b) È una cosa strana, se pensiamo alle tradizioni dell'università di Bologna?
  c) Quale era il rapporto fra studenti e professori?
  d) I rettori di chi erano i rappresentanti allora? – E oggi?
  e) Quale era il loro compito?
  f) Gli studenti di diritto di che cosa avevano bisogno per lavorare – e perché studiare costava molto anche allora?
  g) Di chi avevano bisogno gli studenti di medicina – e che cosa c'era per sostituirlo?
  h) Paragonate il vostro preside o professore – o la preside, la professoressa – con quelli dell'antica Università di Bologna.
  i) Paragonate i vostri libri con quelli di allora. Hanno un valore inferiore o superiore – e perché?

2 La coniugazione passiva – *ripetiamo le forme del testo:*
  a) Il numero verde dell'università ☐ (battezzare) *Primula rossa* dagli studenti.
  b) Da un gruppo di lavoro le segnalazioni degli studenti ☐ (comunicare) al rettore.
  c) Lo studio ☐ (interpretare, imperfetto) come società fra il maestro e gli scolari.
  d) All'inizio l'insegnamento dei dottori bolognesi ☐ (bisognava esercitarlo) come iniziativa privata.
  e) Per i rettori c'era molto ☐ (che era necessario) fare.

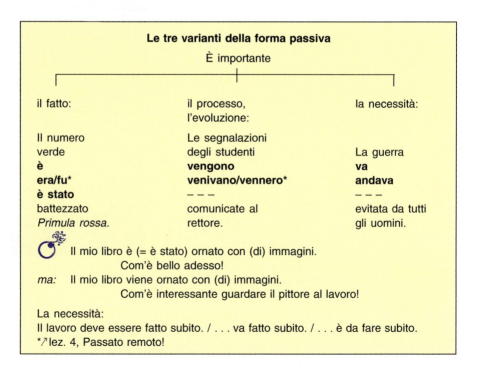

terza lezione

3 Dialogo tra due studenti di Bologna (800 anni fa). Si chiamano Guittone di Faenza (lo studente anziano) e Andreas del Lehel (uno studentino venuto fresco fresco dalla Baviera).
Mettiamo al passivo le forme tra parentesi. A seconda del senso, usiamo venire, essere o andare (a volte sono possibili più forme):

Guittone: Salve, come ti chiami?
Andreas: Andreas del Lehel, sono bavarese.
Guittone: Guarda questo libro bellissimo... Sai che tutti i nostri libri ☐ (scrivere a mano, presente) dai nostri copisti?
Andreas: Quanto costa? Un libro di diritto come questo ☐ (studiare, presente) bene, altrimenti all'esame non ce la facciamo.
Guittone: Costa caro, e vedi, ☐ (ornare, pres.) d'immagini.
Ma tutti questi libri ☐ (scrivere, pres.) in latino, tu sai il latino?
Andreas: Ma certo, a scuola il latino ☐ (insegnare; pass. pr.) a tutti.
Guittone: Conosci i nostri rettori?
Andreas: No, chi sono?
Guittone: I rettori ☐ (eleggere) da tutti gli studenti...
Andreas: E poi?
Guittone: E poi? Tutti i professori ☐ (chiamare, pass. pross.) a Bologna dagli studenti, e dagli studenti ☐ (pagare, anche, presente)!
Così i professori ☐ (controllare) con cura, è il dovere dei rettori.
Andreas: Ma adesso non parliamo sempre di libri e di professori, perché ho fame...
Guittone: Va bene! Vedi l'osteria lì all'angolo? ☐ (Aprire, presente) in questo momento. Rosa, la padrona, è molto brava e molto buona con noialtri studenti.
Dalle un fiorino o una lira[1] bolognese al mese, e ☐ (servire, futuro) molto bene a tavola.

[1] *la lira* hier: das Pfund (Silber)

4 *Mettiamo alla voce passiva:*

a) Da chi ☐ (raccontare) nei tempi antichi la storia di Roma?
b) Tante tracce ☐ (lasciare) da tutte le epoche nella città.
c) Ma leggiamo che cosa ☐ (scrivere) da alcuni ragazzi romani.
d) Valentina Russi dice che Roma non ☐ (cambiare).
e) Alcuni dicono che Roma ☐ (rovinare) dal turismo.
f) Ogni mattina Natalia Maria Di Stefano ☐ (immergere) in un fiume di auto.
g) A Roma tante case ☐ (costruire) senza permesso.
h) Carlo Pannone si chiede se a Roma nel futuro ☐ (offrire) una vita decente ai suoi abitanti.
i) La burocrazia statale di Roma ☐ (denunciare) dai milanesi.
l) Dagli impiegati statali non ☐ (produrre) niente nel senso economico.

terza lezione

5 *... e ripetiamo anche le forme del «si impersonale»:*

a) Se ☐ (volere, imperfetto) un libro davvero bello, ☐ (dare, imperfetto, pronome) ad un copista e ad un miniaturista.
b) Anche con questi libri bellissimi ☐ (prepararsi, imperfetto) agli esami di diritto.
c) Al teatro anatomico ☐ (riunirsi, imperfetto) per ascoltare i professori.

Ricordiamoci del plurale e ripetiamo la frase a) con «dei libri» o «libri».

Il «si» impersonale	
La finestra viene aperta. (forma passiva)	La finestra si apre. (forma riflessiva)
Questo libraio vende **i libri più belli.**	oggetto
I libri più belli si vendono qui.	soggetto
La finestra si è aperta facilmente.	
Pronome oggetto e pronome riflessivo: Il mio amico? **Lo si** incontra spesso a Roma.	
Due «si»: Nella nostra famiglia **ci** si vede spesso.	

6 *Ascoltiamo e diciamo:* vero o falso?

a) Daniele ed Enrico stasera vanno in discoteca.
b) Domani è sabato.
c) Enrico viene in Italia molto spesso.
d) Gianni Morandi è di Bologna.
e) La partita di domani si gioca a Roma.
f) A Enrico non piace il calcio.
g) La Nazionale esiste da 25 anni.
h) Ha raccolto 25 miliardi.
i) Per i cantanti è anche un hobby.
l) La Nazionale dei cantanti esiste negli stadi di tutto il mondo.

7 Beviamo una bottiglia di vino? – o: Si beve una bottiglia di vino?
Mettiamo il «si impersonale»:

Modelli: In questo cinema <u>danno</u> «La dolce vita» di Fellini[1] –
In questo cinema <u>si dà</u> «La dolce vita» di Fellini.
In questo cinema <u>danno</u> tanti film interessanti –
In questo cinema <u>si danno</u> tanti film interessanti.
Qui <u>mangiamo</u> bene –
Qui <u>si mangia</u> bene.
In questa strada la gente <u>si conosce</u> molto bene –
In questa strada <u>ci si conosce</u> molto bene.

a) A Bologna <u>insegnano</u> sempre il diritto e la medicina.
b) Anche oggi <u>seguiamo</u> l'insegnamento dei professori bolognesi.
c) Quale era quell'insegnamento all'inizio dell'università?
<u>Lo interpretiamo</u> come una società fra maestri e studenti.
d) Ecco uno degli spellati. <u>Lo guardiamo</u> molto attentamente.
e) <u>Hanno eletto</u> i rettori fra gli studenti.
f) I rettori: <u>controlliamo</u> il prezzo del pane...
<u>controlliamo</u> il prezzo delle camere...
<u>controlliamo</u> tutti i prezzi importanti per gli studenti.
g) I professori: <u>riusciamo</u> a mantenere il controllo degli esami.
h) Allora <u>scrivevano</u> a mano un libro.
i) <u>Ornavano</u> i libri con immagini.
l) Spesso <u>lavoravano</u> a casa.
m) Gli studenti: fra amici <u>ci vediamo</u> spesso.
n) Gli studenti: <u>ci chiamiamo</u> anche «scolari».
o) Ecco la vita degli studenti: <u>si alzano</u> tardi.
p) Anche nella Bologna antica <u>si alzavano</u> tardi.

[1] *La dolce vita:* «Das süße Leben», Film von Fellini

8 La nostra scuola / Il nostro istituto. È vero che non ha 900 anni come l'università di Bologna.
E allora scriviamo quello che sappiamo. Le parole che non conosciamo le chiediamo all'insegnante.

L'anno della fondazione (verbo: fondare), che cosa s'insegna, quale materia è piuttosto difficile, quanti anni ci vogliono, quale esame, a che cosa serve, come sono i professori, sono tutti uguali, la posizione è centrale o no, quanti piani e che stile, le attività degli studenti e dei loro rappresentanti...?

9 I rappresentanti degli studenti – dovrebbero avere più diritti, come i rettori dell'antica università di Bologna?
Una discussione in italiano.

terza lezione

B Maestro Simone medico

Il signor Baldelli sta parlando con Anita, sua figlia.

Il signor Baldelli: Adesso bisogna stare a letto, hai davvero una bella influenza, la dottoressa Biagi è brava, non è scema come maestro Simone medico...

Anita: Chi era quel Simone di cui hai già parlato parecchie volte?

Il signor Baldelli: In una delle sue novelle più belle, Boccaccio scrive che un certo Simone aveva studiato medicina all'università più famosa del Medio Evo, cioè a Bologna. E ne era molto orgoglioso.

Anita: E qui a Firenze non poteva studiare medicina?

Il signor Baldelli: Giusto! La nostra città era una città di artisti e di commercianti, non un luogo di scienza! Ed essendo anche un po' gelosi di Bologna, i fiorentini si burlavano spesso dei dottori che venivano da lì e soprattutto di un personaggio così stupido come maestro Simone.

A quell'epoca, così racconta Boccaccio, a Firenze c'erano due pittori di nome Bruno e Buffalmacco, non grandi come Giotto o Botticelli o Leonardo da Vinci s'intende, ma sempre allegri. I due si guadagnavano i soldi dipingendo un grande affresco nel salotto di maestro Simone, ‹La guerra dei topi e dei gatti›.

Anita: Si può vedere ancora? Si trova forse agli Uffizi?

Un' illustrazione medioevale del Decamerone

Il signor Baldelli: Ma no! Ci mancherebbe altro... Ad ogni modo Simone molte volte era stato per domandare a Bruno: ‹Come mai siete sempre tanto allegri da cantare e scherzare tutta la giornata?›
E un giorno glielo ha chiesto, infatti. Bruno, pur finendo con cura la coda di un topo, gli ha risposto:
‹Io e il mio amico conosciamo uno stregone di nome Michele Scotto che ogni tanto ci invita a passare con lui la serata in un'osteria segreta... Dopo qualche parola magica di Michele ecco la tavola imbandita, e poi la musica...›

Anita: C'era anche il registratore, dunque...
Il signor Baldelli: Ma no! C'era un gruppo di musicisti! Ma ascoltiamo Bruno:
‹Suonano una bella musica da ballo, ed ecco appaiono delle belle donne con cui balliamo tutta la serata! Una sera, desiderando Buffalmacco avere con sé anche la regina di Francia, il nostro amico l'ha chiamata e lei gli ha tenuto compagnia fino alle due della mattina!›

Anita: La regina di Francia la conosceva, perché l'aveva vista in TV! La professoressa Ordelaffi, quella di latino, direbbe: ‹Bruno conosceva la regina, avendola vista alla televisione›.
Il signor Baldelli: Stupidina, la TV a quell'epoca!

Anita stava per rispondere al suo babbo che stupidina non era lei ma...
Il signor Baldelli però continua: Maestro Simone medico ha creduto subito tutto e ha pregato i due pittori di portarlo in quell'osteria:
‹Amici, piacerebbe anche a me mangiar così bene e ascoltare la musica e poi ballare con le belle regine!›
Dopo una quindicina di giorni Bruno e Buffalmacco sono andati con Simone in un vicolo molto scuro della città e gli hanno detto:
‹Aspetta una mezz'oretta finché non abbiamo chiesto a Michele Scotto che ti lasci entrare con noi.›
Simone aspetta, poi lo chiamano, però facendo un passo in avanti non trova la porta tanto desiderata, ma cade e finisce in una fogna da cui esce solo con grandi difficoltà.
E adesso cerca di dormire un po', Anita!

Anita: Babbo, cos'è una fogna?
Il signor Baldelli: Beh, non esistendo ancora la toilette come oggi, tutto avveniva all'aperto, e così...
Anita: Grazie babbo, ho capito!

(adattato da: Boccaccio, *Decameron* VIII 9)

E **1** *Rispondiamo:*

a) Perché il signor Baldelli racconta la novella a sua figlia?
b) I fiorentini come vedevano i dottori che venivano da Bologna?
c) Come mai maestro Simone conosceva i due pittori?
d) Bruno e Buffalmacco come spiegano a Simone perché sono così allegri?
e) E poi perché maestro Simone finisce in una fogna?
f) Anita conosce bene la storia? Come lo sappiamo?

2 È difficile il gerundio? Quale è la forma del gerundio di parlare?... di essere?... di finire?...

Prima traduciamo un po' dall'inglese:

a) Anita was about to answer that she wasn't stupid but...
b) Simone was about to ask Bruno...
c) Mister Baldelli is talking to his daughter Anita.

E poi usiamo, invece di «stare», un altro verbo:

d) A Bologna △ sviluppandosi una scuola di copisti.

Le forme del gerundio

Verbi in **-are**:   in **-ere**:   in **-ire**:

andare→andando,   avere→avendo,   dormire→dormendo

forme irregolari: dire→dicendo,   fare→facendo,   condurre→conducendo

Il verbo **stare** (che non significa quasi mai «stehen»)
– con l'infinito:
  Il treno sta/stava per partire.
  (fra cinque minuti/cinque minuti dopo)

– con il gerundio:
  Il treno sta/stava uscendo dalla stazione.

Andare con gerundio:
Il signor S. andava ripetendo che aveva tre figlie molto brave.

Il gerundio con il pronome atono, con «ci» e «ne»:
parlandone, dicendoglielo ecc.
sta spiegandole tutto/le sta spiegando tutto

3 *Ricordiamoci bene* – dell'avvocato D'Andrea che stava viaggiando tra Roma e Milano:

Modelli: Alla stazione l'avvocato, che ☐ (partire), si è comprato un giornale.
Alla stazione l'avvocato, che stava per partire, si è comprato un giornale.

L'avvocato ☐ (leggere) il giornale, quando un giovane è entrato nello scompartimento.
L'avvocato stava leggendo il giornale, quando un giovane è entrato nello scompartimento.

Scegliete voi! Forse ci sono anche due possibilità...
Un amico dell'avvocato racconta:
a) L'avvocato ☐ (guardare) una lettera, quando il treno è arrivato ad Arezzo.
b) Una ragazza ☐ (entrare), ma poi si è sentita la voce di un uomo: «Andiamo più avanti!»
c) Anche un giovanotto ☐ (entrare), ma ha visto l'avvocato e gli ha chiesto:
d) «Lei ☐ (lavorare), ☐ (scrivere) delle lettere – La disturbo forse?»
e) L'avvocato: «Mah! ☐ (dormire, imperf., io) un po', e poco fa mi sono svegliato, – ecco tutto! Venga pure, s'accomodi!»
f) Il giovanotto: «Lei ☐ (fare) un viaggio lungo?»
g) «Non tanto lungo, da Roma a Milano..., viene anche un mio collega tedesco, perché in questi giorni ☐ (finire, noi) un lavoro in collaborazione.»
h) Così i due ☐ (discutere) del più e del meno, quando due ragazzi sono entrati con un registratore ad alto volume...

4 Come si dice ancora nel nostro testo? *Trasformiamo le frasi usando il gerundio:*

Modello: Siccome non esisteva ancora la toilette come oggi, tutto avveniva all'aperto.
Non esistendo ancora la toilette come oggi, tutto avveniva all'aperto.

a) Bruno e Buffalmacco si guadagnavano i soldi così:
dipingevano un grande affresco nel salotto di maestro Simone.
b) Simone fa un passo in avanti, e/ma così non trova la porta tanto desiderata.
c) Siccome i fiorentini erano anche un po' gelosi di Bologna, si burlavano spesso dei dottori che venivano da lì.
d) Siccome (quando) Buffalmacco desiderava avere con sé anche la regina di Francia, Michele Scotto l'ha chiamata.
e) Sebbene finisca con cura la coda di un topo, Bruno gli risponde: ...

Come direbbe la professoressa Ordelaffi?
f) Bruno conosceva la regina, perché l'aveva vista alla televisione.

terza lezione

> **L'uso del gerundio**
>
> rapporto **modale:**
> Usiamo il telefono e così parliamo anche con gli amici più lontani.
> → Usando il telefono, parliamo anche con gli amici più lontani.
> Sbagliando s'impara.
>
> rapporto **causale:**
> Siccome non lo conoscevo, non l'ho salutato.
> → Non conoscendolo, non l'ho salutato.
>
> rapporto **concessivo:**
> Sebbene io sappia tutto sui funghi, ho paura di mangiarne.
> → Pur sapendo tutto sui funghi, ho paura di mangiarne.
>
> rapporto **condizionale**:
> Se studio mi sento meglio a scuola.
> → Studiando, mi sento meglio a scuola.
>
> **due soggetti:**
> Siccome non c'è Laura, mi annoio.
> → Non essendoci Laura, mi annoio.
>
> al **passato** nella lingua scritta:
> Siccome aveva letto *Il nome della rosa* con gran piacere,
> Gerhard si è comprato anche *Il pendolo di Foucault*.
> → Avendo letto *Il nome della rosa* con gran piacere,
> Gerhard si è comprato anche *Il pendolo di Foucault*.

5 Come si fa?

Modello: Come si passa la notte?
Si passa la notte dormendo.
(o: leggendo un libro, discutendo con gli amici, ecc.)
Scegliete il verbo giusto: ‹dormire›, ‹lavorare› ‹chiacchierare› ... *quello che volete!*

a) Come si bussa ad una porta? (usare)
b) E Raffaella come bussa ad una porta?
c) L'avvocato come passa la mattina?
d) E voi come passate il pomeriggio?

6 Ci ricordiamo del ‹Futuro visto dai giovani›: *Sostituiamo le frasi sottolineate col gerundio:*

Modello: Marco discute del futuro con gli amici e così vede forse un po' più chiaro.
Discutendo del futuro con gli amici, Marco vede forse un po' più chiaro.

a) Siccome entrerà in ditte sempre più grandi, tanta gente dovrà essere capace di lavorare con metodi moderni.
b) Benché le ditte siano sempre più grandi, ci sarà anche posto per le piccole.
c) Se non ne parliamo mai, non sappiamo mai niente di certe cose.
d) Lavoriamo col computer e così possiamo correggere più facilmente le nostre lettere.
e) Siccome i giovani non sono sempre d'accordo tra loro, la discussione è molto interessante.
f) Benché Luca abbia scelto il mestiere del contadino, è uno studente moderno come gli altri.
g) Gli altri non avevano un'idea chiara di Luca, perché non lo conoscevano.
h) L'agricoltura a terrazze è molto difficile, e così molti la vogliono abbandonare.
i) Ma Luca ci mette un grande impegno, e così avrà forse un certo successo economico.

7 Daniele, Carlo e Marilena – e lo sport!

Ricordiamoci un po' e sostituiamo il gerundio con un'altra costruzione:

Modello: Essendo tifoso come Daniele, Carlo lo viene spesso a trovare per parlare di calcio con lui.
Siccome Carlo è tifoso come Daniele, lo viene spesso a trovare per parlare di calcio con lui.
o: Carlo è tifoso come Daniele, e così lo viene spesso a trovare per parlare di calcio con lui.

a) *Carlo:* Leggendo sempre la *La Gazzetta dello Sport*, sono al corrente di ogni avvenimento sportivo.
b) Correndo rischi troppo grandi, una squadra perde molte partite.
c) Pur sapendo tutto sulla Roma, Carlo non può aiutare la sua squadra.
d) Parlando di sport a modo suo, Marilena dà fastidio ai due ragazzi.
e) *La Gazzetta dello Sport:* Quest'allenatore deve andarsene, avendo perso tante partite.
f) *Marilena:* Pur non leggendo mai la *Gazzetta dello Sport*, conosco abbastanza bene il tennis.
g) *Daniele:* Questo è vero – conosciamo meglio uno sport praticandolo.

8 Una lettera tra studenti universitari – *scrivete la risposta di Jutta!*

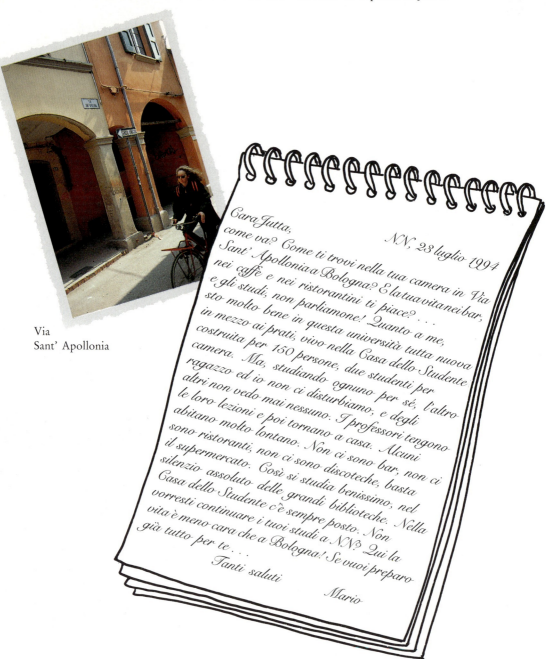

Via Sant' Apollonia

Cara Jutta, N.N., 23 luglio 1994

come va? Come ti trovi nella tua camera in Via Sant'Apollonia a Bologna? E la tua vita nei bar, nei caffè e nei ristorantini ti piace? ... e gli studi, non parliamone! Quanto a me, sto molto bene in questa università tutta nuova, in mezzo ai prati, vivo nella Casa dello Studente costruita per 150 persone, due studenti per camera. Ma, studiando ognuno per sé, l'altro ragazzo ed io non ci disturbiamo, e degli altri non vedo mai nessuno. I professori tengono le loro lezioni e poi tornano a casa. Alcuni abitano molto lontano. Non ci sono bar, non ci sono ristoranti, non ci sono discoteche, basta il supermercato. Così si studia benissimo, nel silenzio assoluto delle grandi biblioteche. Nella Casa dello Studente c'è sempre posto. Non vorresti continuare i tuoi studi a N.N.? Qui la vita è meno cara che a Bologna! Se vuoi preparo già tutto per te...

Tanti saluti

Mario

9 In quale città italiana vorreste fare un corso di lingua italiana? Quali sono i vostri argomenti?
Scrivete un componimento, un'intervista o solo un dialogo.

C Studi d'italiano in Italia

E noi, che studi possiamo fare in Italia? Qualche semestre presso una delle famose università italiane? Ma c'è anche, per gli stranieri, una grande offerta di corsi d'italiano e di cultura italiana. Ecco alcuni dei tanti istituti, e una lettera che possiamo scrivergli:

Colonia, 23 maggio 1994

Egregi Signori,
per migliorare le mie conoscenze d'italiano vorrei frequentare un corso presso la Vostra scuola. Vi prego di inviarmi del materiale informativo per conoscere i prezzi, il tipo di corsi e le possibilità di alloggio e anche il Vostro programma culturale.
In attesa di Vostre comunicazioni Vi invio distinti saluti

Edith Schneider

I «Signori» (nonché le signore) dell'istituto vi hanno risposto mandandovi anche l'indirizzo e il numero telefonico di una signora che dà una camera in affitto. Per far più presto, telefonate. Ecco come si potrebbe svolgere questa telefonata:

Il piccolo Peppino: Pronto!
Edith: Buongiorno, parla Edith Schneider dalla Germania. È la signora Mori di Perugia?
Il piccolo Peppino: No, sono il figlio, ma la posso chiamare!
Edith: Sì, grazie!
La signora Mori: Pronto!
Edith: Signora, buongiorno, è ancora libera la camera che offre per le tre settimane dal 1° al 21 agosto?
La signora Mori: Sì, è libera.
Edith: E quanto viene?
La signora Mori: Beh, facciamo cinquecentomila lire, ma la camera è grande, siamo nel centro storico, la colazione è compresa.

terza lezione

Edith: Mi va bene così, 500.000 lire è molto, ma prendo la camera...
La signora Mori: Va bene, La prego di scrivermi solo due parole per confermare la Sua richiesta – o di mandarmi un fax. E poi gradirei una caparra...
Edith: Ma che chitarra? Non ho capito.
La signora Mori: ... una caparra!
Edith: Non capisco, potrebbe ripetere, per favore?
La signora Mori: ... una ca-par-ra di 100.000 lire, un assegno se possibile, forse un eurochèque.
Edith: Ah, sì, capisco, naturalmente. La ringrazio, e – arrivederci, signora!
La signora Mori: Arrivederci!

Ecco la lettera:

Cara Signori Mori,
Le confermo la prenotazione della camera dal 1° al 21 agosto e, aggiungendo un assegno da 100.000 lire, La saluto cordialmente

E. Schneider

fremd: – estraneo
– straniero
– estero
– forestiero
– altrui

Non parlare con gli **estranei.** (= persone non conosciute)
Ali è uno **straniero,** ha un passaporto **estero.**
(si parla di una per-   (si parla di una cosa)
sona o di una cosa)
Con l'Europa unita è importante conoscere le lingue **straniere/estere.**
Un torinese a Palermo è un **forestiero.**
E più facile risolvere i problemi **altrui.** (= di un altro)

machen, lassen: – rendere + aggettivo
– fare/far + infinito
– lasciare + infinito

Fumare mi **rende** nervoso.
Non mi **faccio** tagliare i capelli, li lascio crescere ancora un po'.

terza lezione

terza lezione

4 Patria ed emigrazione

A San Benedetto del Tronto – città sul mare, tra le Marche e l'Abruzzo

1. San Benedetto del Tronto, come oggi si chiama, non ebbe sempre questo nome. San Benedetto a Tronto era un'antica chiesa sulla riva del Tronto e la prima città che fu fondata lì si chiamò San Benedetto «in Albula», prendendo il nome dal piccolo fiume vicino al quale si trovava l'antico castello. Al tempo dei Romani «Castro Truentino» era celebre e Giulio Cesare ci si fermò dopo aver passato il Rubicone nel 49 avanti Cristo.

2. Nel tardo Impero, al tempo di Diocleziano, cominciarono le persecuzioni contro i Cristiani. A Cupra Marittima (ancora esistente nelle vicinanze dell'attuale città di San Benedetto) un soldato romano di nome Benedetto, essendo cristiano, si rifiutò di sacrificare agli dei. Venne allora condotto davanti al comandante romano che cercò in tutti i modi di farlo rinunciare alla sua fede cristiana. Ma Benedetto, che amava Cristo, affrontò coraggiosamente il martirio. Allora gli venne tagliata la testa ed il corpo fu gettato nell'Adriatico.

Narra la leggenda che nel mare avvenne un fatto straordinario. La testa si riunì al corpo che si diresse verso sud, mentre delfini, quasi a guida, lo accompagnavano: il corpo del martire arrivato nel luogo dove ora sorge San Benedetto, fu scoperto da un contadino. Lui trasportò il cadavere in cima al colle e lì lo seppellì. Vicino alla tomba si costruirono allora una piccola chiesa e poi un villaggio: è l'atto di nascita di S. Benedetto in Albula.

3. Seguirono secoli con invasioni barbariche e saracene, un periodo sotto il Regno di Napoli, l'influsso dell'imperatore Federico II, nipote di Federico Barbarossa, con cui iniziò la rivalità con Ascoli, che è viva ancora oggi nelle popolazioni delle due città vicine e così diverse.

San Benedetto nel sec. XVII.

4. Col passare dei secoli arrivarono tanti pirati che, oltre a distruzioni, portarono la peste al paese, che la superò. Nell'anno 1487, contava 43 fuochi, cioè famiglie, per un totale di circa 200 abitanti. Fino all'inizio dell' '800 i pirati rapirono uomini e soprattutto donne, per venderle come schiave. Nel 1803, per esempio, catturarono sulle spiagge sambenedettesi ben novanta marinai!

5. San Benedetto non perse il coraggio, tanto forte era la sua «febbre di mare». Passarono truppe austriache, napoletane, napoleoniche o del governo vaticano e, nel 1849, anche Giuseppe Garibaldi, l'eroe della lotta per l'indipendenza italiana. Dopo il 1860 – anno in cui il Re Vittorio Emanuele II si era fermato a Grottammare (accanto a San Benedetto) –, San Benedetto entra nella storia nazionale con il nome «del Tronto» per distinguerla dalle altre San Benedetto del nuovo Regno d'Italia.

6. Oggi S. Benedetto conta quasi 50.000 abitanti ed è il porto di pesca più importante dell'Adriatico.

..... E la sua squadra di calcio, la Sambenedettese, sta saltando dalla serie A alla serie B e viceversa, sempre un po' in concorrenza con quella di Ascoli Piceno.

S. Benedetto – Torre dei Gualtieri   Il porto

E **1** *Rispondiamo utilizzando le parole del testo e le proprie:*
a) Quali sono le date e i fatti storici nel testo che riguardano la storia d'Italia?
b) e quella della Germania?
c) e di tutta l'Europa?
d) Quali dati si riferiscono solo all'attuale S. Benedetto?
e) Perché la città si chiama S. Benedetto?
f) Qual è il fatto straordinario che dà origine alla prima San Benedetto (in Albula)?

2 *Ricerchiamo tutti i verbi coniugati del testo e facciamone una lista, spiegando l'uso dei tempi. Cominciamo allora con*
a) «si chiama» (r. 1): presente perché è oggi
b) «non ebbe questo nome» (r. 1/2)... un passato nuovo
c) «era...» (r. 2)... continuiamo

3 Questi passati «remoti» sono spesso, ma non sempre, trasformati in passato prossimo quando uno non scrive ma parla – soprattutto quando viene da una regione del Nord! *Allora ripetiamo queste forme mettendole al passato prossimo:*
Modello: r. 1 «... non ebbe sempre...»   = lingua scritta
         «... non ha sempre avuto...» = lingua parlata

Continuiamo:
a) riga... ecc.

54   quarta lezione

4 *Studiamo* una poesia:

> Ero un fanciullo, andavo a scuola, e un giorno
> dissi a me stesso: ‹Non ci voglio andare›
> e non andai. Mi misi a passeggiare
> solo soletto, fino a mezzogiorno.
> E così spesso. A scuola non andai
> che qualche volta, da quel triste giorno.
> Io passeggiavo fino a mezzogiorno
> e l'ore... l'ore non passavan mai!
>
> *(Da: Marino Moretti: Poesie scritte col lapis)*

Ora sappiamo cosa vuol dire «marinare la scuola» – no?!
E capiamo un po' di più come funziona il passato remoto:

Il passato remoto

Funzione:
ero un fanciullo/andavo a scuola ⟶ un giorno ——— ...⟶
(passato «imperfetto» a quel punto non finito)

dissi/non andai/mi misi
(punti/azioni interamente trascorsi a quel punto del passato)

Forme – le 3 coniugazioni:

andare:	and**ai**	and**asti**	and**ò**	and**ammo**	and**aste**	and**arono**
temere:	tem**ei**	tem**esti**	tem**é**	tem**emmo**	tem**este**	tem**erono**
finire:	fin**ii**	fin**isti**	fin**ì**	fin**immo**	fin**iste**	fin**irono**

Forme irregolari:

essere:	**fui**	**fosti**	**fu**	**fummo**	**foste**	**furono**
stare:	**stetti**	**stesti**	**stette**	**stemmo**	**steste**	**stettero**
dare:	**detti**	**desti**	**dette**	**demmo**	**deste**	**dettero**
	diedi		**diede**			**diedero**
avere:	**ebbi**	avesti	**ebbe**	avemmo	aveste	**ebbero**

E così tanti altri verbi come:
bere → **bevvi**, decidere → **decisi**, dire → **dissi**, dovere → **dovetti**, fare → **feci**, interrompere → **interruppi**, leggere → **lessi**, mettere → **misi**, nascere → **nacqui**, rispondere → **risposi**, sapere → **seppi**, scegliere → **scelsi**, spendere → **spesi**, vedere → **vidi**, vincere → **vinsi**...

venire: **venni** venisti **venne** venimmo veniste **vennero** e così:
apparire **apparvi/apparsi**, aprire **apersi** (o aprii), offrire **offersi** (o offrii)...

5 Allora capiamo quali sarebbero le forme del passato prossimo che corrispondono alle forme seguenti del passato remoto.
Modello: «Allora dicesti» corrisponde a «... hai detto»

a) Nascemmo tutti a Napoli lo stesso giorno.
b) Allora si misero a ridere.
c) Quando non poté più sentirlo, l'interruppe e prese la parola.
d) Lei non rispose nulla e seppe tacere.
e) Quel giorno scelsero questa, tra tante altre belle cose, e spesero tanti soldi.
f) Venni, vidi, vinsi.

6 Una fiaba: Naso d'argento *(secondo Italo Calvino)*
Completiamo con il passato remoto o l'imperfetto:

«☐ (esserci) una volta una madre rimasta sola con tre figlie. Tutte e quattro ☐ (lavorare) duro lavando la biancheria di altra gente, ma non ☐ (avere) mai abbastanza da mangiare. Un giorno le due figlie maggiori ☐ (dire): – E se dobbiamo andare a servire il Diavolo, vogliamo andarcene via di casa. Non ☐ (passare) molti giorni e a casa loro ☐ (presentarsi) un signore vestito di nero e col naso d'argento. ☐ (prendere) la parola e ☐ (dire): – Ho tanto lavoro a casa e vorrei le tue prime figlie a mio servizio!
Alla madre non ☐ (piacere) quel naso d'argento, ma ☐ (chiamare) le due figlie che ☐ (stare) lavando roba di altra gente: – Guardate che in questo mondo uomini col naso d'argento non ce ne sono: state attente, se andate con lui!
Le due figlie che non ☐ (vedere) l'ora di andarsene di casa, ☐ (partire) lo stesso con quell'uomo. I tre ☐ (fare) molta strada, e a un certo punto ☐ (vedersi) una grande luce chiara come di un incendio. – Cosa c'è laggiù? – ☐ (chiedere) le ragazze che ☐ (sentire) un po' di paura. – Casa mia! – ☐ (rispondere) Naso d'Argento. Poco dopo ☐ (arrivare) a un gran bel palazzo dove lui le ☐ (portare) a vedere tutte le belle stanze. Davanti all'ultima però ☐ (dare) loro la chiave dicendo: – Questa porta non la dovete mai aprire senza il mio permesso!

La sera ☐ (mangiare) benissimo e ☐ (andare) a letto presto. Ma di notte quando le due ragazze ☐ (dormire), lui ad ognuna ☐ (mettere) una rosa tra i capelli e ☐ (partire) di casa per i suoi affari.
Il giorno dopo, le due ragazze, curiose curiose, ☐ (aprire) subito la porta proibita – e che cosa ☐ (vedere)? Fiamme e fuoco e gente che ☐ (bruciare)!!!
Quando Naso d'Argento – che ☐ (essere) il Diavolo come lo ☐ (sapere) ora le due ragazze – ☐ (tornare) e ☐ (vedere) le rose bruciate tra i capelli, ☐ (prendere) le ragazze e le ☐ (buttare) nelle fiamme.

Il giorno dopo ☐ (ritornare) da quella donna e le ☐ (chiedere) la terza figlia che si ☐ (chiamare) Lucia. Anche a Lucia ☐ (fare) vedere la stanza proibita come alle due sorelle. E, prima di partire per un altro viaggio, Naso d'Argento ☐ (lasciare) Lucia con un bel fiore nei capelli che poi lei ☐ (mettere) in un vaso. Quando lei allora ☐ (aprire) la porta proibita ☐ (vedere) le facce delle due sorelle che le ☐ (chiedere) di liberarle dall'Inferno. Lucia ☐ (mettere) tutt'e due in un sacco, con un bel po' d'oro e d'argento in più per il loro lavoro a casa di Naso d'Argento. Quando ☐ (tornare) il suo padrone le ☐ (dire): – Il fiore è fresco! Sposiamoci, cara Lucia! Andiamo da tua madre! E Lucia ☐ (rispondere): – Non senza questo sacco di biancheria sporca!
E arrivate a casa della loro madre, ☐ (mandare) il Signor Diavolo all'inferno e ☐ (essere) più felici di prima.»

7 *Cerchiamo forme del gerundio nel testo che poi trasformiamo.* Attenzione ai tempi del passato!
Modello: (r. 4) «prendendo» vuol dire «aveva preso»
Continuiamo.

8 *Trasformiamo i gerundi – trovando subordinate temporali, causali o altre, o coordiniamo con ‹e›, ‹ma› ecc. – e facciamo sempre attenzione ai tempi:*

a) Gli abitanti, chiamando la città San Benedetto, vollero così onorare il martire.
b) Giulio Cesare, passando il Rubicone, ci si fermò.
c) Diocleziano, non amando i cristiani, li perseguitò.
d) Avendo salvato il corpo del martire, il contadino lo trasportò in cima al colle.
e) Facendo parte del Regno di Napoli, la città conobbe anche l'influsso dell' imperatore Federico II.
f) Attaccando i sambenedettesi, i pirati hanno anche loro lasciato tracce nella vita della città.
g) Trovandosi in posizione centrale, la città fu visitata da personaggi della storia moderna come Napoleone, Garibaldi, Vittorio Emanuele.

9 Quando è successo? Assegniamo gli avvenimenti citati nel esercizio 8:

a) avanti Cristo
b) dopo Cristo
c) ai tempi più recenti.

10 *Cerchiamo parole della stessa famiglia.*
Modello: viaggio – viaggiare

a) antico b) Romani c) fermarsi d) passare e) tardo f) impero g) vicinanza h) resistere i) coraggiosamente l) scoperto m) trasportare n) nascita o) abitante p) popolazione q) regno.

B Rivoluzionarie, ma non troppo

Maria Cristina

17 anni, di famiglia sambenedettese, nata in Francia, da dieci anni a Norimberga. Nona classe con «Qualifizierter Abschluß». Due sorelle e un fratello più piccoli. Bella, poco trucco. Cantanti preferiti: Pupo, Toto Cutugno, Alice (Baglioni, Dalla e Al Bano sono matusa). Non è contraria al matrimonio, «ma verso i 27/28 anni, non prima, e con alcuni anni di prova, perché dei giovani italiani non c'è da fidarsi: all'inizio sono bravi, poi diventano dei dittatori.»
Aspetta di compiere i 18 anni per andarsene da casa e vivere da sola con il suo ragazzo. Con i genitori non c'è più accordo, neppure comunicazione: «Sono loro che non la cercano, specialmente mio padre che è abituato a trattare la mamma come una serva.»
Le sue amiche sono tedesche, turche, poche italiane. La mamma si è scandalizzata, quando si è accorta che prendeva la pillola:
«Ha ancora la mentalità per cui bisogna sposarsi vergini, così, se ti va male, sei fregata per sempre.»
Fra i giovani, preferisce gli italiani, meno freddi e con più temperamento dei tedeschi: «Però se credono di farsi servire da me perché sono donna, si sbagliano. Il mio primo ragazzo l'ha tentato e io l'ho piantato subito, senza lasciargli nemmeno il tempo di pensarci su.»
È contro l'aborto e la droga; non si occupa di politica e frequenta le discoteche. Non sa se vorrebbe tornare in Italia; manca da troppo tempo e non ricorda quasi niente. Di sicuro sa che un uomo come suo padre non lo avrebbe mai sposato.

Emilia

19 anni, nata in Germania da genitori italiani di origine abruzzese. Bellezza naturale, poco trucco, veste con gusto. I cantanti preferiti: Eros Ramazzotti, Lucio Dalla, la Nannini e sempre Adriano Celentano. Ha concluso la decima classe tedesca e sta frequentando la scuola italiana presso un istituto superiore di Colonia: «Voglio riadattarmi alla lingua italiana.»
Desidera tornare per sempre in Italia, ma per adesso il suo desiderio è di avere più contatto con i coetanei e maggiore libertà dai genitori.
Come le altre ragazze, è fedele al costume italiano: «Voglio sposarmi.»
Il matrimonio è una cosa seria per lei e desidera formarsi una famiglia.
Prima di arrivare a questo ha comunque altri piani: «Voglio divertirmi, conoscere gente anche quando sarò sposata.»
Pur essendo in cerca di libertà dai genitori, non vuole vivere da sola: «Desidero rimanere a casa per l'amore che ho per i genitori e la comodità di abitare con loro.»
Avendo passato spesso le vacanze in Italia – per lo più dai parenti che vivono nelle vicinanze di Ascoli Piceno –, vede l'Italia come una parte di un'Europa che sta per nascere.
Del femminismo dice: «È bene l'emancipazione femminile, ma la donna non deve esagerare tanto da diventare uomo.» Trova bello quando la donna viene rispettata e non diventa «oggetto»: «Mi piacciono i giovani italiani, ma non quando vogliono sottomettere la donna.»

(adattato da: Sante Paolino in Incontri 10/1981)

1 *Spieghiamo il vocabolario in minigruppi sul lucido o nel quaderno. Ogni gruppo sceglie sei vocaboli:*

Modelli: a) rivoluzionario *agg.: sost.* la rivoluzione
　　　　　b) il ritratto: «Monna Lisa», cioè «la Gioconda» di Leonardo da Vinci è un famoso ~ *Continuiamo.*

2 *Combiniamo secondo il testo:*

a) Maria Cristina vuole sposarsi
　　　　– vergine col primo ragazzo
　　　　– al più presto dopo i 18 anni
　　　　– più tardi
　　　　– non vuole sposarsi mai?

b) Desidera un uomo
　　　　– come suo padre
　　　　– di nazionalità italiana?

c) Ci tiene tanto alla «prova»
　　　　– per i piaceri dell'amore
　　　　– perché ha paura del rischio e poi c'è l'aborto
　　　　– vuole conoscere bene il carattere del futuro marito
　　　　– per la paura di un legame durevole?

E che cosa pensiamo noi:
d) Maria Cristina è una ragazza che si può facilmente trovare
　　　　– nella nostra società
　　　　– fra i miei amici?

e) *In che senso lei è «rivoluzionaria, ma non troppo»?*

3 *Quali sono le informazioni essenziali che danno le due ragazze su se stesse?*
a) origine, b) vita di famiglia, c) gusti, d) futuro, e) amici, f) matrimonio, e) problemi attuali?
Modello: Maria Cristina: a) origine: È nata (nacque) in Francia. La famiglia è di San Benedetto.

4 *Troviamo dei clichés/luoghi comuni in quello che dicono le due ragazze? Citiamone alcuni.*

5 *Completiamo:* Un uomo come suo padre non l'☐ mai ☐.

Il condizionale passato

Non **avrei** mai letto quel libro.
Non ci **sarei** mai **andato/a**.
Condizionale presente di essere/avere + participio passato

---

6 Una vita come la mamma – no grazie! Molti aspetti della vita delle madri non piacciono alle ragazze di oggi. Che cosa non avrebbero mai fatto come le loro madri?

Modello: sposarsi giovani/Non si sarebbero mai sposate giovani.

a) sposarsi col primo fidanzato
b) lavorare solo in cucina

quarta lezione

c) fare sempre quello che volevano i genitori
d) portare solo gonne
e) interrompere gli studi
f) ignorare quello che succede nel mondo.

7 Intervista tra un professore d'italiano e una studentessa di origine italiana.
Cosa capiamo dalla cassetta?
a) Prendiamo la penna per scrivere tutto quello che capiamo dell'intervista al primo ascolto.
b) Col partner mettiamo insieme tutto ciò che abbiamo capito.
c) Ascoltiamo ancora una volta e completiamo.
d) Al terzo ascolto precisiamo:
Chi è che parla?
Di che cosa si parla?
Informazioni precise che abbiamo capito?
e) Facciamo delle domande sul contenuto agli altri!

8 *Facciamo un ritratto di noi stessi, utilizzando il maggior numero possibile di parole contenute nei due testi e parliamo*
a) della nostra età
b) del luogo di nascita
c) dei nostri genitori e del nostro rapporto con loro
d) di come ci piace vestire
e) dei cantanti che ci piacciono
f) della scuola che frequentiamo
g) delle lingue che studiamo
h) dei nostri viaggi in Italia (dove/quando)
i) di com'è il nostro rapporto con i coetanei
l) di cosa faremo dopo il liceo
m) delle nostre intenzioni di voler sposarci un giorno
n) di cosa pensiamo del femminismo
o) di come giudichiamo generalmente i tedeschi rispetto agli italiani (breve paragone)

Allora cominciamo: «Mi chiama......» Attenzione ai tempi diversi, se possibile utilizziamo anche il passato remoto!

9 Il commento di un giornalista. *Traduciamo in tedesco:*
«... In generale il nuovo tipo di ragazza italiana che vive all'estero non è tanto rivoluzionario da spaventare i genitori. Conserva, però, determinati valori tradizionali, che vuole adattare alla nuova realtà.
Alcune di loro hanno già un lavoro che gli assicura un'indipendenza economica e una certa libertà individuale. Spesso non concludono gli studi per andare a lavorare, e la scuola è molte volte un motivo per uscire di casa e stare insieme ad altri giovani. Questi atteggiamenti si notano già all'età di 15 anni...»

quarta lezione

C Paese che vai, gente che trovi

– Come vedi, al centro c'è il soggiorno, a sinistra la nostra camera da letto ed una per gli ospiti, a destra la cucina, lo studio di mio marito...

Pregiudizi attraverso l'Europa

Che cos'è un pregiudizio? Questo, per esempio: tutti i belgi mettono il lampeggiatore a destra e girano bruscamente a sinistra, perché non sanno guidare. Un aneddoto conosciuto quasi in tutta Europa. O questo: una macchina olandese su un passo alpino, il motore che bolle – e il padre tedesco nell'auto che, passandola, commenta per i suoi familiari: «Guardate quella gente della pianura che non sa guidare in curva!» Più a sud, poi: ogni italiano siede in un'Alfa e vola a 200 sull'Autostrada del Sole per andare a pescare segretarie tedesche e svedesi a Rimini, Cesenatico, Chiavari. Lo fa con un look alla Marcello Mastroianni, malinconico ma affascinante, è sicuramente sposato e ha sempre una croce d'oro che porta sul petto abbronzato. Ancora uno? Tutti gli inglesi bevono tè e, poiché non vogliono spendere tanto durante le vacanze, lo fanno in Italia ai margini della strada, accanto alla roulotte. «Asterix e Obelix in Italia» non c'è ancora, ma ci sarebbe abbastanza materiale per un intero volume.
E poi il tedesco in Italia? Mangia pizza già a mezzogiorno, pensa che gli spaghetti siano il piatto principale, porta calzoncini combinati con calzini e sandali. Sua moglie compra scarpe a prezzi bassi al mercato e non capisce come mai non riescono a superare la prima pioggia. Il tedesco beve solo birra. In agosto, all'una, sta come un pazzo sotto il sole, fotografa continuamente e parcheggia sempre lì dov'è facilissimo rubare tutto dalla sua macchina...

Pregiudizi sono immagini precostituite con cui si ricopre la realtà – e chi le vuole correggere ha un compito immenso: spiegare che il pappagallo italiano non vola più sull'autostrada a 200 km all'ora e che anche in Italia ci sono limiti di velocità. Che ‹fast food› e ‹hamburger› sono un bene comune europeo. Che ad un abitante di uno dei migliori quartieri di Amburgo può essere scassinata la macchina in media due volte all'anno. Che gli italiani durante i pasti bevono sempre più birra che vino. Che anche il Mar Baltico è sporco. Che... che... che... Ma attenzione a non esagerare! Quando andiamo in vacanza al sud, vogliamo vedere trattorie piene, il caos nelle strade, un'Italia piena di vita – caotica! Altrimenti, perbacco, perché ci andiamo?

(Abbreviato e adattato da: Pregiudizi attraverso Europa, di Petra Rosenbaum in: Incontri 6/1985)

Domande sul testo:
a) Quali sono i paesi e le nazionalità di cui parla il testo?
b) Scegliamo un pregiudizio con cui viene descritto uno degli europei citati nel testo e riraccontiamolo con le nostre parole!
c) Conoscete altri pregiudizi che riguardano i nostri vicini europei o anche altre nazionalità?
d) Scegliete una nazionalità europea o anche extra-europea, fatene un disegno o una caricatura sul lucido e poi cerchiamo di commentare quello che c'è di male o anche di bene dietro queste immagini!

sich freuen: – far piacere/essere un piacere
– essere felice/contento/lieto di
– contare su/contarci
– rallegrarsi

«Es freut uns, daß...»
Ci fa piacere
È un piacere per noi | che tu venga alla festa.
Siamo felici/lieti/contenti

«Wir hatten uns so gefreut...»
Peccato che tu non venga con noi, **ci contavamo** proprio!
Mi rallegro con voi per l'ottimo voto.

«piacere» corrisponde a «gefallen, schmecken» in italiano:
Ti **piace** questo vestito? Ti è **piaciuto** il concerto?
Ti **piace** la pizza?
Sì, mi **piace** molto/poco/tanto/non... per niente (non «bene»!)
Allora a «*wie* gefällt es ihm?» corrisponde «gli piace?» (e non «come...»!)

quarta lezione

5 Ricostruzione e volontariato

A Il terremoto del 1976

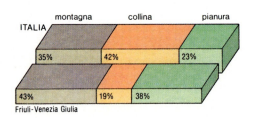

Il paesaggio friulano è molto vario: partendo dalle Alpi, troviamo montagne, laghi, colline, pianure, giù fino al mare, in poco più di cento chilometri. Ippolito Nievo[1] lo chiama «un piccolo compendio dell'universo».
Attraversando in macchina il Friuli, Klaus, che sta andando in vacanza al mare, scopre con piacere che non ci sono quasi più tracce del terribile terremoto che portò nel 1976 tante distruzioni. Si ferma a prendere un caffè e domanda al padrone del bar:
«Senta, mi scusi, ma volevo chiederLe una cosa...»
«Dica pure!»
«So che la situazione del Friuli dopo il terremoto era drammatica. Vedo però che quasi tutto è già stato ricostruito: come avete fatto?»

«Lei ha proprio fortuna: qui al tavolo è seduto il nostro sindaco che può darLe qualche notizia più precisa.»
«Sì, buongiorno, Lei è un turista tedesco, vero? Complimenti, come parla bene l'italiano! Ho sentito la Sua domanda e sono felice di aiutarLa. Vede, fin dalle prime notizie ci si accorse che la situazione era ancora più tragica di quello che si temesse. Si figuri poi che alcuni giornalisti non sapevano neanche se la pronuncia esatta della regione fosse ‹Fri'uli› o ‹Friu'li›.

Quello che resta del lavoro di una vita

Per quanto il Friuli avesse fatto parte della Repubblica Italiana da oltre mezzo secolo, pochi sapevano che il suo nome deriva da ‹Forum Iulii›[2], come era chiamata anticamente la città di Cividale, e quindi era logico che si pronunciasse ‹Friuli›. Questo episodio non era un caso: siccome il Friuli è una regione molto lontana dai centri importanti del paese, pochi se ne erano interessati.»

«Ma la gente sarà pur andata a scuola, no? Un po' di geografia si impara...»

«Sì, bastava ritornare ai ricordi scolastici e si pensava ad Aquileia, città romana tanto potente o a Giosuè Carducci e a Pier Paolo Pasolini[3] che nelle loro poesie avevano cantato questa terra: altrimenti il Friuli era conosciuto solo per i suoi emigranti (era la regione dell'Italia del Nord con la più alta quota di emigrazione) e le sue domestiche (donne emigrate in altre parti d'Italia come collaboratrici familiari).»

Aquileia

«E oltre a ciò c'è stato poi anche il terremoto!»

«Sì, per risvegliare l'attenzione della penisola furono necessari un migliaio di morti, circa 25.000 case distrutte o rovinate e 15.000 persone senza lavoro. Gli anziani e i bambini dovettero essere trasportati negli alberghi dei centri turistici sul mare, ma sapevano che sarebbe stato solo per qualche tempo e aspettavano di ritornare ‹a casa›. Le case, è vero, non c'erano più, ma ci sarebbe sempre stato l'amore per la propria terra, che in Friuli si chiama ‹mal dal clap›, l'amore per le proprie pietre, la voglia di costruire una casa.»

«Così la ricostruzione è cominciata subito?»

«Il criterio di ricostruzione fu coraggioso: prima di tutto le fabbriche, perché la gente potesse lavorare, poi le case, le scuole, e, infine, i monumenti e le opere d'arte. Già dopo 15 giorni alcune fabbriche erano di nuovo in funzione: ora è stato riaperto al pubblico anche il castello di Udine... Adesso mi scusi sa, ma devo ritornare al mio ufficio.»

«Mille grazie per essere stato così gentile: mi permette di offrirLe il caffè?»

«Non si disturbi, è stato un piacere per me fare due chiacchiere con qualcuno che si interessa della storia della mia terra.»

---

[1] Ippolito Nievo (1831–1861), scrittore e patriota vissuto in Friuli; qui ha luogo la storia del suo più importante romanzo ‹Le confessioni d'un Italiano›
[2] ‹Forum Iulii› qui: Stadt des Julius
[3] Giosuè Carducci (1835–1907) e Pier Paolo Pasolini (1922–1975), due autori di poesia e narrativa

1 *Rispondiamo:*

a) Perché Klaus ha una piacevole sorpresa attraversando il Friuli?
b) Come mai il padrone del bar non risponde personalmente alle sue domande?
c) Per che cosa era conosciuto il Friuli?
d) Quali esempi sappiamo dare della drammatica situazione dopo il terremoto?
e) Perché la popolazione voleva ritornare in ogni caso nel paese d'origine?
f) Per quale ragione si ricostruirono per prime le fabbriche?
g) Che cosa spinge il sindaco a rispondere con tanto interesse alle domande di Klaus?

Emigranti friulani in Baviera nel secolo scorso

2 *Completiamo:*

a) Fin dalle prime notizie ci si accorse che la situazione era ancora più tragica di quanto si ☐ (temere).
b) Alcuni giornalisti non sapevano se la pronuncia esatta della regione ☐ (essere) «Fri'uli» o «Friu'li».
c) Il criterio di ricostruzione fu coraggioso: prima di tutto le fabbriche, perché la gente ☐ (potere) lavorare.

Le forme del congiuntivo imperfetto		
parlare	**vedere**	**partire**
parlassi	vedessi	partissi
parlassi	vedessi	partissi
parlasse	vedesse	partisse
parlassimo	vedessimo	partissimo
parlaste	vedeste	partiste
parlassero	vedessero	partissero

essere: fossi fossi fosse fossimo foste fossero
bere: bevessi/fare: facessi/dire: dicessi/dare: dessi/stare: stessi

quinta lezione

3 Che problema la scuola! *Completiamo:*

a) Per il professore era naturale che gli studenti ☐ (stare) attenti durante la lezione.
b) Ma bisognava che ☐ (studiare) di più, se volevano avere maggiori successi a scuola.
c) Quando arrivammo a studiare Dante, pensammo di aver trovato l'autore più difficile che ☐ (esserci).
d) Era facile che Fabio ☐ (comprare) il libro sbagliato: durante la lezione dormiva ad occhi aperti.
e) Era ora che il professore ☐ (dire) che così non va!
f) Pensavo che Paolo ☐ (venire) stasera con Elena per studiare un po' insieme: loro sono così bravi!
g) Non immaginavo che ☐ (essere) tanto tardi: ormai non vengono più e Dante dobbiamo studiarcelo da soli... Peccato!
h) Ragazzi, credevamo che non ☐ (arrivare) più stasera! Allora cominciamo e speriamo bene!

– Vabbè, ora non vorrei divulgare più di tanto. Ho già detto più di quanto sapessi!

4 *Riguardiamo la lista delle espressioni che richiedono il congiuntivo nella prima lezione e, trasportando le frasi al passato, completiamo:*

a) Klaus sperava che il sindaco ☐ (avere) un po' di tempo per lui.
b) Era giusto che il sindaco ☐ (fare) i complimenti a Klaus: lui parla veramente bene l'italiano.
c) Era inevitabile che gli italiani finalmente ☐ (imparare) dove si trova il Friuli.
d) Gli sembrava che il governo per primo se ne ☐ (essere) disinteressato.
e) Avevamo paura che la gente ☐ (soffrire), lontano da casa.
f) Benché il Friuli ☐ (trovarsi) in un punto di passaggio, pochi lo conoscevano.
g) Non c'era dubbio che gli antichi Romani ☐ (amare) i piaceri della vita!

quinta lezione

5 *Completiamo:*

a) Per quanto il Friuli ☐ (far parte) della Repubblica Italiana per più di mezzo secolo...

b) Siccome il Friuli è una regione molto periferica, era inevitabile che pochi ☐ (interessarsene).

Il congiuntivo trapassato

fossi/avessi + participio passato del verbo coniugato

---

6 Ognuno ha i suoi problemi! *Completiamo con il congiuntivo trapassato:*

a) Pensavo che i suoi amici ☐ (aiutare) Maria in quella difficile situazione.
b) Speravo che voi ☐ (scrivere) a sua madre per informarla: lei non ne sapeva niente.
c) Non l'abbiamo fatto perché credevamo che ☐ (essere) già informata.
d) Era possibile che Piero ☐ (partire) in treno.
e) Non sapevo infatti se Andrea ☐ (passare) a prenderlo in macchina.
f) Andrea è arrivato tardi, benché io gli ☐ (dire) di venire a prendermi in tempo: ecco perché siamo in ritardo tutti e due!

7 *Ripensiamo alla storia di Klaus e completiamo con il congiuntivo trapassato:*

a) Era incredibile che ☐ (loro-ricostruire) tutto in così poco tempo.
b) Il barista era felice che il sindaco ☐ (avere) un po' di tempo per parlare con Klaus e rispondere alle sue domande.
c) Klaus si domandava come mai per molta gente il Friuli ☐ (essere) una regione sconosciuta prima del terremoto.
d) Benché ☐ (perdere) tutto, gli abitanti decisero di restare nel proprio paese e ricominciare da capo.

La concordanza dei tempi e dei modi (I)

	Indicativo			Congiuntivo	
So che la situazione	è stata era/fu è sarà	drammatica.	Temo che la situazione	sia stata sia sarà	drammatica.

---

8 La prima volta all'estero! *Completiamo:*

a) I genitori a Fiorella: «Siamo sicuri che ☐ (imparare) presto il tedesco, se passerai l'estate in Germania».
b) Fiorella ai genitori: «Mi ricorderò di voi e vi scriverò una cartolina da tutti i posti in cui ☐ (andare)».

c) I genitori: «Scrivi anche ai Forgia, se no saranno offesi. Speriamo che tu ☐ (ricordarsi) che hanno cambiato casa!»

d) La mamma al papà: «Ho paura che la nostra bambina non ☐ (essere) poi tanto moderna e in Germania da sola ☐ (avere) problemi».

e) La mamma a Fiorella: «Oggi il pranzo ☐ (preparare) da zia Ada: lei cucina tanto bene e tu starai due mesi senza le sue lasagne».

f) Il papà alla mamma: «Tutto va come ☐ (prevedere), la partenza è per domani: non preoccuparti!»

g) La mamma – dopo un mese – al papà: «Non so come tu ☐ (fare) a preoccuparti tanto: lo so che mia figlia ☐ (farcela) benissimo!»

9 Fiorella è tornata e i suoi amici organizzano una festa in suo onore a casa di Andrea: lei sa solo che deve trovarsi da lui alle sette. *Completiamo:*

a) Pensi che io ☐ (dovere) portare qualche sedia?

b) Non so a che ora ☐ (arrivare) Marta: c'è sciopero degli autobus e lei non ha la macchina.

c) Ti piace il regalo che ☐ (io-comprare) per Fiorella?

d) Sono sicuro che lei non ☐ (aspettarsi) questa sorpresa.

e) Desidero che tu ☐ (scrivere) un biglietto di benvenuto: poi firmeremo tutti.

f) Sebbene ☐ (essere) per la prima volta all'estero, mi sono trovata benissimo.

g) Non vi dico tutto quello che i miei «genitori» tedeschi mi ☐ (regalare): sono stati gentilissimi.

h) Voi però avete avuto un'idea favolosa con questa festa: bisogna proprio che ve lo ☐ (dire)!

10 Una lettera. *Immagina di essere uno dei ragazzi friulani dopo il terremoto e scrivi ad un amico:*

– sei in un albergo al mare
– non è estate
– i compagni nella scuola nuova parlano un dialetto diverso
– papà è rimasto al paese a lavorare
– come ti trovi?
– cosa vorresti?

11 *Esercizio di ascolto:* Una storia di emigrazione. *Scegliamo la risposta giusta.*

Il padrone del ristorante:	ha passato in Germania:	è venuto in Germania:
– è nato in Friuli	– 30 mesi	– con suo fratello
– è emigrato in Friuli	– 15 anni	– dopo suo fratello
– ha lavorato in Friuli	– 30 anni	– prima di suo fratello

Il nome «Katzelmacher»	I «Katzelmacher»:	producevano:
– non ha un'antica tradizione	– lavoravano e vendevano d'inverno	– bicchieri e biciclette
– è la traduzione italiana di una parola bavarese	– lavoravano d'estate e vendevano d'inverno	– cucchiai e forchette
– attira l'attenzione	– lavoravano d'inverno e vendevano d'estate	– occhiali e camicette.

quinta lezione

B Non serve volare, basta volere

Per essere utili agli altri, non serve volare.

Basta volere.

Udine, maggio 1994

Signore e signori buonasera! Da ieri sono riuniti qui a Udine gruppi di volontari venuti da tutta Italia per uno scambio di idee e di esperienze. Gli organizzatori di questo incontro ci hanno detto che è stato scelto il Friuli perché la nostra regione ha da sempre contribuito a queste iniziative e ne ha avuto un grande aiuto nel periodo del terremoto del '76. Noi di *Telefriuli* siamo felici di presentarvi alcuni partecipanti: siamo sicuri che molte persone che hanno sempre pensato che i giovani d'oggi fossero orientati solo verso il consumismo e l'individualismo cambieranno idea. Fino a qualche tempo fa non si sapeva quale fosse il numero esatto di questi volontari: attualmente ci sono in Italia 13 mila gruppi e mille cooperative per un totale di 4 milioni di collaboratori. Ma sentiamo cosa ci dicono:

Gigliola di Roma, 24 anni
«Da tre anni lavoro presso la Comunità di Sant'Egidio, fondata a Roma nel '73. Non pensavo che quest'esperienza avrebbe cambiato tanto la mia vita! Ormai siamo presenti in molte città italiane con 15 mila volontari e organizziamo delle case per anziani poveri o malati. Ma, ad esempio, a Genova ed a Napoli abbiamo aperto anche delle scuole per aiutare ragazzi difficili o per recuperare quelli che altrimenti a scuola non ci sarebbero mai andati».

Giovanni di Torino, 22 anni
«Noi della Ryder Italia collaboriamo gratuitamente con i medici e gli infermieri normalmente pagati per assistere in casa i malati gravi di cancro. C'è qualcuno 24 ore su 24 pronto a dare un aiuto anche psicologico. Io ho cominciato l'anno scorso ed ho capito subito che avrei dovuto investire tanto tempo e tante energie: pensavo che non ce l'avrei fatta e invece...».

Alba di Milano, 30 anni
«Da cinque anni lavoro alla Cascina San Marco, alla periferia di Milano: ospitiamo una dozzina di tossicodipendenti e cerchiamo di aiutarli a ritrovare un posto nella società. Pensavamo di ingrandire le nostre strutture, ma abbiamo capito che non sarebbe stata la decisione giusta: così possiamo vivere con i nostri assistiti in un ambiente familiare e questo è molto importante per loro».

Valerio di Firenze, 23 anni
«Già mio padre ha fatto parte della Confraternita della Misericordia che nacque a Firenze nel 1244. Accanto alla Loggia del Bigallo, in Piazza del Duomo, esisteva un'osteria frequentata da facchini. Molti avevano l'abitudine di bestemmiare la Madonna. Un giorno uno ebbe un'idea: una multa per ogni bestemmia e con quei soldi avrebbe comprato delle barelle con cui i facchini avrebbero trasportato i feriti e i malati. Per non essere riconosciuti avrebbero portato un cappuccio nero. Sono passati sette secoli e, naturalmente, ora usiamo le ambulanze! Ma ci occupiamo anche dell'assistenza ai carcerati e collaboriamo con il Ministero per la Protezione Civile».

«Lo faccio per sentirmi utile e ricevo più di quello che do, anche se non sono pagata»: così dice Cinzia, 19 anni, di Bologna e spiega perché collabora al gruppo di prevenzione degli incendi nei boschi che esiste da alcuni anni nella sua provincia.
Finalmente anche il Parlamento italiano si è accorto di questi volontari: ha approvato una legge che prevede contributi e aiuti fiscali. Hanno capito che, alla lunga, la sola buona volontà non sarebbe bastata. Ora questi volontari potranno continuare il loro lavoro su una base più sicura.
Grazie per l'ascolto e a voi tutti ‹mandi, mandi›[1]!

---

1 mandi: il ciao friulano. In Friuli si parla il friulano, una variante della lingua ladina, parlata anche in alcune valli del Trentino e nel Cantone dei Grigioni in Svizzera. Mandi deriva dal latino ‹Mane diu!› = ‹Rimani a lungo in buona salute!›

E **1** *Corretto o sbagliato? E diciamo perché:*

a) Da oggi sono a Udine gruppi di volontari.
b) Vengono da tutta Europa.
c) Il Friuli ha aiutato molto nel periodo del terremoto.
d) Si sa da sempre che i volontari sono 4 milioni.
e) Gigliola lavora presso una comunità a Roma.
f) I medici e gli infermieri della Ryder Italia lavorano gratis.
g) La Cascina San Marco si occupa di tossicodipendenti.
h) Cinzia fa questo lavoro perché può guadagnare un po'.
i) Il Parlamento ha concesso aiuti ai volontari.

2 Un incontro in Friuli. *Completiamo:*

a) Gli organizzatori di questo incontro ci hanno detto che ☐ (scegliere) il Friuli perché ha sempre contribuito a queste iniziative.
b) Molte persone hanno sempre pensato che i giovani d'oggi ☐ (orientare) solo verso il consumismo.
c) Fino a qualche tempo fa non si sapeva quale ☐ (essere) il numero esatto dei volontari.
d) Non pensavo che quest'esperienza ☐ (cambiare) tanto la mia vita.
e) Abbiamo capito che non ☐ (essere) la decisione giusta.
f) Il Parlamento ha capito che, alla lunga, la sola buona volontà non ☐ (bastare).

La concordanza dei tempi e dei modi (II)					
Indicativo			**Congiuntivo**		
	è stata			fosse stata	
Sapevo	era stata		Temevo		
Ho saputo			Ho temuto		
Seppi che	era	...	Temetti che	fosse	una situazione drammatica.
Avevo saputo	sarebbe stata		Avevo temuto	sarebbe stata	

3 Via, a ruota libera! *Completiamo:*

a) Il prof. mi disse che l'esercizio ☐ (essere) giusto.
b) Fabio mi guardava come se ne ☐ (essere) geloso.
c) Paolo e Elena arrivarono quando nessuno più li ☐ (aspettare).
d) Mi raccontò che ☐ (lui-leggere) il libro che io gli ☐ (prestare) e mi pregò che gliene ☐ (dare) un altro dello stesso autore perché gli ☐ (piacere) molto.
e) Il professore usava ripetere che nessuno ☐ (potere) avere successo, continuando a studiare così poco, finché un giorno ☐ (noi-accorgersi) che ☐ (lui-avere) ragione.
f) Il medico mi disse che ☐ (dovere) andare all'ospedale per qualche giorno.
g) Piero mi disse che non ☐ (venire) prima di sera, ma alle quattro ☐ (essere) già qui, così ☐ (potere) fare i compiti insieme.
h) Avevo sperato che il mio soggiorno all'ospedale non ☐ (essere) lungo: ne sono proprio contenta!
i) Piero mi ha raccontato tutto quello che ☐ (succedere) a scuola mentre ero all'ospedale e mi ha detto che ☐ (sperare) che io non ☐ (essere) triste.

4 Solo una delle due possibilità è esatta: quale?

a) Ti ha incontrata mentre (andasti/andavi) a scuola.
b) Lo vidi che (camminava/cammina) per strada.
c) Eravamo sicuri che (partivi/partissi).
d) Spero che tu (venissi/venga) da noi stasera.
e) Gli amici pensavano che Sandra (sia/fosse) malata.
f) Mi sembra che Pino (sia stato/fosse stato) uno stupido.
g) Sono sicura che (era/era stata) tua sorella la ragazza che ho incontrato al cinema domenica.
h) Il professore spiegò più volte la regola sulla concordanza dei tempi perché i ragazzi la (capiscano/capissero) bene.
i) Non so che cosa (decida/avesse deciso) Angelo per il prossimo fine settimana.
l) Mi ha detto che (sarebbe tornato/tornasse) in città solo lunedì e che (avrebbe passato/passasse) il fine settimana al mare.
m) Ero sicura che nessuno (capisse/capiva) perché tu eri triste.
n) Diceva sempre che da grande (avrebbe/avesse) fatto l'avvocato.
o) Pensava che noi (siamo partiti/saremmo partiti) per Capri in luglio.

5 *Ora riguardiamo le frasi giuste dell'esercizio 4 e completiamole a piacere:* forza con la fantasia!

Modello: Ti ha incontrata mentre ... a scuola e ha pensato che fossi in ritardo.

quinta lezione

6 *Completiamo, ricordando che le frasi secondarie sono tutte azioni future:*
a) Fu deciso che i volontari della Misericordia ☐ (portare) un cappuccio per non essere riconosciuti.
b) Cinzia pensava che ☐ (essere) necessario prevenire gli incendi nei boschi.
c) I ragazzi erano sicuri che il ritrovare un posto nella società ☐ (costruire) un futuro per gli ex-tossicodipendenti.
d) Gigliola ha detto che da loro i ragazzi difficili ☐ (trovare) un aiuto per i loro problemi scolastici.
e) Era chiaro che, per aiutare gli altri, non ☐ (servire) volare ☐ (bastare) volere.

Volontariato. Lo straordinario di ogni giorno.

7 Ripensiamo un po' a quello che ci hanno raccontato Gigliola, Giovanni, Alba, Valerio e Cinzia. *Cerchiamo di riassumerlo e ricordiamoci di quello che abbiamo imparato nella lezione 2 sul discorso indiretto!*

8 Facciamo ora un parallelo con la situazione in Germania: esistono anche in Germania associazioni di volontari? Ne fate parte o conoscete qualcuno che ne fa parte? Secondo voi i volontari hanno ragione di esistere o fanno solo quello che dovrebbe fare lo Stato? *Discutiamone!*

9 Una lingua non nasce da un giorno all'altro. Vediamo come si è sviluppato il friulano. *Completiamo con i tempi adatti:*

Quando nel 181 a.C. i Romani ☐ (arrivare) in Friuli, i Celti, il popolo che vi ☐ (abitare) da alcuni secoli, ☐ (dovere) imparare a comunicare con loro, perché i Romani ormai ☐ (essere) i padroni di tutta l'Italia del centro e del sud. Bisognava che i Celti ☐ (cominciare) a capire la lingua dei nuovi padroni, era necessario che ☐ (potere) vendere e comprare al mercato, che ☐ (imparare) le parole della vita di tutti i giorni. Questo non ☐ (essere) dunque il latino degli scrittori, ma la lingua parlata dai soldati, dai commercianti e dagli schiavi. Ecco che ☐ (nascere) così una nuova lingua formata da parole celtiche e latine. I barbari che ☐ (venire) poi in Italia, ☐ (passare) tutti dal Friuli perché non ☐ (possedere) navi per attraversare l'Adriatico: così molte parole di origine longobarda, slava e greca ☐ (entrare) a far parte di questa lingua. Ancora oggi in Friuli si ☐ (parlare) friulano, che non ☐ (essere) un dialetto, ma una lingua romanza come il francese, il catalano, l'occitano, il portoghese, lo spagnolo, il rumeno, il sardo e l'italiano.

C Osterie

Mezzo uovo con il ‹tajut›[1]
Ci sono tutti, uomini e donne, impiegati e operai, professionisti e studenti: un brindisi e due chiacchiere. Si può stare fuori, al bancone del Cappello, o nelle sale della Spezieria pei sani, alla Ghiacciaia o al Pappagallo. Tocai, pinot grigio o bianco, sauvignon del Collio o di Buttrio e magari mezzo uovo sodo, un pezzetto di frittata alle erbe o di montasio, l'ottimo formaggio friulano. Il caos e le preoccupazioni restano per un momento fuori dalla porta, lontano dagli amici e dal ‹tajut›[1].

(adattato da: La Stampa, 2. 8. 1991)

[1] *tajut: così si chiama in friulano il bicchiere di vino.*

1 *Scriviamo un dialogo fra due amici che si incontrano, dopo il lavoro, in un'osteria e usiamo tutte le seguenti parole:*

finalmente, stress, problemi, lavoro, bicchiere, domenica, sole, ragazza, telefono, computer, crisi, governo, giornale, leggere, mangiare, bere, chiacchierare, rifare, usare, funzionare, stancarsi.

kochen: – cucinare
– cuocere
– bollire

La sua mamma **cucina** benissimo: è un'ottima cuoca.
Gli spaghetti **cuociono**: saranno pronti fra due minuti.
L'acqua **bolle**: butto la pasta? (anche in senso figurato: er kochte vor Wut = bolliva di rabbia).

schmecken: – sapere di
– Questo caffè **sa** di sapone.

quinta lezione

6 Un'isola – un mondo

A Un congresso internazionale

Chie faeddat su sardu e cun chie

Dae sas dimandas chi amus fattu a pius de deghemiza alunnos de sas iscolas de parizzas biddas, resultat chi si sos jajos de custos pizzinos faeddaian semper e in totue su sardu, sos babbos issoro lu faeddan solu su chimbanta-sessanta pro chentu e issos (sos chi amus preguntadu) dae su trinta a su degheotto pro chentu. Bi nda at puru meda chi non faeddan nen connoschen sa limba sarda.
Si ponimus a cunfrontu una 'idda comente Burgos, chi est abbarrada rispettosa de sa limba e de sas tradissiones, cun ateras biddas e zittades pius espostas a su cambiamentu de economia e de cultura, comente Budoni (in logu turisticu subra Posada), Usini (a treighi chilometros dae Tatari, in zona de sa Petrolchimica de Porturturra), Nuoro (chi dae 'idda de massaios e de pastores est diventata una zittade de impiegu e de commerciu e campat dae sas attividates de su terziariu) e de sa provinzia de Aristanis, podimus toccare cun manu cale e canta est sa limba chi semus perdende e, cun sa limba, sa cultura nostra de sardos.

Durante il congresso internazionale ‹La Sardegna oggi› il dottor Serra ci ha gentilmente permesso di fargli alcune domande prima che cominciasse la prossima conferenza.

Intervistatore: Dottor Serra, La ringraziamo moltissimo di aver trovato il tempo per questa intervista. Questo pomeriggio Lei parlerà della situazione attuale della lingua sarda. È veramente una lingua o non si tratta piuttosto di un dialetto?
Dottor Serra: Il sardo è una lingua vera e propria. Questa è l'opinione generale fra gli scienziati. Il sardo è una lingua romanza, cioè si è sviluppata dal latino. Inoltre in alcuni posti troviamo lingue e dialetti che vengono dal continente come ad Alghero, dove si parla una forma di catalano.
Intervistatore: Come mai tanta diversità?
Dottor Serra: I motivi, li troviamo tornando indietro nel passato. Deve sapere che la Sardegna, sia come punto strategico, sia come zona agricola è sempre stata una terra interessante per vari popoli. Così nella nostra storia abbiamo conosciuto vari padroni: fenici, cartaginesi, greci, romani, spagnoli e piemontesi. Tutti quanti hanno lasciato qualche traccia nel paesaggio ma anche nella lingua.
Intervistatore: E la situazione attuale della lingua sarda come la vede?

Dottor Serra: Negli ultimi trent'anni la TV e la radio hanno cambiato molto la vita e anche il modo di parlare. Ancora adesso si trovano persone anziane che non hanno mai imparato a parlare l'italiano. I giovani però parlano soprattutto l'italiano. Capiscono sì il sardo – sempre che i genitori lo usino – ma spesso non riescono più a parlarlo specie se vivono in città.
Intervistatore: Secondo Lei, perché si sta perdendo la lingua sarda?
Dottor Serra: Secondo me, ci sono tre motivi importanti: il sardo è soprattutto una lingua parlata, quindi non esistono né regole ortografiche né una grande letteratura che potrebbe servire come modello.

Visto che riflette un mondo contadino, il sardo non si adatta facilmente alla vita moderna. Molte parole della vita commerciale o del mondo tecnico non esistono in sardo e così si usano le parole italiane.

Per molti anni il sardo è stato oppresso dalle autorità italiane. Benché la Sardegna sia una regione autonoma come il Trentino-Alto Adige, non abbiamo mai conosciuto il diritto al bilinguismo che avrebbe valorizzato la nostra lingua. Fino a poco fa era addirittura impossibile insegnare o studiare il sardo nelle scuole.

Intervistatore: SentendoLa parlare si direbbe che Lei non abbia molta simpatia per il governo centrale e l'Italia continentale...

Dottor Serra: Guardi, non vorrei essere frainteso. Non do la colpa dei nostri problemi attuali – e ne abbiamo molti – né solo al governo centrale né solo a noi. Ma essere sardo non è come essere romano o milanese. C'è un doppio razzismo nei nostri confronti. Quelli del nord disprezzano i meridionali, cioè anche noi, e quelli del continente disprezzano noi dell'isola. Così, quando dobbiamo andare sul continente per fare il militare o per motivi di lavoro, ci ritroviamo di fronte a molti luoghi comuni ed a scherzi pesanti.

Intervistatore: E i sardi come reagiscono? Cosa fanno per cambiare queste idee?

Dottor Serra: Poco o niente. È molto difficile spiegare questa mentalità. Neanch'io, pur essendo sardo, non la capisco sempre. Nella sua storia il popolo sardo non è mai stato un popolo libero, non è mai veramente riuscito a ribellarsi contro gli invasori. Allora per sopravvivere, i sardi si sono rassegnati. Ed è proprio questa rassegnazione che continua a bloccare molte iniziative che potrebbero migliorare l'economia dell'isola.

Intervistatore: A che tipo di iniziativa sta pensando?

Dottor Serra: Come sa, per quanto la Cassa del Mezzogiorno[1] abbia cercato di portar avanti l'industrializzazione dell'isola, non abbiamo molta industria. Ma nonostante che la Sardegna non sia una terra molto fertile e ricca, abbiamo molti prodotti tipici di buona qualità come il vino, il formaggio ecc. Ma mentre altre regioni italiane meno passive hanno già crea-

sesta lezione

to un mercato importante all'estero per i loro prodotti, noi siamo ancora all'inizio.
Intervistatore: Ma avete anche un mare stupendo che non è ancora inquinato...
Dottor Serra: Infatti, però l'unico metodo per sfruttarlo economicamente sarebbe il turismo. Bisogna dire che ultimamente il turismo è aumentato parecchio – creandoci altri problemi –, proprio perché il nostro mare è così bello. Ma anche qui c'è il problema della passività sarda. Siccome molti alberghi o villaggi turistici non appartengono ai sardi ma a persone o ditte milanesi, torinesi o anche straniere, i soldi vengono portati via e ai sardi restano soltanto dei lavori stagionali.
Intervistatore: La disoccupazione è dunque un problema?
Dottor Serra: Direi che è il nostro problema maggiore. Molte persone, soprattutto i giovani, sono disoccupati o sottoccupati e per molti anni vivono di lavoretti poco sicuri e alle spalle delle loro famiglie. Così molti non hanno altra scelta che emigrare sul continente o all'estero.
Intervistatore: Dottor Serra, La ringraziamo molto di questa intervista e speriamo che questo congresso sarà un successo, per Lei e per la Sardegna.

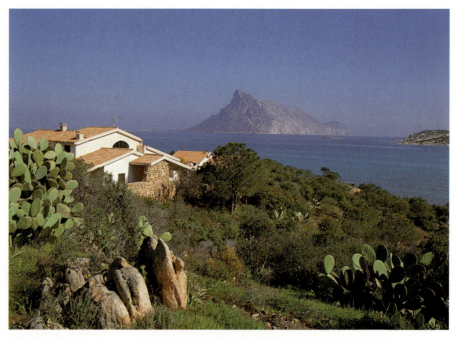

L'isola di Tavolara vicino ad Olbia

E **1** *Rispondiamo:*
 a) Di che cosa parlerà il dottor Serra nella sua conferenza?
 b) Perché il sardo viene chiamato una ‹lingua romanza›?
 c) Perché molti popoli volevano avere la Sardegna?
 d) I giovani parlano ancora il sardo? Per quale motivo?
 e) Perché, secondo il dottor Serra, il sardo oggi non è una lingua importante come l'italiano?
 f) Perché il dottor Serra parla di un doppio razzismo?
 g) Come cerca di spiegare la passività dei sardi?
 h) Perché il turismo nella sua forma attuale non può risolvere il problema economico dell'isola?
 i) Perché molti sardi emigrano?

2 Che cosa sappiamo?
Parliamo di alcuni aspetti al di là del testo:
 a) Come si chiama il mare che si attraversa per andare dall'isola a Roma?
 b) Il sardo è una lingua romanza. Che altre lingue sono di origine latina?
 c) Il catalano si parla in Catalogna. In quale paese si trova questa regione e come si chiama il capoluogo?
 d) Fenici, cartaginesi, greci, romani, spagnoli e piemontesi erano i padroni dell'isola. Da dove venivano?
 e) La Sardegna e il Trentino-Alto Adige sono regioni autonome. Quali altre regioni italiane sono autonome?
 f) Che prodotti tipici di una regione italiana conoscete?

3 Ricordiamoci.
Completiamo le frasi con congiunzioni: ‹quindi›, ‹e› (2x), ‹o›, ‹non›, ‹né› (2x), ‹ma›, ‹sia› (2x).
 a) Il sardo è veramente una lingua ☐ non si tratta piuttosto di un dialetto?
 b) Il sardo è una lingua parlata, ☐ ☐ esistono ☐ regole ortografiche ☐ una grande letteratura.
 c) La Sardegna era interessante ☐ come punto strategico ☐ come zona agricola.
 d) La Tv ☐ la radio hanno cambiato molto la vita ☐ il modo di parlare.
 e) I giovani capiscono il sardo ☐ non riescono a parlarlo.

Le congiunzioni coordinative	
Ha preso il treno **e(d)** è partito per Bari.	und
Vuoi la macchina **o** vai con la bicicletta?	oder
O viene adesso **o** non viene più.	entweder . . . oder
Non parla **né** con noi **né** con loro.	weder . . . noch
Vorrei andarci, **ma** non posso.	aber
Siamo malati, **dunque/quindi** non ci andiamo.	folglich
Non la conosco, **perciò** non le dico tutto.	deshalb
Ha molti soldi, **però** è molto solo.	dennoch

sesta lezione

4 Una lettera. Mario Loi scrive una lettera da Cagliari, dove studia, ai suoi genitori che abitano in un paese del centro.
Completiamo la sua lettera con delle congiunzioni coordinative:
Cara mamma, caro babbo,
Vi avevo detto che forse sarei venuto per la sagra delle castagne. Vorrei tanto partecipare alla festa ☐ non penso di poter andarci. Come sapete volevo viaggiare in macchina ☐ con Daniela ☐ con Marco. Purtroppo ☐ possono partire ☐ lui ☐ lei. Daniela si è fatta male al piede ☐ non può guidare. Marco invece deve preparare un esame importante ☐ preferisce restare qui a studiare. ☐ forse mi resteranno dei soldi ☐ così potrò pagare il biglietto della corriera.

   Tanti saluti   Mario

5 *Ripetiamo l'uso del congiuntivo e dell'indicativo:*

a) Vediamo che Enrico ☐ (uscire) di casa:
b) Si dirige verso il centro, perché ☐ (volere) far le spese.
c) Spera che ☐ (esserci) un panificio aperto.
d) Ma gli sembra che le strade ☐ (essere) quasi deserte.
e) Deve camminare a lungo prima che ☐ (finire) i cartelli «Chiuso per ferie».
f) Non gli fa piacere che ☐ (vedersi) solo gente che carica l'auto per le vacanze.
g) Enrico ha paura che fra poco tutti i negozi ☐ (essere) chiusi.
h) È inevitabile che tanti turisti ☐ (essere) già in fila ad aspettare l'apertura dei musei.
i) Gli pare che corso Magenta ☐ (essere) un'unica fila di negozi chiusi.
l) Non è contento che ☐ (doversi) aspettare tanto a lungo una bibita fresca.
m) Fa già caldo, benché ☐ (essere) solo le nove e mezzo.

6 *Completiamo:*

a) Il dottor Serra ci ha permesso di fargli alcune domande ☐ cominciasse la conferenza.
b) ☐ altre regioni hanno già creato un mercato, la Sardegna è ancora all'inizio.

Le congiunzioni subordinative I (senso temporale)	
Dimmi tutto **prima che** vengano (!) gli altri.	bevor
Possiamo mangiare qualcosa **quando** arriviamo.	wenn
Da quando sei partita mi sento solo.	seit
Dopo che mi era arrivata la lettera ho capito tutto.	nachdem
Mentre noi aspettavamo lui comprava i biscotti.	während
Appena arriva il postino glielo chiedo.	sobald
Devo aspettare **finché** (non) smetta (!) di piovere.	solange . . . bis
Abbiamo aspettato **finché** è arrivata lei.	

7 Una gita. Un gruppo di giovani si incontra in piazza. Vogliono organizzare una gita per la prossima domenica. *Facciamo delle frasi secondo il modello:*

Modello:
Gianni: Non posso prendere la macchina se mio fratello non me lo permette.
Prima che io possa prendere la macchina mio fratello me lo deve permettere.

a) *Milva:* Non posso portare la chitarra se mia sorella non me la dà.
b) *Sergio:* Non vengo se mia madre non sta meglio.
c) *Elio:* Non vado al mare se non fa più caldo.
d) *Marco:* Non posso portarvi in macchina se i miei genitori non mi danno i soldi per la benzina.
e) *Marisa:* Non vi accompagno se non supero l'esame.
f) *Mirella:* Non prometto di venire se non so se viene anche Piero.
g) *Francesca:* Con tutti questi problemi non partiamo se non succede un miracolo.

8 Conversazioni in un pullman. Tornando dal lavoro col bus, il signor Cabras ascolta quello che dicono gli altri intorno a lui.
Usiamo una congiunzione subordinativa con senso temporale (‹appena›, ‹prima che›, ‹dopo che›, ‹mentre›, ‹finché›) per fare una frase:

Modello: Ti aiuterò. Prima devo finire questo lavoro.
          Ti aiuterò appena avrò finito questo lavoro.

a) Lo vedo oggi. Posso dargli il regalo.
b) Hanno venduto la macchina. Sono contenti.
c) Si era fatto la doccia. Poi si è fatto la barba.
d) Maria passava l'aspirapolvere. Piero lavava i piatti.
e) Raccontami la storia adesso! Dopo arrivano gli altri.
f) Gli scriveremo. Prima dobbiamo comprare dei francobolli.
g) Siamo restati in acqua. Poi è cominciato a piovere.

9 *Completiamo:*

a) ☐ la Sardegna sia una provincia autonoma non ha mai conosciuto un vero bilinguismo.
b) ☐ la Cassa del Mezzogiorno abbia cercato di portar avanti l'industrializzazione, non abbiamo molta industria.
c) ☐ la Sardegna non sia una terra fertile, ha molti prodotti di buona qualità.

Le congiunzioni subordinative II (senso concessivo)
Benché/sebbene/per quanto/nonostante (che)/malgrado (che)
non abbia (!) molti soldi è generoso.   obwohl

sesta lezione

10 Povero Sergio! Marcella è fidanzata da 5 anni con Sergio, ma tante cose non le vanno bene. *Diciamo che cosa pensa Marcella:*

Modello: Mi porta dei fiori, ma non voglio uscire con lui.
Benché/Sebbene/malgrado che/nonostante che Sergio mi porti dei fiori non voglio uscire con lui.

a) Mi fa prendere la sua macchina, ma non vado in vacanza con lui.
b) Mi telefona ogni giorno, ma non ha molto da dirmi.
c) Mi compra tanti regali, ma non sono felice.
d) Viene a trovarmi quasi tutti i giorni, ma non sappiamo mai cosa fare.
e) Gli ho regalato un orologio, ma non arriva mai in tempo.
f) Mi dice tante parole dolci, ma non ci credo.
g) I miei genitori lo invitano a pranzo, ma lui non si trova bene a casa mia.
h) Mi ha chiesto di sposarlo, ma non lo farò.

11 *Completiamo:*

☐ molti alberghi non appartengono ai sardi, i soldi vengono portati via.

> **Le congiunzioni subordinative III (senso causale)**
>
> Non mi ha risposto **perché** non sapeva cosa dire.
> **Siccome** non sapeva cosa dire non ha detto niente.   weil/da
> **Dato che/visto che/dal momento che/poiché** non sto bene preferisco non andare alla festa.

12 Massimo, perché...?
Frank sta con il suo amico nuorese Massimo e gli chiede tante cose.

Rispondiamo per Massimo:

Modello: Alla TV e a scuola i ragazzi sentono quasi solo l'italiano. I giovani non parlano il sardo.
Frank: Perché i giovani non parlano il sardo?
Massimo: Perché alla TV e a scuola sentono quasi solo l'italiano.

a) Gli invasori sono rimasti sulla costa. Il sardo più puro si parla al centro.
b) I sardi vogliono far vedere i loro problemi economici e politici. Hanno dipinto le loro case con ‹murales›.
c) In Sardegna crescono molti mandorli. Molti dolci si fanno con le mandorle.
d) La vita dei pastori è molto dura. I ragazzi preferiscono studiare alle università di Cagliari o Sassari.
e) Vicino a Cagliari c'è la Petrolchimica. Il mare lì è inquinato.
f) I costumi sardi sono molto belli. Sono famosi in tutto il mondo.

Facciamo da ciceroni e diamo informazioni sulla Sardegna:

Modello: Siccome/ Dato che/ Visto che/ Dal momento che/ poiché alla Tv e a scuola i ragazzi sentono quasi solo l'italiano, non parlano il sardo.

— Finché sai quanto guadagni, Agostino, è perfettamente inutile che tu tenga il conto di quanto spendo io!

— Poiché sapevo che saresti venuta a trovarmi, cara, mi sono messo un po' elegante!

13 Che confusione!

Combiniamo le due parti che vanno insieme con una congiunzione adatta:

Modello: Ho aspettato finché non è tornato.

a) Ho aspettato   mi lavo i capelli?
b) Ho capito tutto   è tornato.
c) Ti avverto   me l'abbia chiesto.
d) Ti posso chiamare   sono interessanti.
e) Eravamo disoccupati   me l'avevi spiegato.
f) Non gli ho detto niente   torno a casa?
g) Che cosa fai   siamo dovuti emigrare.
h) Mi piacciono questi libri   arriva il pacco.

14 Spieghiamo e indoviniamo.

Cerchiamo le parole che mancano:

a) Un congresso dove parlano scienziati italiani, francesi, inglesi e tedeschi è un congresso ☐.
b) Chi si sente superiore agli altri e pensa che gli altri siano peggiori li ☐.
c) «Tutti i tedeschi bevono birra e mangiano crauti.» Questo è ☐.
d) Quando Piero era all'università, ogni mese i suoi genitori gli mandavano dei soldi. Piero viveva ☐ della sua famiglia.
e) Una festa popolare in cui si vende un certo prodotto è una ☐. Esiste per esempio ☐ del vino, delle castagne ecc.

Come possiamo spiegare:
la regola ortografica, il lavoro stagionale, disoccupato, fertile, inquinato, i murales, il miracolo?

sesta lezione

B In Sardegna

Il professor Grammaticus passa il suo tempo a viaggiare per l'Italia per scoprire gli sbagli che fanno gli italiani nella loro lingua.

Un nuraghe vicino a Macomer

Il professor Grammaticus, mentre attraversava la Sardegna a cavallo, sentì gridare: Aiuto! Aiuto!
Si guardò intorno. La zona era solitaria. Non una casa in vista, ma solo le pietre di un nuraghe. A mezza collina un gregge pascolava tranquillamente. Così almeno pareva.
Il grido, però, era venuto di lassù. Forse il pastore si trovava in difficoltà? Il professor Grammaticus non capì niente: partì al galoppo nella direzione voluta dal suo coraggio. Ed ecco che, come per confermarlo che aveva ragione, da quella direzione venne nuovamente il grido: *Aiutto! Aiutto!* Le *peccore!* Le *peccore!*
«È certamente il pastore che chiama,» si disse il professore. «Non meriterebbe che io andassi in suo soccorso, però. Perché ficca tutte quelle doppie dove non ci vorrebbero? *Aiutto, peccore.* Dal punto di vista delle doppie i sardi sono l'opposto dei veneziani: a Venezia le doppie le mangiano tutte, qui raddoppiano qualsiasi consonante. Non mi meraviglierei che i guai del pastore nascessero da questo tragico errore.»
Arrivato sul posto, il professore poté vedere che aveva ragione. Le ‹peccore› avevano circondato il pastore, lo avevano costretto a mettersi a quattro zampe e gli schiacciavano la faccia a terra. Il povero pastore ‹brucava l'erba›. La sua bocca era verde, e nei suoi occhi scuri si leggeva chiaramente il disgusto con cui mangiava quell'insalata senz'olio né sale.
«*Aiutto!*», mormorò il pastore quando vide il professore.
«Le *peccore* si sono *rivoltatte* e ...»
«L'unione fa la forza,» disse il professor Grammaticus. «Ma il cane che fa? L'amico dell'uomo non vi ha difeso?»
«*Guardattelo!*»
Il cane, poveretto, era stato legato a un albero, e assisteva impotente al supplizio del suo amico.
Grammaticus scese dal cavallo e, servendosi soltanto della sua matita, cancellò la «c» di troppo, disperse le pecore, sciolse il cane e liberò il pastore, che gli offrì in segno di riconoscenza un delizioso formaggio pecorino.
«Con gli animali bisogna stare attenti», disse il professor Grammaticus, riponendo il formaggio nella tasca della sella.

Un murale in un paese sardo

Essi non conoscono la loro forza, perciò ci obbediscono. Le pecore, poi, basta un bambino a tenerle, fossero pure mille o duemila. Ma se voi le chiamate *peccore* esse drizzano le orecchie cominciano a montarsi la testa pensando: «Dunque noi siamo qualcuno»!

45 Il professore tacque e pensò: «Eh, se bastasse chiamare *peccore,* con due «c», certi uomini che non conoscono la loro forza, per convincerli ad alzare la testa!»

Questo, però, non lo diceva per il pastore sardo che, serio e attento, era la statua della fierezza e della gentilezza.

50 *(adattato da: Gianni Rodari, Il libro degli errori)*

E **1** *Corretto o sbagliato? Diciamo perché:*
  a) Il professore attraversava un paesaggio con molte case.
  b) Il professore si è fermato perché ha visto qualcosa.
  c) Il professore pensava che non doveva aiutare il pastore perché usava troppe doppie.
  d) Il sardo e il veneziano sono molto simili.
  e) Quando è arrivato il professore il pastore stava mangiando erba.
  f) Il cane ha aiutato il pastore perché era il suo amico.
  g) Il professore ha aiutato il pastore con una matita.
  h) Per ringraziarlo il pastore ha dato al professore una pecora.

2 *Parliamo del testo:*
  a) Perché le pecore si sono rivoltate?
  b) Perché il professore dice che bisogna stare attenti con gli animali?
  c) Perché il professore vorrebbe chiamare «peccore» certe persone? Perché non lo dice? Che idea ha il professore della forza dei sardi e delle loro possibilità?

3 *Completiamo:*

Non mi meraviglierei ☐ i guai nascessero da questo errore.

Altre congiunzioni subordinative	
Penso **che** lui verrà.	... daß
Ho mangiato **tanto che** non riesco più a muovermi.	... soviel ...daß
Ti ho invitato **affinché/perché** tu mi dica (!) tutto.	... damit
Nel caso che/Caso mai lui venisse (!) digli che siamo già andati da Maria.	... falls
Se me l'avessi detto prima, avrei potuto reagire.	... wenn
Certo che verrò **sempre che/purché** ti faccia (!) piacere.	... aber nur, wenn
Le do questo libro **a condizione che** me lo riporti (!) domani.	... unter der Bedingung, daß
Partiamo domani **a meno che** non piova (!).	... sofern nicht
Ci credo anche **senza che** tu me lo faccia (!) vedere.	... ohne daß

4 Povera Mirella. Mirella è antipatica a tutti i suoi compagni di classe. Quando lei vuole invitarli ad una festa, tutti cercano delle scuse per non dover andarci. Però non vogliono neanche offenderla.
Facciamo delle frasi con ‹sempre che›, ‹purché› e ‹a meno che non›:

Modello:
Piero pensa: Forse verranno i miei zii.
Piero dice: Certo, verrò volentieri, sempre che/a meno che non vengano i miei zii.

a) *Gina:* Forse si guasterà la macchina di mio padre.
b) *Maura:* Forse i miei genitori non me lo permetteranno.
c) *Carlo:* Forse dovrò studiare.
d) *Dino:* Forse mi chiamerà l'allenatore.
e) *Gigi:* Forse dovrò restare a casa con il fratellino.
f) *Paolo:* Forse arriverà la nonna.
g) *Lena:* Forse ci sarà la mia amica tedesca.

Se non foste venuti durante l'orario di lavoro, sarei stato molto più contento di questa vostra visita!

Ma caro, l'hai detto tu stesso che l'estetica non avrebbe avuto importanza, purché ti tenesse caldo!

sesta lezione

5 Sì, mamma! Certo, mamma!
La signora Conca vuole che sua figlia si comporti bene e così le fa tante raccomandazioni. Che cosa dice? *Completiamo:*

Modello: Un giovanotto ti parla ... non rispondergli.
Caso mai un giovanotto ti parlasse non rispondergli!

a) ... (un uomo ti sorride)   non salutarlo!
b) ... (la zia ti fa una domanda)   rispondile gentilmente!
c) ... (suonano quando non ci sono)   non aprire la porta!
d) ... (chiamare/la nonna)   dille di venire!
e) ... (venire/lo zio)   offrigli un caffè!
f) ... ☐   non dimenticare di ringraziarla!
g) ... ☐   eccole qui!
h) ... ☐   dimmelo pure!

Lo stadio Sant' Elia a Cagliari

6 Quante lettere!
Fabrizio ha scritto delle lettere. Suo fratello, Sergio, vuole sapere perché le ha scritte.

Modello: zio Aldo/trovarmi un lavoro alle poste
Sergio: Come mai hai scritto a zio Aldo?
Fabrizio: Gli ho scritto affinché/perché mi trovi un lavoro alle poste.

a) Shirley/spedire un libro inglese
b) Maria/decidersi a venire in estate
c) Tobias/scrivermi il testo di una canzone tedesca
d) uffico turistico/darmi del materiale per Tobias
e) zia Lidia/non dimenticare di farmi quel maglione verde
f) università/dirmi quando ci si può iscrivere

7 La partenza.
Per Ferragosto i signori Salis vanno a trovare parenti vicino a Roma. Prima di partire parlano con i loro figli.
Completiamo le frasi con congiunzioni:

a) Vi lasciamo dei soldi ☐ possiate fare la spesa.
b) Potete prendere la macchina ☐ stiate attenti.
c) Ecco il numero degli zii ☐ dovesse succedere qualcosa.
d) Resteremo una settimana ☐ la zia stia meglio.
e) Prendiamo l'aereo ☐ non ci sia sciopero.
f) Ho comprato ☐ scatole di pomodori ☐ dovrebbero bastare.
g) Potete invitare degli amici a cena ☐ dopo puliate la cucina.
h) Non dimenticate di chiamarci qualche volta ☐ non ci preoccupiamo.

Lo stadio Sant'Elia a Cagliari

sesta lezione

8 *Completiamo:*
a) ☐ certamente il pastore ☐ chiama.
b) A Venezia le doppie ☐ mangiano.

(la storia completa la troverete a pagina 91)

> **La messa in rilievo**
>
> Franco mi ha accompagnato.
> Mi ha accompagnato **Franco**.   (non Piero)
> È stato **Franco** che me l'ha detto.   (non Gino)
> È stato **Franco** a dirmelo.   (non Mauro)
> Siamo stati **noi** che l'abbiamo perso.
> I miei amici sardi **li** conosco da anni.
> **Ne** parleremo dopo del tuo futuro.
> A Roma non **ci** sono mai stata.
> Non **le** scrivo più a questa signora.

 9 Che cosa ha visto, signora?
La signora Loddo ha visto un incidente stradale. Adesso risponde alle domande dei carabinieri.

Modello: Chi è arrivato dalla destra? (La macchina verde)
 È stata la macchina verde che è arrivata dalla destra.

a) A che ora è successo l'incidente? (alle 17.30)
b) Chi è arrivato dalla sinistra? (la Fiat 500)
c) Dove si sono fermate le macchine? (in mezzo alla piazza)
d) Chi ha chiamato l'ambulanza? (io)
e) Da dove ha visto l'incidente? (dalla finestra)

10 Un'intervista con un turista.
Rispondiamo alle domande secondo il modello:

Modello: – È stato anche a Bosa?
– No, a Bosa non ci sono stato. o:
– Sì, a Bosa ci sono stato.

a) Ha visto i nuraghi di Barumini?
b) Conosce l'isola di S. Antioco?
c) È stato ad Alghero?
d) Ha mangiato gli gnocchetti sardi?
e) Ha bevuto del vino sardo?
f) Per tornare prende il traghetto?
g) Capisce un po' il sardo?
h) Ha scritto delle cartoline?
i) Ha visto la chiesa della S. S. Trinità di Saccargia?

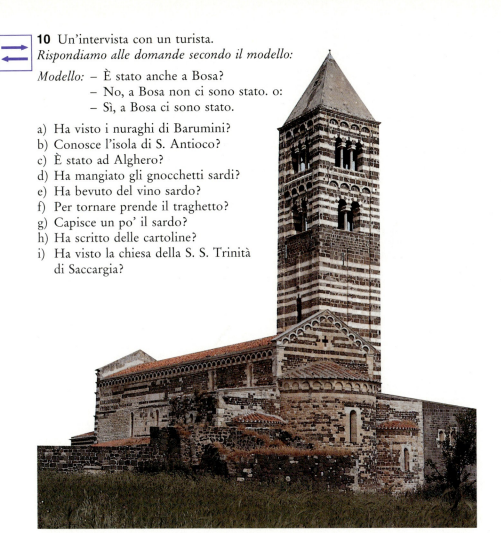

la chiesa della S. S. Trinità di Saccargia

sesta lezione

11 Un quiz: sardo o italiano?

Come sappiamo le due lingue sono lingue romanze, cioè sono di origine latina. Perciò molte parole sono simili.
Quali delle parole nuoresi, il dialetto più classico della lingua sarda, corrispondono alle parole italiane? Le lettere fra parentesi, messe nell'ordine giusto, formano il nome di una donna sarda. È vissuta alla fine del '300 ed è divenuta leggendaria nella storia della Sardegna perché ha fatto scrivere la ‹Carta de Logu›, un libro di leggi.

agustu	(e)	la
ainu	(r)	faccia
anzenu	(e)	agosto
arantzu	(a)	testa
chimbanta	(a)	il
bidda	(a)	parlare
binti	(n)	cinquanta
conca	(d')	quello
cuddu	(l)	asino
faeddare	(b)	figlietto
fattza	(o)	villaggio
fizikeddu	(o)	arancio
limba	(r)	nulla
nuddu	(e)	straniero, altro
sa	(r)	venti
su	(o)	lingua

 12 Una lettera per la signora Lidia.
Leggete attentamente le domande ed ascoltate poi la cassetta.
Attenzione! Per alcune domande dovete trovare le informazioni in vari punti del testo.

a) Quante persone conta la famiglia Melis?
b) In quali città è vissuto Giorgio?
c) Per quali motivi ha dovuto cambiare città?
d) Come hanno mantenuto i Melis il contatto con la Sardegna?
e) Qual era il sogno dei genitori?
f) Quali problemi hanno incontrato i figli al ritorno?
g) Qual è il problema attuale di Giorgio?

gli gnocchetti sardi
o is malloreddus

sul cinque: sul canale cinque
spaventarsi: *qui:* avere paura
il tipo: il ragazzo

raccogliere: *qui:* prendere
il bucato: *qui:* vestiti lavati

sesta lezione

C In treno o in aereo?

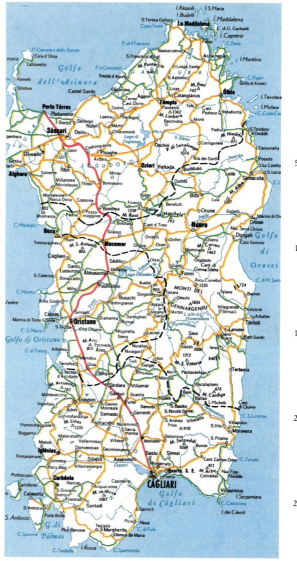

- Buongiorno.
- Buongiorno, mi dica.
- Ecco, per Pasqua vorrei andare a trovare degli amici in Sardegna. Volevo sapere che possibilità di viaggio ci sono.
- Dunque, da Orvieto conviene andare a Roma in treno. Da lì deve decidere se vuole continuare in aereo o col traghetto. Dove deve andare precisamente?
- A Sinnai, si trova vicino a Cagliari.
- Allora le possibilità sono due: o prende il pullman per andare all'aeroporto e poi l'aereo per Cagliari. Da lì potrebbe prendere la corriera...
- O no, non occorre, tanto i miei amici verranno a prendermi a Cagliari.
- Va bene, allora o prende l'aereo... o da Roma, cioè da Civitavecchia, prende il traghetto. Però ci vuole tutta la notte mentre in aereo si arriva in un'oretta. Solo che bisognerebbe vedere se ci sono ancora dei posti. Sa, per le feste c'è sempre molta gente che vuole andare in Sardegna.
- Ho capito, allora può guardare se ci sono ancora due posti in aereo per venerdì santo?
- Certo, un momento che controllo... no, mi dispiace, è tutto occupato. Forse sabato?
- No, è troppo tardi. Preferisco prendere il traghetto giovedì sera, sempre che ci siano ancora posti.

– Vediamo ... sì, i posti ci sono, ma purtroppo non ci sono più cuccette, solo poltrone.
– Pazienza, ci riposeremo all'arrivo.
– Allora, Le prenoto due posti in poltrona. Fumatori o non fumatori?
– Non fumatori.
– Andata e ritorno?
– Sì, ci vuole un supplemento per il treno?
– No, il treno per Civitavecchia è un treno locale.
– Dunque, due biglietti per il treno, una prenotazione per due posti in nave ... ecco i biglietti. Fa 228.000 Lire.
– Ecco ... Grazie, arrivederLa.

1 *Rifacciamo questo dialogo usando le informazioni seguenti invece di quelle sottolineate:*

a) Natale
   Varese
   Milano
   Bosa
   Alghero (3x)
   Genova
   il 23 dicembre
   il 24 dicembre
   la sera del 22
   Sì, Genova, espresso
   310.000 Lire

b) Ferragosto
   Battipaglia
   Napoli
   Monserrato
   Cagliari (3x)
   Napoli
   il 13 agosto
   il 14 agosto
   la sera del 12
   No, Napoli, locale
   280.000 Lire

die **Karte:** – il biglietto   (Fahrkarte/Eintrittskarte)
              – il biglietto natalizio   (Weihnachtskarte)
              – la cartolina   (Ansichtskarte)
              – la lista   (Speisekarte)
       aber: la carta   (Papier)

Come si dice in italiano?

a) Die Fahrkarten, bitte!
b) Wir brauchen ein bißchen Papier und einige Stifte.
c) Wie viele Karten hast du schon geschrieben?
d) Haben Sie auch eine Weinkarte?
e) Eine Karte für das Konzert kostet 40.000 Lire.
f) Kann ich die Speisekarte noch einmal sehen?
g) Er kann aus Papier wunderbare Sachen machen.
h) Ich glaube, daß ich vergessen habe, euch eine Weihnachtskarte zu schicken.
i) Was kostet eine Ansichtskarte nach Deutschland?

sesta lezione

7 Viaggi e feste storiche

A Una gita scolastica

Luisa: Pronto.
Silvana: Pronto, ciao, Luisa, sono Silvana.
Luisa: Ciao, carissima, come stai? E i ragazzi?
Silvana: Beh, io sto bene, piena di lavoro fino al collo, ma che ci vuoi fare? Lo sai anche tu com'è... I ragazzi stanno bene, ma è piuttosto Peppino a preoccuparmi: se non sapessi che si è fatto fare il vaccino, direi proprio che gli stia venendo una bella influenza. E tu?
Luisa: Indovina! Sto correggendo dei compiti in classe...
Silvana: Non te la prendere, ho anch'io le mie gatte da pelare: i miei ragazzi della III C hanno deciso di andare in gita scolastica in Toscana. Se avessero scelto il Piemonte o il Veneto o, che ne so, la Puglia, non ci sarebbero stati problemi, le conosco bene queste regioni... Se gli amici si riconoscono nel bisogno, ora tu hai modo di dimostrarmelo!
Luisa: Va bene, non ti preoccupare, passo da te fra un'oretta. A dopo.
Silvana: Ciao e grazie!
Silvana fra sé: Meno male, se non avessi Luisa che è fiorentina, non sapresti proprio come fare.... una gita di cinque giorni e la Toscana è tutta un museo, come si fa?... Peppino, hai preso la vitamina C? Ah, questi uomini, sarebbero persi, se non ci fossimo noi...

Silvana: Allora, ci siamo? Dunque, abbiamo detto:
sabato 25.4.: arrivo a Firenze sul mezzogiorno e nel pomeriggio visita alla chiesa di S. Maria Novella e alle Cappelle Medicee con le famose sculture di Michelangelo.
Luisa: Però, se andaste prima alle Cappelle, potreste poi visitare anche l'antica farmacia di Via della Scala, che è proprio dietro la chiesa. È rimasta come nel '600 ed è conosciuta per i cosmetici naturali...
Silvana: D'accordo. Poi, domenica 26. 4.: il Duomo, il Battistero e il Campanile di Giotto, Piazza della Signoria...
Luisa: Se ci fosse tempo, sarebbe interessante visitare Orsanmichele, l'ex-magazzino del grano, con le statue dei patroni delle Corporazioni fiorentine. Ma, attenta, lì accanto c'è un mercatino: guarda di non «perdere» qualcuno dei tuoi studenti...
Silvana: Giusto! Dopo la visita a Palazzo Vecchio, cosa ne diresti se prendessimo l'autobus e andassimo a Piazzale Michelangelo? Da lassù si vede tutta la città e verso sera è particolarmente bella, se fa bel tempo.
Luisa: Bene. Lunedì 27. 4.: gita in pullman a Lucca, visto che tutti i musei sono chiusi. Potreste fare una passeggiata sulle antiche mura della cit-

Piazza del Duomo   Ponte Vecchio

  tà e visitare il Duomo. Poi, se io fossi in te, lascerei un po' di tempo libero per comprare qualche ricordo o delle cartoline, così non ci saranno problemi con gli Uffizi...
Silvana: Esatto. Martedì 28. 4.: Galleria degli Uffizi, almeno tre ore di visita con tutte le opere di Filippo Lippi, Botticelli, Leonardo da Vinci... oh, mamma mia, come faremo? Dunque, poi il Ponte Vecchio con le botteghe degli orafi e, se non sbaglio, abbiamo detto di andare a piedi al Giardino di Boboli. Purtroppo per Palazzo Pitti non ci sarà più tempo, ma non fa niente: se trascinassi i ragazzi ogni giorno per ore nei musei, alla lunga, farei passare loro la voglia di vederne uno anche solo dal di fuori!... e questo non è certo il risultato che voglio...
Luisa: Mercoledì 29. 4.: visita alla mostra sulle feste e gli spettacoli ai tempi di Lorenzo il Magnifico. Che fortuna! Essere a Firenze proprio durante le celebrazioni per i 500 anni dalla sua morte: come ti invidio...
Silvana: Figurati, con venti ragazzi...
  Comunque, giovedì 30 si riparte per Roma, con una sosta a Monteriggioni: sai, voglio che la vedano perché hanno appena studiato il canto della Divina Commedia in cui Dante ne parla.
Luisa: Monteriggioni è straordinaria: ah! se non avessi tanti impegni, quasi quasi partirei con te...

settima lezione

**Terzine
dal Canto XXXI, Inferno:**
Come quando la nebbia si dissipa,
  lo sguardo a poco a poco raffigura
  ciò che cela il vapor che l'aere stipa,   3
così forando l'aura grossa e scura,
  più e più appressando ver la sponda,
  fuggìemi errore e cresciemi paura: 6
però che come su la cerchia tonda
  Montereggion di torri si corona,
  così 'n la proda che 'l pozzo circonda   9
torreggiavan di mezza la persona
  li orribili giganti, cui minaccia
  Giove del cielo ancora quando tuona.   12
*(Dante Alighieri: La Divina Commedia,
Inferno, Canto XXXI)*

... con la traduzione di «Philalethes» (re Giovanni di Sassonia) del 1865:
Wie, wenn der Nebel sich zerstreut, das Auge
Jetzt nach und nach beginnt zu unterscheiden,
Was erst der Dunst barg, von der Luft verdichtet.   3
So, als ich mehr die dicken, dunklen Lüfte
Durchdrang und mehr mich näherte dem Strande,
Floh Irrtum mich, indes mich Furcht ereilte.   6
Denn wie an seinem zirkelförm'gen Umfang
Mit Türmen ist gekrönt Montereggione,
Also umtürmten mit dem halben Leibe   9
Den Rand, der ringsumher den Schacht umgürtet,
Die schrecklichen Giganten, die, wenns donnert,
Noch immer Jupiter bedroht vom Himmel.   12

Monteriggioni: la cinta muraria del borgo risale al XIII secolo

E 1 *Corretto o sbagliato? E diciamo perché:*
   a) Silvana va a trovare la sua amica Luisa.
   b) Luisa ha molto tempo libero.
   c) Silvana conosce bene il Veneto.
   d) Le due amiche si vedono circa un'ora dopo la telefonata.
   e) Silvana ammira il senso pratico degli uomini.
   f) Luisa avrebbe voglia di andare a Firenze.

2 *Rispondiamo:*
   a) Perché Silvana è un po' preoccupata per il marito?
   b) Quale altra preoccupazione ha?
   c) Cosa fa decidere Silvana a visitare la farmacia di Via della Scala?
   d) Perché potrebbe essere «pericoloso» sostare a lungo vicino a Orsanmichele?
   e) Qual è l'opinione di Silvana sulle visite degli studenti ai musei?
   f) Come mai il 1992 è un anno speciale per Firenze?
   g) Partito da Firenze, il gruppo va diretto a Roma?

3 *Riscriviamo con frasi compiute le note fatte da Fiorella sul suo diario scolastico; usiamo le congiunzioni che abbiamo imparato nella lezione 6.*

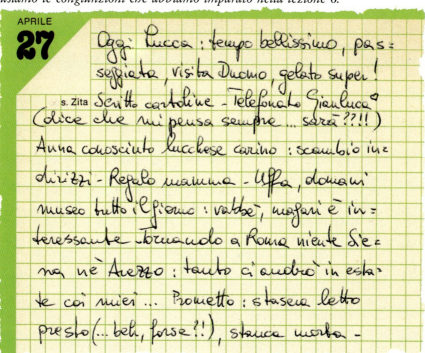

settima lezione

4 *Completiamo:*

a) Se ☐ il Piemonte, non ci ☐ problemi.
b) Se gli amici ☐ nel bisogno, ora tu ☐ l'occasione di dimostrarmelo.
c) Se non ☐ Luisa che è fiorentina, non ☐ proprio come fare.

Il periodo ipotetico	
Sono le 7.45: se vado (andrò) a scuola a piedi, arrivo (arriverò) in ritardo.	realtà
Se Paolo mi venisse a prendere in macchina, ce la farei ancora.	possibilità
Se non avessi sempre tanto sonno, mi alzerei prima.	irrealtà del presente
Se mi fossi alzato prima, avrei potuto fare colazione.	irrealtà del passato (purtroppo . . .)

– Se non fosse per me, non andrebbe mai a lavorare!

– Oh, mi sarei fermata subito, se avessi saputo che voi siete un così bell'uomo!

5 Commenti dopo la gita in Toscana. *Completiamo:*
Modello:
Se avessimo pensato di andare in gita a Venezia, la nostra prof. avrebbe avuto meno lavoro per preparare il programma.

a) Se noi ☐ (ascoltare) con più attenzione le spiegazioni della professoressa, ☐ (sapere) che il David in Piazza della Signoria è una copia (l'originale è nella Galleria dell'Accademia).
b) Se i ragazzi ☐ (dovere) passare tutta la giornata al museo, alla sera ☐ (essere) annoiati e stanchi.
c) Se la nostra prof. non ☐ (avere) tre figli, forse non ☐ (avere) questo pensiero.
d) Luisa, se mi ☐ (dire) che il «Perché no?» è la migliore gelateria di Firenze, ci ☐ (andare) con i ragazzi!
e) Se noi non ☐ (venire) a Firenze, non ☐ (potersi) comprare queste belle magliette al mercato di San Lorenzo.
f) Ragazze, non lamentatevi adesso! Se non ☐ (mangiare) tanti bomboloni, ora i jeans vi ☐ (stare) più larghi.
g) Se venerdì non ☐ (essere) il primo maggio, noi ☐ (fare) fatica ad andare a scuola e a seguire le lezioni.
h) Se i ragazzi ☐ (dormire) di più durante la gita, invece di chiacchierare fino a tardi, ora non ☐ (essere) stanchi morti, ma come si fa?

6 «S'an fos» e «s'an vares» son doi sanz che no iudin.
«Se ce ne fosse» e «se ne avessi» sono due santi che non aiutano.
— proverbio friulano —

Trasformiamo secondo il modello:
È una bella giornata, vado al mare.
Se fosse una bella giornata, andrei al mare.

Via a ruota libera e vediamo chi finisce prima!

a) Vengono a casa presto, possono vedere il nuovo programma alla TV.
b) Mangio molta insalata e poca carne, mi fa bene.
c) Ho una macchina nuova, la tengo sempre pulita e in ordine.
d) Piero dice sempre quello che pensa, ha spesso dei problemi.
e) Va spesso al cinema, sa molte cose sugli ultimi film di successo.
f) È più freddo stasera, devo mettermi una maglia pesante.
g) Mi dà una mano, noi finiamo prima questo lavoro.
h) Hanno molto tempo, rimangono da noi a cena.
i) Accende la luce, vede meglio.
l) Vivete in campagna, uscite poco la sera.
m) Apri la porta, salgo un momento a portarti questo pacchetto.
n) Vuoi venire con noi, ti aspettiamo.
o) Studio le regole, finisco presto l'esercizio.

7 Sciacquiamo anche noi i panni in Arno, come Manzoni[1], e *riscriviamo l'esercizio, sostituendo all'imperfetto, colloquiale, le forme corrette del congiuntivo trapassato e del condizionale passato:*

a) Se ci avevano detto che a Firenze può far freddo in aprile, portavamo una maglia in più.
b) Sono sicura che se andavi dalla prof., potevate parlare del tuo problema.
c) I nostri genitori non sapevano se arrivavamo tardi a Roma.
d) Anna non sapeva ancora se andava a Piazzale Michelangelo insieme agli altri.
e) Era contenta se era venuta anche lei: peccato!
f) Se non bevevamo quella coca tanto fredda, ora non stavamo male.
g) Potevamo uscire stasera, se non tornavamo tanto tardi.

Che bel pasticcio l'esercizio precedente! Sarebbe stato proprio un problema, se non avessimo capito la regola...

8 *Scriviamo una frase per ognuna delle seguenti forme verbali:*

sapevo	andava	facevano
seppi	andò	fecero
sapessi	andasse	facessero
saprei	andrebbe	farebbero

[1] Alessandro Manzoni (1785–1873), milanese, autore dei «Promessi Sposi», non contento della prima versione del romanzo, passò tre mesi a Firenze per confrontarne la lingua con la parlata dei fiorentini e disse scherzando di voler «sciacquare i panni in Arno», eliminare cioè eventuali errori ed imperfezioni.

B Feste storiche in Toscana

In tutta Italia sono numerose e di antica tradizione le feste popolari in costume. Vogliamo dare un'occhiata ad alcune di queste feste che hanno luogo in Toscana? In queste occasioni interi paesi e città partecipano alla fedele ricostruzione di giochi e gare di abilità e di forza: il Medioevo rivive per un giorno.

1. Arezzo: «La giostra del Saracino».

Ha luogo la prima domenica di settembre e il suo nome risale ai tempi delle Crociate. Un corteo in pittoreschi costumi attraversa la città fino a Piazza Grande: qui ha luogo la gara. I cavalieri, che gareggiano per i quattro quartieri della città, devono colpire lo scudo di una figura mobile che rappresenta un saraceno. Lo scudo è diviso in diversi campi, con punteggi diversi. Nell'altra mano il Saracino porta il «mazzafrusto», che l'abile cavaliere deve saper evitare se non vuole essere colpito.

Arezzo – I cavalieri e gli sbandieratori in Piazza Grande.

Il carro

2. Firenze: «Lo scoppio del Carro».

Siamo alla domenica di Pasqua: il Carro, tirato da buoi ornati di fiori, attraversa la città e arriva in Piazza del Duomo. Mentre viene celebrata la Messa, al Gloria, una colomba di cartapesta viene lanciata attraverso un filo dall'altare verso il Carro. La colomba porta il fuoco sacro che fa esplodere i petardi intorno al Carro. Se tutto va bene e il Carro «scoppia», l'anno sarà buono. Questa celebrazione fu un'idea di Pazzino de' Pazzi, membro di un'importante famiglia fiorentina, il quale, tornando dalle Crociate, aveva portato con sé una pietra focaia dal Santo Sepolcro e volle ricordare così la Resurrezione di Gesù Cristo.

3. Siena: «Il Palio».

Questa festa ricorda un fatto successo nel 1597: un soldato sparò contro la statua della Madonna nel quartiere di Provenzano. La statua fu colpita, ma l'archibugio esplose e il soldato morì. Il Palio si corre il 2 luglio e il 16 agosto di ogni anno, in un tifo incredibile a cui partecipa tutta la città. I quartieri, chiamati contrade, sono 17, ma solo 10 alla volta partecipano, tirati a sorte perché la piazza non sarebbe grande abbastanza. Al Palio seguente partecipano le altre 7 più 3, tirate a sorte fra quelle che hanno già corso. Il premio è un drappo di seta dipinto.

Siena, La Piazza del Campo

I fantini non sono mai di Siena e corrono per una grossa somma, stringendo fra di loro alleanze, che poi non rispettano: a Siena, se si parla di una persona di cui non ci si può fidare, si dice che è «come un fantino». Essi cavalcano senza sella e, se uno cade e il cavallo continua la corsa da solo e vince, la corsa è valida ed il cavallo è chiamato «scosso» e potrà partecipare al banchetto per la vittoria a capotavola.

 1 Un'intervista.
Immaginiamo di essere un giornalista e facciamo un'intervista ad un compagno sul tema «Feste storiche in Toscana»:
Modello: Quando si corre il Palio?

È inutile dire che, per non annoiarci, le domande dovranno essere sempre diverse, capito?

Francesco Petrarca

settima lezione

2 Quale parola ha usato il testo? Noi lo conosciamo bene e non abbiamo difficoltà a ricordare espressioni sinonime delle parole sottolineate:

a) <u>Avviene</u> la prima domenica di settembre.
b) I cavalieri che rappresentano i quattro <u>rioni</u> della città.
c) <u>un pupazzo</u> mobile che rappresenta un saraceno.
d) Mentre viene <u>officiata</u> la Messa.
e) fa <u>prendere fuoco ai</u> petardi intorno al Carro.
f) Questa celebrazione fu <u>pensata da</u> Pazzino de' Pazzi.
g) un fatto <u>avvenuto</u> nel 1597.
h) corrono per una gran somma, <u>concludendo</u> fra di loro alleanze.
i) se uno cade e il cavallo <u>prosegue</u> la corsa da solo <u>ed è vittorioso</u>.

3 Sostantivo – aggettivo. *Completiamo con l'aggettivo o il sostantivo corrispondente e, in caso di bisogno, aiutiamoci con il dizionario:*

a) □/numeroso
b) □/antico
c) tradizione/□
d) □/popolare
e) □/fedele
f) abilità/□
g) □/forte
h) □/pittoresco
i) città/□
l) Siena/□

4 Esercizio di ripasso: *ecco una lista di verbi di cui scriveremo la terza persona plurale dell'imperfetto e del passato remoto.*

Attraversare, rappresentare, colpire, arrivare, celebrare, lanciare, ricordare, succedere, sparare, esplodere, morire, partecipare, correre, cadere, continuare, vincere.

Adesso sarà molto più facile completare la storia seguente:
Nelle sere d'estate Dante □ (andare) a sedersi su un sasso in piazza del Duomo a prendere l'aria fresca. Una di quelle sere, dopo che □ (passare) la giornata a scrivere e a studiare, Dante □ (stare) seduto al solito posto, quando □ (passare) un uomo e gli □ (domandare): «Qual è il miglior cibo?» Dante □ (rispondere): «L'uovo».
Dopo un anno, mentre Dante □ (sedere) sul suo sasso, quella stessa persona □ (ripassare), lo □ (vedere) e gli □ (domandare): «Con che?». La risposta □ (essere): «Con il sale». Quest'aneddoto □ (raccontare) ancora oggi per dimostrare che Dante □ (essere) capace di ricordare le cose in modo straordinario: □ (passare) un anno e il poeta □ (continuare) senza difficoltà lo stesso dialogo.
Ma cosa □ (mangiare) veramente la gente ai tempi di Dante? Il popolo □ (mangiare) due volte al giorno un minestrone di verdura; la carne si □ (consumare) due volte la settimana e il pane □ (essere) il cibo più importante. Infatti gli altri cibi □ (chiamare) «companatico», ciò che accompagna il pane. Il vino □ si (bere) solo all'osteria: a casa □ (esserci) solo l'acqua. I ricchi, invece, □ (fare) consumo di carne ogni giorno, □ (bere) vino e □ (usare) molte spezie e soprattutto il sale, che □ (essere) monopolio di stato e quindi molto caro e il popolo non □ (potere) comprarlo. Ecco che si spiega la risposta che Dante □ (dare) al passante che gli □ (domandare) quale, secondo lui, □ (essere) il cibo migliore: un cibo semplice, ma condito con qualcosa di molto prezioso.

5 *Ora raccontiamo l'aneddoto al compagno di banco!*

6 Si sta girando un film su Dante, ma purtroppo sono stati fatti quattro errori: *sappiamo dire quali?*

7 Tema: Le feste in costume e le celebrazioni storiche in Germania. *Scriviamo un testo informativo.*

8 *Ascoltiamo il dialogo e rispondiamo alle domande:*
a) Perché Caterina non vorrebbe mangiare il gelato?
b) Qual è invece l'opinione di Barbara?
c) Quale fu il primo gelato della storia?
d) Chi creò il gelato in cono?
e) Le tre amiche, alla fine, mangiano il gelato o no?

C Giannino Stoppani detto «Gian Burrasca»

Ecco fatto. Ho voluto ricopiare qui in questo mio giornalino il foglietto del calendario d'oggi, che segna l'entrata delle truppe italiane in Roma e che è anche il giorno che son nato io, come ci ho scritto sotto, perché gli amici che vengono in casa si ricordino di farmi il regalo. (...)
La mia buona mamma me ne ha fatto uno proprio bello, dandomi questo giornalino perché ci scriva i miei pensieri e quello che mi succede. Che bel libro, con la rilegatura di tela verde e tutte le pagine bianche che non so davvero come farò a riempire! Ed era tanto che mi struggevo di avere un giornalino mio, dove scriverci le mie memorie, come quello che hanno le mie sorelle Ada, Luisa e Virginia che tutte le sere prima d'andare a letto, coi capelli sulle spalle e mezze spogliate, stanno a scrivere delle ore intere.
Non so davvero dove trovino tante cose da scrivere, quelle ragazze!
Io, invece, non so più che cosa dire; e allora come farò a riempire tutte le tue pagine bianche, mio caro giornalino? Mi aiuterò con la mia facilità di disegnare, e farò qui il mio ritratto come sono ora all'età di nove anni finiti.

Però, in un giornalino bello come questo, bisognerebbe metterci dei pensieri, delle riflessioni...

Mi viene un'idea! Se ricopiassi qui un po' del giornalino di Ada che giusto è fuori insieme alla mamma a far delle visite? (...)

Ecco qui: sono andato su in camera di Ada, ho aperto la cassetta della sua scrivania, le ho preso il suo giornale di memorie, e ora posso copiare in pace.

«*Oh se quel vecchiaccio del Capitani non tornasse più! ed invece, è venuto anche stasera. È impossibile! non mi piace! Non mi piace, e non mi piacerà mai, mai, mai... La mamma ha detto che è molto ricco; e che se mi chiedesse in moglie, dovrei sposarlo. Non è una crudeltà, questa? Povero cuore mio! Perché ti mettono a tali torture?! Egli ha certe mani grandi e rosse, e col babbo non sa parlare d'altro che di vino e di olio, di campi, di contadini e di bestie; e se lo avessi veduto, almeno una volta, vestito a modo... Oh, se questa storia finisse! Se non tornasse più! Mi metterei l'anima in pace... Iersera, mentre l'accompagnavo all'uscio, ed eravamo soli nella stanza d'ingresso, voleva baciarmi la mano; ma io fui pronta a scappare, e rimase con un palmo di naso... Ah no! Io amo il mio caro Alberto De Renzis. Che peccato che Alberto non sia altro che un misero impiegatuccio... Mi fa continuamente delle scenate, e io non ne posso più! Che delusione! Che delusione è la vita... Mi sento proprio infelice!!!*».

E ora basta, perché ho empito due pagine.

Ti riapro prima d'andare a letto, giornalino mio, perché stasera m'è successo un affare serio.

Verso le otto, come al solito, è venuto il signor Adolfo Capitani. È un coso vecchio, brutto, grosso grosso e rosso... Le mie sorelle hanno proprio ragione di canzonarlo!

Dunque io ero in salotto col mio giornalino in mano, quando ad un tratto lui mi dice con quella sua vociaccia di gatto scorticato: – Cosa legge di bello il nostro Giannino? – Io, naturalmente, gli ho dato subito il mio libro di memorie, ed egli si è messo a leggerlo forte, davanti a tutti.

Da principio la mamma e le mie sorelle ridevano come matte. Ma appena ha incominciato a leggere il pezzo che ho copiato dal giornalino di Ada, questa si è messa a urlare e faceva di tutto per strapparglielo di mano, ma lui duro; ha voluto arrivar fino in fondo, e poi serio serio mi ha detto: – Perché hai scritto tutte queste sciocchezze? –

Io gli ho risposto che non potevano essere sciocchezze, perché le aveva scritte nel suo libro di memorie Ada, che è la mia sorella maggiore, e perciò ha più giudizio di me e sa quello che dice.

Appena detto questo, il signor Capitani si è alzato serio serio, ha preso il cappello e se n'è andato via senza salutare nessuno.

Bella educazione!

settima lezione

E allora la mamma, invece di pigliarsela con lui, se l'è presa con me, gridando e minacciando, e quella stupida di Ada si è messa a piangere come una fontana!
Andate a far del bene alle sorelle maggiori!
Basta! Sarà meglio andare a letto. Ma intanto son contento perché ho potuto empire tre pagine zeppe del mio caro giornalino!

(da: Vamba, Il Giornalino di Gian Burrasca)

E   **1** *Rispondiamo:*

a) Perché Giannino ricopia il foglietto del calendario del 20 settembre?
b) Cosa gli ha regalato la mamma?
c) Cosa fanno le sue sorelle maggiori prima di andare a letto?
d) Come pensa Giannino di risolvere il problema delle pagine tutte bianche del suo giornalino?
e) Perché sua sorella Ada è così infelice?
f) Come descrive Ada il signor Adolfo Capitani?
g) E come lo vede Giannino?
h) Come si spiegano le reazioni della mamma e di Ada, prima divertite e poi sconvolte?
i) Perché il signor Capitani se ne va senza salutare?

2 *Aiutiamoci con un po' di fantasia e ricostruiamo l'episodio dai diversi punti di vista:* cosa racconterà la mamma al babbo? Cosa dirà invece Ada alle sorelle? E infine, come descriverà ciò che è successo il signor Capitani?

3 Vi siete mai trovati in una situazione simile: con le migliori intenzioni di questo mondo avete provocato una catastrofe? *Raccontiamo!*

helfen: – aiutare
– servire
– giovare

Aiutala (!) a portare la valigia! (solo nel senso di «dare una mano», «prestare aiuto»).
Questo computer non **serve** per il nostro lavoro.
Queste pillole mi hanno **giovato** molto (mi hanno fatto molto bene).

falsch: – falso ≠ vero
– sbagliato ≠ giusto

Questo quadro è **falso.** (gefälscht)
Questa persona è **falsa.** (unehrlich)

L'esercizio è **sbagliato.** (fehlerhaft)

settima lezione

8 Problemi naturali – e sociali

A L'Etna: un vicino focoso

Tra poco sarebbe arrivato il periodo della raccolta. Salvatore era contentissimo perché gli alberi erano stracarichi di pesche, prugne, limoni e mandorle.
«Insomma, il caffè diventa freddo... Smettila di guardare dalla finestra», gli disse Rosalia, sua moglie. «Ho già visto anch'io che non fuma neanche oggi...»
«Eh, brutto segno! Ma cosa vuoi fare», rispose Salvatore, mentre finiva di bere il caffè.
Col mulo attraversò Zafferana ancora mezzo addormentata e prese il sentiero che saliva verso i suoi campi.
Il fatto che l'Etna da sei giorni non fumasse più lo preoccupava notevolmente. Meno fumava, tanto più c'era il pericolo di terremoto, la cosa peggiore che potesse capitare, come l'esperienza in passato gli aveva dimostrato. Ma a raggiungere il fratello Peppe a Mannheim in Germania, non ci pensava proprio! Anche qui si può guadagnare bene. Infatti la terra qui non è arida come in molte parti all'interno dell'isola, grazie alla cenere sparsa dal vulcano che rende i campi fertilissimi. D'altronde l'acqua non manca come quasi dappertutto in Sicilia. Anzi, d'inverno c'è perfino la neve sulle pendici più alte del vulcano. Passando, fece il segno della croce davanti a una chiesetta dedicata alla Madonna. Pensò a quello che spesso aveva sentito raccontare dalla nonna: nel 1928 una processione aveva bloccato il flusso della lava che minacciava di distruggere il paese. Meno male!

Mandorlo in fiore con fico d'India

Intanto aveva raggiunto la sua casetta di campagna dove Fido, il cane, lo accolse con gioia. «Accidenti, com'è nervoso oggi», pensò Salvatore, dopo aver cominciato a strappare le erbacce tra gli alberi. Infatti il cane correva di qua e di là abbaiando e mettendo la coda tra le gambe.
A mezzogiorno si concesse uno spuntino. Aveva appena finito il suo pezzo di pane,

ottava lezione

quando improvvisamente si vide davanti Mimmo, il vicino di casa, spaventatissimo. «Eh sì! Questa volta non si scherza. Proprio qui sopra si è aperta un'enorme fenditura che continua a crescere!»

Salvatore rimase senza parole. Sapeva perfettamente che voleva dire: ancora un po' e la lava ne sarebbe uscita bruciando, rovinando tutto. Maledetto vulcano! E i suoi campi? E il paese?

Legò il cane davanti alla casa, prese il mulo e si mise subito in cammino verso casa. Forse quelli della Protezione civile a Catania non ne sapevano ancora niente. Avrebbero nuovamente buttato blocchi di cemento per fermare la lava? O non sarebbe stato meglio deviare la lava verso una zona non abitata? In televisione aveva visto che con l'esplosivo erano riusciti a creare nuove bocche, permettendo, in tal modo, di far uscire da lì la colata lavica.

Arrivato in paese, vide una macchina della Protezione civile.

«Allora, cosa pensate di fare?» chiese Salvatore, contento da un lato, ma pensieroso dall'altro.

«Se la lava esce su tutta la larghezza della fenditura come ce lo indicano i nostri strumenti, allora faremo senz'altro un terrapieno proprio davanti al paese. Ma sarebbe solo l'ultimo ostacolo artificiale per tentare di salvare Zafferana.»

Salvatore si sentì stanco, ma solo per un po'. «Ma no, tu non vincerai, Mongibello,» si disse. Corse in fretta verso la sua casetta a slegare Fido e a vedere a che punto era arrivata la lava...

Una colata lavica

E   **1** *Rispondiamo:*

a) Cosa si coltiva sulle pendici dell'Etna?
b) Quali vantaggi porta l'Etna ai contadini che hanno i loro campi nei dintorni?
c) Perché Salvatore va in campagna col mulo?
d) Com'è il rapporto tra l'Etna e i suoi abitanti?
e) Perché è più pericoloso un terremoto di una colata lavica?
f) Diciamo in che modo la gente si protegge dalla violenza vulcanica.
g) Come si annuncia spesso un'eruzione e come procede?
h) Perché Salvatore a un certo punto si sente stanco?
i) Che funzione ha la Protezione civile?

2 L'Etna. *Mettiamo il comparativo o il superlativo:*

La Sicilia è per grandezza ☐ (importante) isola del Mediterraneo, è ☐ (grande) regione d'Italia e in Sicilia c'è l'Etna, ☐ (alto) vulcano d'Europa. Il terreno intorno all'Etna è ☐ (fertile) che in altre parti della Sicilia, grazie alla cenere sparsa dal vulcano. Non manca neanche la cosa ☐ (prezioso) per l'agricoltura: l'acqua. Le eruzioni dell'Etna sono ☐ (forte) di quanto non lo erano in passato. Oggi però gli uomini possono proteggersi ☐ (bene) che in passato e proteggersi ☐ (convenientemente) ☐ con strumenti ☐ (preciso). Il ☐ (alto) guadagno si riduce a niente quando la lava raggiunge i campi e i boschi non protetti. Allora non si può fare altro che ricominciare il lavoro dall'inizio.

3 Il ponte sullo Stretto di Messina. Da molti anni si parla di unire la Sicilia e l'Italia con un ponte lungo 3.300 m. Ma come in tutte le cose, ci sono anche qui i pro e i contro.
Completiamo il dialogo fra Marco e Luisa scegliendo tra le seguenti espressioni:
se è vero... è pur vero, d'altronde, da una parte... dall'altra, non soltanto... ma anche, da un lato... ma dall'altro, è anche vero

– Non è stata una buona idea venire a fare un giro qui sulla Panoramica[1], Luisa?
– Sì, Marco, ma ☐ che passando in centro avremmo potuto fermarci dalla mamma.
– Che idea! Goditi piuttosto questo stupendo panorama. Per niente al mondo vorrei che venisse rovinato da uno stupido ponte!
– Stupido ponte? Tu dimentichi tutti i vantaggi di un'impresa simile.
– Sì, ☐ il traffico andrebbe notevolmente più veloce fra la Sicilia e la Calabria, ☐ pensa a tutto il cemento su questo stupendo mare.
– ☐ che il paesaggio perderebbe la sua bellezza, ☐ che potrebbe offrire un'occasione di lavoro in più. ☐ è necessario per i trasporti.
– Non sono d'accordo e ☐ per attraversare lo stretto, ci sono già i traghetti.
– Sì, ma se ☐ si può dire che i traghetti privati funzionano, ☐ quelli delle FS lasciano molto a desiderare.
– Sarà pur vero quello che dici tu, ma io voglio che il mio splendido stretto venga lasciato così com'è.

---

[1] *Panoramica:* grande strada spaziosa, da cui si vedono il mare e la città

Lo stretto di Messina

4 Che spavento! 1ª puntata.
Ripetiamo l'uso dei tempi del passato:

Un ingegnere tedesco che □ (lavorare) a Milano presso la Bayer Italiana □ (fare) una visita a una famiglia siciliana che lo □ (invitare). Per alcuni giorni □ (rimanere) ospite dei suoi amici. Il suo programma □ (essere) molto pieno. Il suo amico gli □ (mostrare) la raccolta delle arance e □ (raccontare) che i fiori bianchi □ (avere) un profumo stupendo. L'ospite □ (progettare) alcune gite a Enna, ad Agrigento e a Catania.
A Catania gli □ (sembrare) improvvisamente di essere rimasto vittima della criminalità organizzata. □ (avere) lasciato la macchina tra il Castello e il Teatro Greco per andare a piedi a vedere i monumenti più importanti. Poi □ (girare) un po' per la via Etnea. □ (Entrare) in un bar, □ (bere) un caffè e □ (dare) un'occhiata al giornale. Poi pian piano □ (avvicinarsi) alla sua macchina. Ma dove □ (essere)? All'inizio gli □ (sembrare) di aver preso una strada sbagliata. Ma poi □ (capire) chiaramente la situazione. Lì, davanti a quel negozio, □ (essere) sceso dalla macchina. E adesso la macchina non □ (esserci) più!

5 Che spavento! 2ª puntata.
Mettiamo la preposizione adatta:

... L'ingegnere non sapeva che cosa fare. Preso □ necessità, si rivolse □ un venditore vicino □ luogo dove aveva lasciato la sua macchina. Era molto nervoso a causa □ questo fatto. Ma il venditore gli disse □ non aver visto niente. Tutto confuso, il povero ingegnere andò □ le strade. Dopo essersi fermato prima davanti □ Duomo, prese la via Etnea, passò □ l'Università ed il Palazzo San Giuliano, poi si avvicinò □ Prefettura dove c'era la polizia giorno e notte. Trovò l'ufficio aperto □ primo piano. C'era un poliziotto □ la scrivania che disse di non saper niente □ sua macchina. Comunque prese la radio □ polizia e subito risolse il problema: l'ingegnere aveva lasciato la sua macchina davanti □ un'uscita di un medico e i vigili l'avevano portata via.

6 *Guardiamo il testo e completiamo cambiando le parole sottolineate:*

a) Gli alberi erano □ <u>carichi</u> di pesche, prugne, limoni e mandorle.
b) Corse dunque di nuovo verso la sua casetta a □ <u>legare</u> Fido.

ottava lezione

Ad una parola (nome, aggettivo, verbo) possiamo aggiungere un **prefisso** che ne cambia o modifica il significato originale. Ecco i più usati:

Prefisso	Esempio	Significato
1. dis-	fare – disfare ordinato – disordinato gusto – disgusto	senso contrario
2. in- im- (dav. a ‹p›,‹b›,‹m›) il- (dav. a ‹l›) ir-, (dav. a ‹r›)	adeguato – inadeguato possibile – impossibile bevibile – imbevibile logico – illogico responsabilità – irresponsabilità amore – innamorarsi	senso contrario solo con nome o aggettivo verbi derivati da un nome
3. ri-	aprire – riaprire incontrare – rincontrare	ripetizione
4. s-	la fortuna – la sfortuna apparire – sparire	senso contrario
5. stra-	carico – stracarico	più del comune
6. pre-	giudizio – pregiudizio dire – predire	prima di . . .

7 *Queste parole hanno un prefisso sì o no?*

scacciare, distinguere, industriale, stramaturo, rimandare, preferire, ricordarsi, prescelto, staccare, ritirare (!), prevenire (!), stupendo, spiacevole, irrecuperabile, straniero, sporco, sgarbo, rientrare, indubbio

8 I palloncini dei prefissi.
Combiniamo bene!

Modello: pre + fabbricare = prefabbricare

9 Muoiono sull'Etna più turisti che siciliani. Quale può esserne la ragione?

B Un problema grave della vita sociale

Enzo Biagi

1

– Chi è un mafioso?
– È una coscienza venduta. Un esempio. Un signore ha un'azienda che non fa buoni affari, è in difficoltà e sta per chiudere. Gli mancano cinquanta milioni. Il boss lo chiama: «Eccoli qui. Non ti preoccupare». Due anni e mezzo dopo la stessa voce: «Quel tizio mi ha fatto uno sgarbo. Ti sembra giusto? Chi sono io?» «Lei è un galantuomo e benefattore». «Aiutami a dargli una lezione perché capisca. Solo un avvertimento: metti una bomba sotto la sua macchina quando lui non c'è.» Il delitto è fatto.
La polizia lo cerca e lo trova. Finisce in galera; la mafia, che ha degli amici, lo tira fuori: ma da quel momento un onesto diventa mafioso.
– Il politico siciliano ha qualcosa di diverso dai suoi colleghi della penisola?
– L'assenza dello Stato ha fatto nascere altre «autorità» accettate. Si è creata così una cultura generalizzata che è la vera radice del fenomeno mafioso. Se sei un turista, e capiti in un quartiere dominato da Cosa Nostra e ti sparisce la cinepresa, i carabinieri, alla tua denuncia, allargano le braccia e ti dicono: «Si metta in coda». Se vai invece dal «capofamiglia», nell'arco di due ore, ti ritorna il maltolto con mille scuse. Il politico è un pesce che si trova a nuotare nell'acqua che trova. Il pericolo è che se il laghetto è inquinato, il pesce si avvelena.
– Ha pensato a come si potrebbe disinquinare lo stagno?
– Non vedo altro mezzo che invitare i cinque milioni di siciliani a togliere ciascuno una goccia. La mafia o si vince uniti o non si vince.

(Intervista di Enzo Biagi con Padre Bartolomeo Sorge, gesuita. In: Corriere della Sera, 12. 10. 1991)

2

- C'è mafia? – domandò l'ingegnere.
- Mafia? – fece il professore, stupito come se gli avessero chiesto se al suo paese si mangiasse polenta o si bevesse grappa. – Che mafia? Fesserie!
- E queste cose? – domandò l'ingegnere mostrando sul giornale del giorno avanti un titolo a quattro colonne che diceva «La mafia non vuole dighe».
- Fesserie – di nuovo tagliò il professore.
- L'ingegnere pensò: «Un uomo istruito, gentile, buon padre di famiglia: e non vuol parlare della mafia, si meraviglia anzi che se ne parli, come se, parlandone, si desse importanza a cosa di piccolo conto; ragazzate, fesserie. Comincio a capire la mafia, è davvero un dramma».

(Da: Leonardo Sciascia, *Il mare colore del vino*)

E **1** *Rispondiamo:*

a) Perché un mafioso è una «coscienza venduta»? Che cos'è?
b) Il boss è davvero «un galantuomo e benefattore»?
   Perché il signore lo chiama così?
c) Come mai la mafia si può sostituire allo Stato?
d) Com'è il politico siciliano secondo Sorge?
e) Qual è, secondo lui, l'unico modo per combattere la mafia? E tu cosa ne pensi?
f) Paragoniamo la parte 1 con la parte 2. Che atteggiamento ha verso la mafia il professore? Quali ne sono le conseguenze nella lotta contro la mafia?

2 Ad una conferenza sulla mafia.
Sostituiamo la frase relativa con la forma del participio passato:

Modello: L'assenza dello Stato ha fatto nascere altre autorità che vengono accettate dai cittadini.
L'assenza dello Stato ha fatto nascere altre autorità accettate dai cittadini.

Il relatore:	Penso che alla base della mentalità mafiosa ci sia una coscienza che si è venduta. Ed è purtroppo un fenomeno in aumento.
Un giornalista:	Secondo Lei lo Stato reagisce convenientemente?
Il professore:	Non è facile cambiare una cultura che è stata generalizzata. Non deve poi dimenticare che la mafia si presenta quasi come uno «Stato nello Stato». Questa nuova autorità, che i cittadini hanno accettato, riduce il potere statale.
Uno studente:	Io mi chiedo però se i nostri governanti vogliano davvero risolvere il problema.
Il professore:	La domanda che lo studente fa è più che giusta. Anch'io, dopo aver condotto le prime ricerche sui rapporti fra mafia e politica, ci credo sempre di meno. Negli ultimi anni, però, la volontà di cambiare, che è nata in molti meridionali, mi lascia di nuovo sperare.

Una studentessa: Purtroppo la resistenza che alcuni gruppi di potere pongono è ancora troppo forte. Cosa si può fare?
Il relatore: Per combattere la vecchia mentalità bisogna essere uniti: ecco perché l'impegno che ognuno mette in questo compito è importante.

3 La lotta alla mafia vista da 4 amici al bar. *Ripetiamo il condizionale:*

Aldo: Cosa ne ☐ (dire) di mezzi straordinari alla polizia?
Bruno: Già, tu pensi sempre al passato! E che passato! No, io ☐ (accettare) comunque le regole della democrazia.
Carlo: Sì, ma ☐ (bisogna) dare poteri maggiori al Coordinamento antimafia[1]. Come ☐ (potere) risolvere altrimenti un problema come questo?
Bruno: La verità è che ☐ (dover impegnarsi) tutti a combattere la mentalità mafiosa.
Dino: E cosa credi che ☐ (risolvere). No, io ☐ (dare) più potere alla polizia ed ai carabinieri e ☐ (volere) leggi più severe.
Aldo: Esatto, io ☐ (cambiare) radicalmente le leggi e non ☐ (permettere) che i criminali restassero tranquillamente in libertà. Più autorità ☐ (volerci).
Carlo: Sì, e adesso manca solo «la sua idea preferita»: la pena di morte. Io al posto tuo non ☐ (dire) tutte queste fesserie e ☐ (riflettere) più sul posto che occupano i politici in tutto questo!
Dino: Naturalmente si ☐ (dovere) ridurre la disoccupazione, così la mafia non ☐ (trovare) tanta gente per i suoi delitti. Ma d'altronde, alcuni politici non lo ☐ (volere).
Aldo: Giusto! ☐ (Bisognare) smetterla con la collaborazione tra mafia e politica!
Dino: Ed io ☐ (fare) di più, ne ho abbastanza di parole vuote.
Bruno: Sono d'accordo! Io al posto vostro ☐ (pensare) soprattutto a quello che ciascuno di noi ☐ (potere) fare. Non ☐ (essere) più utile muoversi invece di lamentarsi?

[1]*Coordinamento antimafia*: l'unione delle forze di polizia per combattere la mafia

4 *Presentiamo le opinioni dei quattro amici dell'esercizio precedente e anche la nostra.*

I siciliani dicono «no!» alla mafia

5 La Sicilia. *Traduciamo:*

Sizilien ist vielleicht die Region Italiens, die die größte Zahl natürlicher und künstlerischer (artistico) Schönheiten hat. Das, woran sich viele nach einer Reise nach Sizilien vor allem erinnern, sind die griechischen Theater und Tempel (tempio) in Syracus, in Tindari, Segesta, Selinunt und Agrigento.
Im Innern der Insel haben die Bauern ein hartes Leben: das Klima ist sehr trocken, das Land ist wenig fruchtbar, und landwirtschaftliche Geräte (macchine agricole) fehlen. Hier leben die Sizilianer in großen Dörfern, mitten auf dem von der Sonne ausgebrannten Land. Die jungen Leute sind fast alle nach Norditalien, ins Ausland oder in die Küstenstädte gezogen, wo sich, wie in Trapani, Gela und Syracus, die meiste Industrie befindet und wohin auch, wie zum Beispiel nach Taormina oder nach Catania, die meisten Touristen kommen.
Palermo, die Provinzhauptstadt (il capoluogo) der Region, ist mit 680 000 Einwohnern das wichtigste Industrie- und Handelszentrum Siziliens. Umgeben von Südfrüchteplantagen (agrumeti), bietet diese Stadt viele Sehenswürdigkeiten, insbesondere aus der Zeit der Normannen. Aber hinter den botanischen Gärten (giardini botanici) und den schönen und reichen Straßen mit viel Verkehr und modernen Häusern liegen die alten Stadtviertel, wo Leute wohnen, die häufig arbeitslos sind. Die Häuser haben oft weder Wasser noch Abwasserleitungen und sind zu klein für große Familien.
In der Nähe von Palermo liegt Monreale. Der Dom dieser Stadt ist mit seinen byzantinischen Mosaiken (mosaïci bizantini) eine der schönsten Kirchen Italiens.

ottava lezione

Il Duomo di Monreale

 6 Un viaggio in Sicilia.
Dopo aver sentito il dialogo rispondiamo alle domande:

a) Come mai il professor De Luca e l'ingegner Mancinelli fanno un viaggio in Sicilia?
b) Nel dialogo vengono nominate tante città con le loro rispettive attrattive turistiche. Di quali si tratta?
c) Chi era Giovanni Verga? Che cosa si può capire dal testo su di lui?
d) Quali contrasti ci sono in Sicilia? Che informazioni ci dà il testo?
e) In che modo un viaggio in Sicilia potrebbe essere più veloce?

7 *Cosa possiamo dire dei seguenti luoghi comuni sulla Sicilia?*

– I siciliani sono tutti mafiosi.
– Le donne sono sempre vestite di nero.
– La mentalità è ancora quella di cent'anni fa.
– È pericolosissimo viaggiare in Sicilia.

ottava lezione

C L'Italia – un paese di contrasti

Mettiamo uno dei titoli seguenti ad ogni foto e proviamo poi a metterle in contrasto fra di loro.

1. Donne tradizionali del Sud 2. Annunci mortuari 3. Il porto di Genova 4. La pubblicità di oggi 5. Una spiaggia in Liguria 6. Un paese dell'entroterra siciliano.

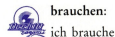 **brauchen:**

ich brauche

- ho bisogno di
- mi occorre/mi occorrono
  mi serve/mi servono
- impiego
  ci metto
- non ho che da

man braucht

- occorre/occorrono
  serve/servono
- si impiega/si impiegano
- ci si mette/ci si mettono
- ci vuole/ci vogliono
- non c'è che da
- basta

benutzen = adoperare/usare
verbrauchen = consumare

Ho bisogno di una macchina nuova.

(Mi) occorre/serve un etto
(Mi) occorrono/servono due etti │ di prosciutto.

Mi) occorre/serve un'ora
(Mi) occorrono/servono due ore │ per fare questo lavoro.

Impiego/ci metto un secolo/due secoli per capire questi verbi.
Non hai che da dire la verità.
Si impiega/ci si mette un secolo
Si impiegano/ci si mettono due secoli │ per capire questi verbi.
Non c'è che da sperare di riuscirci!
Basta spegnere la TV e si trova il tempo per mille altre cose interessanti.
Mia sorella **adopera/usa** sempre la mia Vespa per andare in centro.
La mia macchina **consuma** troppa benzina.

ottava lezione

9   Tre Italie

nona lezione

Ma cos'è il Mezzogiorno?

Bisogna guardare una carta che indica lo sviluppo economico per vedere che l'Italia è divisa in tre parti: l'Italia del Nord-Ovest, l'Italia del Nord-Est e centro, l'Italia meridionale e insulare.
Tutte le regioni poste a sud (la Campania, la Puglia, la Basilicata, la Calabria e le due isole Sicilia e Sardegna) vengono chiamate «Il Mezzogiorno». Benché la Repubblica Italiana abbia sempre incoraggiato l'industria a stabilirsi nel sud, le grandi ditte e gli imprenditori privati hanno esitato a investire nel Mezzogiorno, in modo che queste regioni meridionali sono ancora lontane dal livello economico raggiunto dal resto del Paese. Le cause del lento sviluppo del Mezzogiorno sono storiche, risalgono alla dominazione dei Borboni ma anche ai primi decenni del Regno d'Italia. La presenza del latifondo e le scarse pianure (p. es.: solo il 9 % della Calabria è pianura!) assieme all'aridità del clima contribuirono a creare gravi problemi economici. Inoltre il Regno d'Italia non cercò mai di realizzare una politica economica favorevole a queste regioni. Invitò gli imprenditori a investire nelle zone già industrializzate del settentrione dalle quali il Mezzogiorno è stato considerato solo un mercato di vendita dei prodotti. Anche il regime fascista che proibì ai meridionali di emigrare all'estero e cercò di trattenere la popolazione rurale nelle campagne, condannò il Mezzogiorno a mantenere un'economia agraria arretrata.
Nel dopoguerra, il nuovo Stato repubblicano si mise ad affrontare il problema dello squilibrio tra Nord e Sud. Nel 1950 realizzò una riforma agraria (in alcune zone fu diviso il latifondo, il terreno fu distribuito ai contadini). Nello stesso anno venne istituita la Cassa per il Mezzogiorno; i suoi investimenti sono serviti a costruire strade, dare acqua alle zone aride e stimolare la nascita di industrie private.
Ma tutto ciò non è bastato a portare il Mezzogiorno al livello economico dell'Italia centrale e settentrionale.

E **1** Corretto o sbagliato? *Spieghiamo anche con le nostre parole:*
a) Economicamente l'Italia è divisa in quattro parti.
b) Tutte le regioni meridionali vengono chiamate «Il Mezzogiorno».
c) Le cause del lento sviluppo risalgono all'Impero Romano.
d) I gravi problemi economici del sud derivano dalla situazione geografica poco favorevole.
e) Il Regno d'Italia invitò gli imprenditori ad investire nel Mezzogiorno.
f) Per il settentrione le regioni meridionali erano solo utili per poter vendere i loro prodotti.
g) Grazie a una riforma agraria e a investimenti, la situazione economica del Mezzogiorno è quasi come quella del Nord.

2 Settentrione – meridione.

Riparliamo del Mezzogiorno e mettiamo le preposizioni dov'è necessario:
a) Per vedere l'esatta divisione dell'Italia in tre aree bisogna ≤ guardare una carta geografica.
b) Lo Stato ha incoraggiato l'industria ≤ stabilirsi nel Sud.
c) L'industria ha esitato ≤ investire nel Mezzogiorno.
d) L'aridità del clima contribuì ≤ creare gravi problemi economici.
e) Il regime fascista cercò ≤ trattenere la popolazione rurale nelle campagne.
f) Inoltre i fascisti proibirono ai meridionali ≤ emigrare all'estero.
g) Il nuovo Stato si mise ≤ affrontare il problema.
h) Tutto ciò non è bastato ≤ portare il Mezzogiorno ad un livello economico più alto.

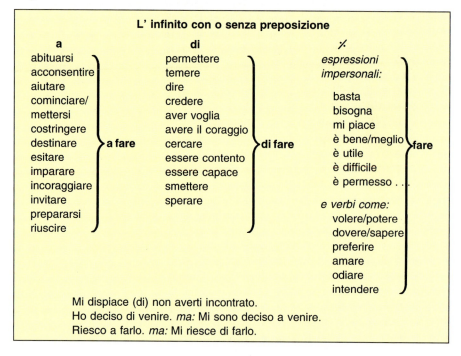

 3 Dialogo in treno.

Mettiamo la preposizione «di» dov'è necessario:

– Signorina, non sa che qui è vietato ☐ fumare? Che modo è questo di comportarsi?
– Scusi, mi dispiace ☐ averLe dato fastidio, ma non lo sapevo, perché mi è impossibile ☐ sapere tutto. Non bisogna ☐ arrabbiarsi tanto!
– Senta, come è possibile ☐ non vedere il cartello? Debbo dirLe una cosa: sarebbe meglio per Lei ☐ smettere subito ☐ fumare! Il fumo fa male alla salute!
– Lo so, signore, però non mi riesce ☐ non fumare più. Ho cercato ☐ smettere due mesi fa, ma dopo una settimana non avevo più il coraggio ☐ essere forte davanti ai miei amici che continuavano ☐ fumare. Ho deciso ☐ fare un altro sforzo tra poco e spero ☐ farcela.

4 Fare la spesa – nessun problema per il papà!

Mettiamo «a» – «di» – o niente:

a) Mio padre è abituato ☐ fare la spesa.
b) Purtroppo non mi ha mai permesso ☐ accompagnarlo; dovrei ☐ restare sempre a casa, e non riesco ☐ accettarlo.
c) Mi piace dunque ☐ osservarlo di tanto in tanto in segreto.
d) È sempre sicuro ☐ scegliere bene.
e) Gli basta ☐ dare una rapida occhiata ai prezzi.
f) Se non riesce ☐ trovare quello che cerca, non esita ☐ chiamare il venditore e ☐ domandarglielo.
g) È anche capace ☐ fargli sapere che un certo articolo gli sembra caro.
h) Con lui, un venditore non può ☐ ridere.
i) Naturalmente papà sa che è inutile ☐ insistere[1], il prezzo rimane tale.
k) Ma secondo lui è bene ☐ avere il coraggio ☐ protestare.

[1] *insistere (a/di)*: darauf bestehen (zu)

In Basilicata

5 Il latifondo e la riforma agraria.

Completiamo con i verbi al tempo e alla forma giusti e mettiamo le preposizioni dov'è necessario:

a) Negli anni '50, il Governo italiano ☐ (cercare) riorganizzare l'agricoltura meridionale.
b) ☐ (cominciare) distribuire ai contadini la terra che prima ☐ (essere stato) nelle mani di grandi latifondisti.
c) Inoltre ☐ (mettersi) costruire dei villaggi per i nuovi padroni.
d) I contadini però non ☐ (essere capace) vivere in questi nuovi centri perché ☐ (mancare) la luce e l'acqua, e le strade non ☐ (essere) ancora asfaltate.
e) Non ☐ (essere neanche pronto) lavorare le loro terre perché non ☐ (avere) nulla: né trattori, né macchine.
f) Questa assenza li ☐ (costringere) andarsene dalle loro terre.
g) Molto spesso ☐ (decidere) emigrare all'estero o ☐ (cercare) un lavoro più sicuro nell'Italia nord-occidentale.
h) Il risultato si vede dappertutto: molte case contadine che ☐ (essere destinato) accogliere i contadini sono ormai abbandonate come pure i campi.

B I sassi di Matera

Prevalentemente montuosa (solo l'1,8% è pianura), la Basilicata è una delle regioni meridionali più povere, scarsamente popolata. Gran parte degli abitanti è occupata nell'agricoltura. Attraverso la storia i contadini hanno imparato a adattarsi alle difficili condizioni naturali della loro terra.
Esempio unico: le abitazioni dei contadini a Matera.

I sassi di Matera

Nel Medioevo la popolazione di Matera aumentò e non ci fu più posto all'interno dell'antica città. Gli abitanti cominciarono allora a scavare delle grotte nel tufo lungo il fianco della montagna per potere abitarci. Riuscirono così a creare un nuovo centro. Le grotte erano spesso sovrapposte, in modo che il pavimento di un'abitazione costituiva il tetto dell'abitazione sottostante. Muri di tufo chiudevano esternamente le case-grotte che erano destinate a servire da casa per i contadini, da stalla per gli animali, da magazzino per gli attrezzi agricoli.
Questo tipo di abitazione, diffuso anche in molte altre località del Mezzogiorno, è sopravvissuto a Matera più che altrove: ancora nel 1950 viveva nei sassi più della metà degli abitanti della città. Le condizioni igieniche dei sassi purtroppo lasciavano a desiderare: pozzi pubblici, muri umidi anche d'estate, contadini malati di malaria a causa dell'acqua paludosa del torrente Gravina.

Una casa-grotta

All'interno di un sasso

Per questa ragione urbanisti e sociologi incoraggiarono gli abitanti dei sassi a scambiare la loro casa-grotta con un appartamento moderno costruito poco lontano da Matera. Purtroppo questa soluzione non era destinata a funzionare: i contadini acconsentirono a traslocare, ma ben presto dovettero riconoscere che i nuovi centri non erano adatti ad accoglierli; dove mettere gli attrezzi e il bestiame? Decisero allora di tornare nei sassi. Quando il lavoro cominciò a scarseggiare li lasciarono di nuovo per andare alla ricerca di lavoro al nord o all'estero.
Però non dovete credere che questi sassi siano ora abbandonati... Infatti è diventato di moda acquistare un tufo per farne una seconda casa.

E 1 *Rispondiamo:*

a) Quali sono le caratteristiche della Basilicata?
b) Perché gli abitanti di Matera dovettero lasciare l'antica città?
c) Come fu risolto il problema della mancanza di abitazioni?
d) Com'erano fatte le case nuove?
e) A che cosa erano destinate le grotte?
f) Perché la vita nei sassi era difficile?
g) Come mai i contadini non volevano restare negli appartamenti nuovi?
h) Che cosa succede da qualche anno?

2 Un viaggio in Basilicata.

a) *Mettiamo i verbi tra parentesi alla forma giusta del passato remoto e aggiungiamo le preposizioni dov'è necessario:*
Il mio rapporto con il Meridione è sempre stato difficile, fin da quando lo ☐ (incontrare) per la prima volta nel 1948. Dopo un lungo viaggio attraverso l'Italia mi trovo adesso a Nova Siri, in Basilicata. Prima di venire qua, ☐ (fermarsi-io) a Potenza e a Matera e ☐ (rivedere) luoghi che tornano spesso nella letteratura come simboli della maledizione della natura. Mia moglie ed io ☐ (incontrare-noi) pochissimi turisti, nonostante la dolcezza del clima, la grande quantità di monumenti degni di attenzione. All'inizio ☐ (restare-noi) sorpresi da tanti segni di benessere che c'erano da vedere nelle vetrine dei negozi. Mi ☐ (colpire) la varietà dei paesaggi, la ricchezza di alcune zone agricole, del tutto simili alla collina toscana o alla Pianura Padana. ☐ (continuare-io) meravigliarmi di quello che vedevo: l'intera zona era come una nuova California. A poco a poco però, ☐ (scoprire-noi), dietro le prime impressioni, qualcosa di diverso. ☐ (vedere-io) alberi morire di fuoco, palazzi e altri monumenti in rovina, ☐ (scoprire-io) campi e case senza vita.
(adattato da: Giovanni Becchelloni, in: La Stampa, 13. 8. 84)

b) Un milanese, raccontando del suo viaggio attraverso il Sud, non si servirebbe del passato remoto. *Rifacciamo dunque l'esercizio precedente mettendo i verbi alla forma giusta del passato prossimo!*

3 Puglia turistica – Castel del Monte.

Durante una gita scolastica in Puglia i ragazzi della classe VD di una scuola elementare di Potenza hanno visitato anche Castel del Monte, dove una guida gli ha spiegato tutto. Mattia, undicenne, ha preso alcuni appunti.[1]

Serviamoci dei suoi appunti per raccontare la storia di Castel del Monte badando all'uso dei tempi del passato:

[1] *appunti:* handschriftliche Aufzeichnungen

Castel del Monte
- Attrazione turistica di età nuova
- Monumento molto bello, posizione panoramica affascinante
- 28 gennaio 1240: Federico II (imperatore) → Gubbio: decreto → costruzione di un nuovo castello
- informazioni diverse:
  • molti anni di lavoro → Fed. II morto prima della fine?
  • Manfredi, figlio, 1256: prigione per ribelli
  • 1249: nozze di Violante, figlia naturale dell'imperatore, con Riccardo, conte di Caserta.
- 1266 caduta Svevi → Carlo d'Angiò: i suoi prigionieri: figli di Manfredi
- castello → carcere
- proprietari vari
- pestilenza ad Andria 1656: rifugio
- devastato → ricovero per pastori ecc.
- 1876: Stato italiano compra il castello
- 1928 – oggi: lavori di restauro

nona lezione

4 Infiniti! Infiniti!

Trasformiamo le frasi seguenti:
Modello: Questa è una cosa che mi fa arrabbiare →
Questa è una cosa da far arrabbiare.

a) Dirò a Marco che torni domani.
b) La mamma mi scrive che è molto contenta a Roma.
c) Loredana ha telefonato poco fa a Claudio perché gli dica finalmente tutto.
d) Gli studenti mi chiedono sempre che io li faccia fare molti esercizi.
e) Giuseppe dirà a Raffaella che sia brava.
f) I fidanzati pregano gli amici che vengano tutti alla festa.
g) Scrivetele che mi spedisca il libro!

5 Cenni gastronomici pugliesi. *Ascoltiamo bene e poi rispondiamo alle domande seguenti:*
Durante il loro soggiorno a Lecce Markus e Sabine, due studenti austriaci, partecipano ad un seminario sulla Puglia.
Mercoledì mattina, Felice Cùnsolo, rappresentante dell'assessorato al turismo, sport e spettacolo della regione Puglia, spiega ai seminaristi le specialità della gastronomia pugliese. In questo momento sta parlando del pane, della minestra e della pasta.

a) Che cosa produce in abbondanza la pianura pugliese?
b) Come viene chiamato il vino?
c) Quanto pane mangiano i pugliesi secondo le statistiche?
d) Come si prepara la «frisedda»?
e) Parlando della pasta, a che cosa stimola la pubblicità?
f) Per quale ragione Felice Cùnsolo cita un distico popolare?
g) Qual è il segno gastronomico della dominazione degli spagnoli?
Spiegatene la preparazione!

Castel del Monte

nona lezione

C Diventare portiere a Napoli

Il portiere del nostro condominio, Don Armando, è semplicemente un signore, come ama definirsi, domiciliato gratuitamente in Via Petrarca 58, piano terra, interno 1. E ad ogni nuovo inquilino, fin dal primo giorno, Don Armando spiega la sua particolare situazione:

«Vedete, dottore, io sono e non sono il portiere di questo palazzo: e adesso ve lo spiego. Nella vita purtroppo non ho mai avuto fortuna: nato da una famiglia di signori (mio nonno modestamente non lavorava e papà era ragioniere all'acquedotto) campavamo tutti dignitosamente, anche perché tenevamo[1] tre case di proprietà al Borgo Loreto. Senonché un brutto giorno mio nonno fece amicizia con un avvocato causaiuolo[2] e da quel momento cominciarono ad entrare e a uscire da casa nostra citazioni e carte bollate, insomma per farvela breve in pochissimo tempo io detti addio al nonno, a papà e a tutte le case di proprietà. Ora veniamo a noi, nella vita il sottoscritto ha sempre avuto un solo desiderio: venire a vivere in Via Petrarca ed in posizione panoramica. Ma ditemi voi: come poteva un povero dio[3] come me, senza la croce di un centesimo, esaudire questo suo desiderio? E mi erò già rassegnato a chiudere questa vita di miserie in due camere a Via Nuova Bagnoli 17, dove giorno e notte respiravo il fumo dell'Ilva[4], quando improvvisamente capita la grande occasione: posto di portiere in Via Petrarca 58, stipendio e casa gratuita, finestra lato mare! Dice[5] ma tu poi devi fare il portiere. E va bene, vuol dire che faremo[6] il portiere. Dice[5] ma tu poi devi scendere la scala sociale. E scendiamola questa scala sociale! Dottò[7] ma che me ne importa a me di scendere la scala sociale, se io qua, quando mi siedo vicino alla finestra e mi guardo Capri e il Vesuvio, mi sento Cavaliere del Lavoro, ma che dico Cavaliere del Lavoro, Presidente della Repubblica mi sento!»

(da: Luciano De Crescenzo, *Così parlò Bellavista*)

[1] *tenere*: avere
[2] *causaiuolo*: persona che va in tribunale anche per piccole cose
[3] *povero dio*: povero uomo, poveretto
[4] *Ilva*: stabilimento metallurgico
[5] *dice*: mi dicevano
[6] *faremo*: farò
[7] *dottò*: dottore

1 *Rispondiamo:*
a) Qual era la professione del nonno di Don Armando e di suo padre?
b) Cerchiamo di spiegare il significato dei due indirizzi per il portiere!
c) Come riesce a superare la sua discesa sociale?

2 Da buon napoletano Don Armando si esprime in modo molto colorito. *Cerchiamo di scoprire le espressioni tipiche della lingua parlata!*

nona lezione

10   La città nata dalla laguna

A   La passeggiata

All'autorimessa in piazzale Roma arriva una macchinetta un po' bruttina con quattro begli studenti universitari: Karl è tedesco di Falkensee, nelle vicinanze di Berlino, Françoise viene da Béziers, una cittadina della Francia meridionale, Jim ha lasciato la sua Little Rock in Arkansas per fare un viaggio in Europa e Marisa abita e studia nella vicina Padova. Sono di paesi diversi, ma s'intendono molto bene, specie Karl con Françoise e Marisa con Jim. Oggi sono partiti di buon'ora per fare una passeggiata a Venezia.
Prima però devono sistemare la macchina nella grande autorimessa. Benché siamo in ottobre, Jim deve salire fino al quinto piano, prima di trovare un posto e ci lascia la macchina dopo un sacco di manovre e tante parolacce, perché il posto è strettissimo.

Karl: E adesso dove andiamo? Avrei bisogno di una banca, meglio di un bancomat, perché so che la nostra tessera è valida anche per i vostri bancomat.
Marisa: Eccoci arrivati al ponte degli Scalzi con la Stazione Santa Lucia dove ci sono anche i bancomat...
Françoise: Ma Charles...
Marisa: Cosa ne direste di Giacomo, di Francesca e di Carlo? Dopotutto siamo in Italia e parliamo italiano tutt'e quattro.
Françoise: Bene, Charles o Carlo. Direi che adesso potremmo passare a destra per i Frari e per il ponte di Rialto. Per il danaro non ci saranno problemi in centro o a San Marco...
Jim: Già dopo qualche passo è piuttosto difficile orientarsi con tutti i ponti e i canali e i sentieri della città, i quali non vanno mai dritti...
Marisa: Giusto, non ce la facciamo senza la piantina. Ma Giacomino, non dire mai «sentieri» per le viuzze di Venezia, che invece sono le «calli». E poi un canale è un «rio», come qui il «rio» Marìn.
Françoise: Si pensa al Rio Grande, ma non siamo in America...
Karl: Carina una città così, in mezzo al mare.

Un rio e una calle

Françoise: L'acqua intorno è acqua salata. Fa parte del mar Adriatico, ma è una laguna...

Karl: «Laguna» suona coma «lago»...

Françoise: ...ma una laguna è molto più complicata di un lago. Al corso abbiamo parlato a lungo delle lagune che esistono un po' dappertutto nel mondo. Questa laguna fa parte del mare, perché viene pulita regolarmente dalle maree che vi entrano – ma non troppo e non dappertutto, perché ci sono tante isole che proteggono la laguna dal mare aperto.

Marisa: E ci sono anche i murazzi, le dighe costruite dai veneziani più di duecento anni fa.

Jim: Ma quale delle due belle professoresse potrebbe spiegarci come mai Venezia è una città così minacciata nella sua esistenza?

Françoise: Be', per far vivere la popolazione non solo di turismo, si sono create zone industriali attorno alla laguna. Ora, con l'acqua inquinata dell'industria si distruggono le piante della laguna, le quali tengono insieme quelle isole... Poi si toglie l'acqua dal sottosuolo mediante i pozzi artesiani... È per farla breve, così la laguna scende sempre di più, sono solo centimetri, sembra ridicolo, ma alla lunga...

Karl: Capisco, per questo in città le alluvioni si ripetono sempre più di frequente.

Françoise: Giusto.

decima lezione

Marisa: Ma d'altra parte la gente lascia la città, almeno quelli che non lavorano nell'amministrazione o nel turismo, perché ormai è più il monumento di un grande passato che una città moderna dove anche le automobili hanno una loro funzione.

I quattro amici guardano una gondola che si muove verso il Canal Grande, e poi si trovano davanti ad una grande chiesa, Santa Maria Gloriosa dei Frari. Entrano e si fermano davanti ad un quadro.

Jim: Ecco l'*Assunta* di Tiziano, che è forse il più importante fra i tanti pittori veneziani. Guardate l'espressione estatica, il bel movimento di tutto il corpo della Madonna che sale verso i cieli.

Karl: Ci sono però anche altre donne dipinte da Tiziano, come quella bella nuda sdraiata su un letto...

Françoise: Oh la la, Carlino...

Jim: Vero, la famosa *Venere di Urbino*. Cristiano o pagano, Tiziano era un personaggio universale come dimostrano anche i suoi famosi ritratti, innanzitutto *Carlo V a cavallo*.

Marisa: Hai ragione, c'è tutto il personaggio in quel ritratto: com'è fiero l'Imperatore – e com'è malinconico.

Françoise: Cammina, cammina – sono stanca di camminare tanto!

Karl: Non lagnarti, Francesca mia, a me sembri già una veneziana.

Françoise: E come mai?

Karl: Perché hai il bel passo delle donne veneziane che si muovono tutti i giorni per le calli e per i ponticelli...

Françoise: Grazie, grazie tante, ma sono stanca lo stesso.

Marisa: Eccoci già vicino al ponte di Rialto. Non manca più tanto fino a San Marco.

Karl: E se prendessimo una gondola, noi due, io e Francesca, mentre voialtri continuate a piedi?

Marisa: Sì, e poi c'incontriamo di nuovo al campanile di S. Marco, dopo pranzo, alle due.

Il ponte di Rialto con una gondola

E **1** *Rispondiamo:*

a) Da dove vengono i quattro studenti?
b) Qual è la funzione della grande autorimessa di piazzale Roma?
c) Che cosa cerca Karl alla Stazione Santa Lucia – e perché?
d) Una laguna non è né un lago né un golfo. Spiegate che cosa è.
e) Quali sono le difficoltà ambientali e sociali di Venezia?
f) Quali temi della religione cristiana, di quella pagana e del mondo politico troviamo nelle opere di Tiziano?
g) Come mai le donne veneziane hanno un modo di camminare così bello?

2 *Ricordiamoci del pronome relativo adatto:*

a) La laguna viene pulita regolarmente dalle maree ☐ vi entrano.
b) Ecco l'*Assunta* di Tiziano ☐ è forse il più importante fra i tanti pittori veneziani.
c) D'altra parte la gente lascia la città, almeno quelli ☐ non lavorano nell'amministrazione o nel turismo.
d) La città ormai è più il monumento di un grande passato che una città moderna ☐ anche le automobili hanno una loro funzione.
e) Avrei bisogno di una banca, meglio di un bancomat per ☐ sia valida anche la nostra tessera.
f) Già dopo qualche passo è piuttosto difficile orientarsi con tutti i ponti e i canali e i sentieri della città ☐ non vanno mai dritti.
g) Ora, con l'acqua inquinata dell'industria, si distruggono le piante palustri ☐ tengono insieme quelle isole.
h) Jim ha lasciato la sua Little Rock in Arkansas per fare questo viaggio nella vecchia Europa, *Old Europe,* per ☐ si è preparato a lungo.

decima lezione

> **Il pronome relativo**
>
> ↓ lez. 1
>
> la ragazza che mi conosce — soggetto/oggetto diretto
> la ragazza che conosco
>
> la ragazza (a) cui mi rivolgo — oggetto indiretto
> con/senza preposizione
>
> la città in cui/dove abito — con riferimento al luogo/tempo
>
> Ecco un paese in Toscana del quale ho fatto tante fotografie.
> — con riferimento lontano per evitare l'equivoco

3 Enrico solo soletto a Milano. *Quale pronome o avverbio relativo usiamo?*

Modelli:
Dove sono tutte quelle macchine? Quelle macchine normalmente inquinano l'aria di Milano.
Dove sono tutte quelle macchine che normalmente inquinano l'aria di Milano?
Enrico vede un gruppo di turisti davanti a S. Maria delle Grazie. Questo gruppo aspetta l'apertura del celebre refettorio con il Cenacolo di Leonardo da Vinci.
Enrico vede un gruppo di turisti davanti a S. Maria delle Grazie, il quale aspetta l'apertura del celebre refettorio con il Cenacolo di Leonardo da Vinci.

a) Enrico abita al 4 piano di una casa in Corso Vercelli. In questa casa non c'è neanche un po' di aria fresca.
b) A prepararsi il caffè va in cucina. Lì non c'è neanche un pezzo di pane da mangiare.
c) Pensa ai genitori in vacanza ai laghi. I suoi genitori lo hanno lasciato solo a Milano a preparare gli esami alla Bocconi.
d) Guarda nel frigorifero. In questo frigorifero purtroppo dopo una settimana le provviste sono finite.
e) Pensa alle ragazze dei corsi universitari. Queste ragazze hanno previsto un fine settimana difficile.
f) Gli sembra ancora di vedere quei drammatici titoli sulle riviste. I titoli parlavano tra l'altro di una «Caccia di mezz'estate a un negozio».
g) Enrico allora si dirige verso il centro. In questo centro spera di trovare un panificio aperto.
h) Enrico vede tanti cartelli «Chiuso per ferie». Con questi cartelli i clienti si rinviano al 26 agosto o addirittura al 2 settembre.

4 La passeggiata dei quattro studenti.
Formiamo la parola, poi scriviamo il suffisso, quello che ci dà il testo 10 A:
Modello: Hanno una macchina un po' brutta (ma non tanto) cioè...
→ bruttina. Suffisso: -ino (-ina)

a) Françoise vive in una piccola città, cioè...
b) Sistemando la macchina, Jim dice tante brutte parole, cioè...
c) Il posto della macchina è molto stretto, cioè...
d) Le veneziane passano per i piccoli ponti, cioè...
e) Venezia si trova in una specie di lago con acqua salata, cioè in una...
f) Il mare manda periodicamente l'acqua fresca, cioè...
g) Per i muri grandi i veneziani hanno una parola nel loro dialetto, cioè...

Abbiamo già imparato (↓ Capitolo 1, 13 A) che le parole si formano con
i suffissi

−ino (a): per indicare quello che è piccolo e giovane: caro → carino, ragazza → ragazzina
−etto (a): un po' come −ino, libro → libretto
−essa o -trice: per la forma femminile: professoressa, venditrice

... ed ecco **altri suffissi:**

−accio: per indicare una cosa brutta o cattiva, tipo → tipaccio
−issimo: per indicare un alto grado, bello → bellissimo
−icello: un po' come −ino, nave → navicella
−one: per indicare una cosa grande, cena → cenone, il 31 dicembre: il cenone di San Silvestro

Anche -una, -ea, -icolo ecc. sono suffissi, ma solo per una o poche parole.
Con -uzzo, -azzo ecc. siamo già nel mondo dei dialetti.

---

5 Ad usare i suffissi gli italiani sono molto più bravi di noi. Questa volta facciamo solo un esercizio piccolo e un po' scarso, un compituccio. Karl cerca di scrivere qualcosa dalle vacanze e *noi lo aiutiamo con i suffissi:*
mettiamo -ata, -etto (2x), -ezza, ino (2x), -issimo (3x), -one (2x):
Modello: ...una ragazza piccola... → ...una ragazzina...

Cara Giulia,
dopo una breve passeggiata mi sono fermato a prendere una bibita al gusto d'arancia fresca e ti scrivo questa piccola lettera. Le vacanze qui a Verona sono molto divertenti. Ieri ho partecipato ad una cena elegante (un ban...) con gli amici: c'era anche la piccola cugina di Marisa che è molto simpatica e che anche tu hai conosciuto alla grande cena di San Silvestro. Mi ha detto di salutarti e di mandarti un gran bacio da parte sua. Ciao bella ragazza e non ti scordare del tuo molto affezionato
Karl

6 Sempre la passeggiata dei quattro studenti.
Formiamo la parola, poi scriviamo il suffisso:

Modello: Marisa è una ragazza di Padova, è una ragazza padovana.
(Suffisso: -ano/ -ana)

a) Ecco quattro ragazzi che fanno gli studi, sono ☐.
b) Le loro valigie pesano tanto, sono ☐.
c) Françoise è del meridione (del Sud, del «Midi») della Francia, cioè ☐.
d) A Venezia vivono ancora quelli che amministrano la città, cioè che lavorano nell' ☐.
e) Jim si muove, cioè fa ☐.
f) Una chiesa si chiama Santa Maria piena di gloria, cioè ☐.
g) La città di Karl è vicino a Berlino, cioè nelle ☐ di Berlino.
h) Tante cose sembrano da ridere, cioè ☐.
i) Venezia non è all'ultima moda, cioè non è ☐.
l) Il nostro amico Piero scrive per i giornali, è ☐.
m) A Venezia abitano i ☐,
   a Milano i ☐,
   a Firenze i ☐,
   a Napoli i ☐.

I suffissi servono dunque

a creare aggettivi:
–ivo/a: festa → festivo
–ale: nazione → nazionale
–bile: terrore → terribile

a creare sostantivi:
–ezza: bello → bellezza
–ata: sera → serata (sostantivo della durata)
      telefonare → telefonata (sostantivo dell'azione)
–tà: difficile → difficoltà
–aio, –iere, –ista, –ore per indicare mestieri e professioni: gondola → gondoliere, pane → panettiere, vendere → venditore, dente → dentista;
      il giornalista scrive per i giornali, il giornalaio li vende!
–(az)ione: organizzare → organizzazione
–mento: fondare → fondamento, riferirsi → riferimento
–anza/-enza: conoscere → conoscenza

a creare aggettivi e sostantivi:
–ente, -ante: dipendere → indipendente, cantare → cantante
–oso/a: gloria → glorioso (pieno di . . .)
–ani, –esi, –ini, –etani (–itani): per indicare gli abitanti, i prodotti ecc. di una città, di un paese – ma non possiamo usare ogni suffisso per ogni città! Roma → romani, Bologna → bolognesi, Perugia → perugini, Palermo → palermitani

a creare verbi:
–are: viaggio → viaggiare

ma abbiamo già conosciuto tanti altri suffissi!

7 Noi e gli stranieri. *Serviamoci delle regole per la formazione delle parole per esprimere in modo più semplice le parole sottolineate.* Conosciamo già tutte le parole da formare!

Modelli:
In questo albergo era necessaria una lettera per prenotare.
In questo albergo era necessaria una prenotazione.
Non è possibile credere che Carlo non lavori mai.
È incredibile che Carlo non lavori mai.

a) Quelli che emigrano sono, in Germania, per lo più quelli che abitano nelle grandi città.
b) Qua sono spesso benvenuti come gente che collabora bene, ma nella vita privata manca poi il modo di comunicare con l'ambiente nuovo.
c) La gente che scrive sui giornali li tratta spesso con modi molto gentili, ma altri dimostrano spesso un atteggiamento passivo nei loro confronti.
d) Gli stranieri hanno spesso i loro gruppi associati, però non ci sono molti gruppi organizzati per tedeschi e stranieri insieme.
e) Gli stranieri non sono tanto diversi! Hanno gli stessi modi di essere rivali tra di loro e il loro desiderio di consumare non è minore del nostro.
f) Non dobbiamo lasciare tutto all'iniziativa dello Stato, e per capire i paesi d'origine degli stranieri non basta l'aspetto del turismo.

8 Ricordiamoci di Maria Cristina e *ripetiamo il periodo ipotetico:*
Modello: Non mi ricordo dell'Italia, non voglio tornarci. →
   Se mi ricordassi dell'Italia, vorrei tornarci.

Maria Cristina:
a) Ho lavorato tanto, ho lasciato la scuola con il «Qualifizierter Abschluß».
b) Baglioni, Dalla e Al Bano sono «matusa», non mi piacciono le loro canzoni.
c) Non sono contraria al matrimonio, mi sposerò verso i 27/28 anni.
d) Dei giovani italiani non c'è da fidarsi, prima del matrimonio ci vogliono alcuni anni di prova.
e) I miei genitori non cercano la comunicazione, non c'è più accordo con loro.
f) Mio padre tratta la mamma come una serva, non parlo più con lui.
g) La mamma si è accorta che prendevo la pillola, si è scandalizzata.
h) Fra i giovani gli italiani hanno più temperamento, li preferisco ai tedeschi.
i) Il mio ragazzo non crede di farsi servire da me perché sono donna, non sbaglia.

9 Facciamo da guida nella nostra città (nel nostro paese o villaggio) per il partner di uno scambio scolastico o un amico (un'amica/la ragazza/il ragazzo/uno straniero ecc.) parlando anche dei problemi della città.
Scriviamo un dialogo.

B In gondola

Françoise e Karl – o Francesca e Carlo – hanno trovato una gondola. Com'è romantico stare insieme così, con il gondoliere dietro che li fa avanzare lentamente. Passano per un rio stretto, ma poi...

Gondoliere: Eccoci arrivati sul Canal Grande, il canalazzo come diciamo noialtri veneziani. Tedeschi?
Françoise: Tedesco è lui, io sono francese.
Gondoliere: Allora, giovanotto, vede la facciata laggiù? È palazzo Vendramin, dove Richard Wagner ha composto il suo «Tristano» tanti anni fa.
Karl: ... più di cento anni fa, ma il palazzo sarà stato come adesso.
Gondoliere: Il palazzo sì, Venezia no. Vedete tutti i motoscafi, come fanno da padroni sul Canale? Non ci sono le macchine, ma i motoscafi non sono da meno per distruggere le fondamenta della città con tutte le onde che provocano.
E poi portano in giro tanti di quei turisti che vogliono vedere Venezia così alla svelta, in un giorno. Loro si mangiano forse la pizzetta in piedi, non pensano nemmeno al povero gondoliere e poi comprano tutt'al più un pesciolino di vetro come questo.
Françoise: Ma è proprio carino, tutto trasparente, tra il rosso e il blu...
Gondoliere: Queste figurine le vende un mio amico nel suo negozio vicino a San Marco. Vengono prodotte a Murano, un'isola della laguna. Bambi, gondole, pesci, auto, palline, fiori, ragazze e ragazzi – tutti di vetro, belli trasparenti. Ecco il mio biglietto da visita – e il suo. Vi farà un grosso sconto!
Françoise: Dopo pranzo ci andiamo, vero, Carlo?

Palazzo Vendramin-Calergi

Karl:	Vedi già il Palazzo Ducale, Francesca? È di un'architettura gotica un po' particolare con la parte superiore pesante e chiusa – e quella inferiore così leggera e trasparente con quegli archi slanciati e tenui... E poi era il centro politico della Repubblica. Palazzo Ducale cioè «Palazzo del doge» come diciamo in tedesco.
Gondoliere:	Non era però il doge il padrone dello Stato, bensì i nobili di Venezia, quelli che nel corso dei secoli s'erano arricchiti col commercio...

Arrivati a S. Marco, Karl e Françoise scelgono una pizzeria un po' in disparte, poi, dopo il pranzo, vanno a trovare gli altri due che stanno già aspettandoli davanti al campanile di S. Marco.

Qui tutto è di vetro – all'infuori delle ragazze

Il Palazzo Ducale

E **1** *Rispondiamo:*
a) Perché, secondo voi, è così romantico andare in gondola?
b) Il gondoliere che cosa ha da raccontare ad un turista tedesco come Karl?
c) Il gondoliere perché è contrario ai motoscafi?
d) Il Palazzo Ducale è di un'architettura particolare – perché?
e) L'antica Repubblica di San Marco o di Venezia – fu una monarchia o uno stato aristocratico?
f) Che cosa vende l'amico del gondoliere nel suo negozio?

decima lezione

2 In tutte le lezioni incontriamo delle parole messe insieme con due sostantivi, o anche altrimenti. *Cerchiamo adesso di ritrovare quelle parole:*

Modelli: Che cosa è una grande città che è come la madre (in greco: meter) delle altre? È una metropoli.
Chi non si può liberare dalle droghe? È un tossicodipendente.

a) Come chiamiamo il frutto («pomo») che era prezioso come l'oro?
b) Che cosa è un movimento violento della terra?
c) Come chiamiamo la grande casa a più piani dove possiamo lasciare la macchina?
d) Come chiamiamo la macchina che sembra (che sembra!!!) regalarci quel danaro di cui abbiamo bisogno?
e) Come chiamiamo una persona che ha troppo poco lavoro?
f) Come diciamo per mettere una linea sotto le parole?
g) Che cosa è un negozio che offre una grande scelta soprattutto nel campo dei generi alimentari?

Il plurale delle parole composte

la burocrazia → le burocrazie
il tossicodipendente → i tossicodipendenti
anche: il pomodoro → i pomodori
 ma: il palasport (palazzo dello sport) → i palasport
 il fine settimana → i fine settimana

---

3 I palloncini delle parole composte. *Combiniamo bene:*

Modello: partito + crazia → partitocrazia

4 Il museo vetrario, per favore? *Leggiamo attentamente le domande ed ascoltiamo la cassetta per trovare le risposte:*

a) Che cosa cerca il turista?
b) Dove deve andare il signore?
c) Da quando esistono documenti sulla produzione del vetro?
d) Perché oggi si parla di vetro di Murano?
e) Quale era la paura dei veneziani?
f) In che senso si può dire che i vetrai avevano un'organizzazione moderna?
g) Che cosa succedeva se un vetraio emigrava? Perché?
h) Il turista ha molto tempo per visitare il museo?

5 Parlano italiano tutt'e quattro i nostri studenti, allora *come dicono là dove in tedesco si direbbe:*

a) viel Hinundherfahren (mit dem Auto)
b) die Barfüßerbrücke
c) der Santa-Lucia-Bahnhof
d) die Rialtobrücke
e) Industriezonen
f) Karl V. zu Pferde
g) Glasfischchen
h) Dogenpalast
i) Visitenkarte
l) Schreibmaschine
m) Tennisschuhe
n) ein Schlafzimmer

> **La combinazione di sostantivi**
>
> senza preposizione: la Stazione Santa Maria Novella (a Firenze)
> il fine settimana
> con le preposizioni **di:** le guerre di religione
> **di:** il suo modo di parlare (la sua parlata)
> **da:** la camera da letto
> **a:** spaghetti alla (maniera) napoletana
> altre: pizza con funghi
>
> spesso si usa sostantivo + aggettivo: il menù turistico

6 Una riunione sul futuro di Roma.

Il sistema dei sostantivi composti del tedesco non esiste nelle altre lingue. Sarà dunque abbastanza difficile il compito seguente, però non tanto, perché conosciamo già tutte le parole sottolineate nella loro forma italiana (lezioni 2A e 3A!) *Noi siamo dunque il giornalista che racconta in italiano i fatti seguenti. E ricordiamoci del discorso indiretto!*

Teilnahme am Gespräch einer <u>Arbeitsgruppe</u> über die Probleme Roms – zugegen ein <u>Firmenvorstand</u>, der Vertreter einer <u>Fernsehanstalt</u> sowie auch ein <u>Rechtsexperte</u> – an einem <u>Marmortisch</u> in einem schönen Saal – erst Gespräch über verschiedene <u>Geschichtsepochen</u> der Stadt, über die <u>Peterskirche</u> – Rom eine <u>Museumsstadt</u>? Aber auch <u>verkehrsgerecht</u>? – Suche im <u>Autostrom</u> nach einem <u>Parkplatz</u>! – Gespräch über das öffentliche <u>Transportsystem</u>, die <u>U-Bahn-Linie</u>, den Verkehr als <u>Zukunftsproblem</u> – lauter <u>Staatsangestellte</u> in der Stadt, fehlende <u>Privatinitiative</u> – Rom eine <u>Riesengemeinde</u>, eine <u>Dreimillionenstadt</u> mit <u>wachsender Personenzahl</u> – eine <u>Sonderaufgabe</u>: die <u>Bauprobleme</u>.

7 Una signora che si sceglie i suoi turisti. *Siamo d'accordo, amici?*

Dal salotto al primo piano di un palazzo veneziano in cui si svolge una bella festa fino a tarda sera, una signora guarda il Canal Grande e dice a suo marito:
Caro, tu che sei consigliere municipale, non puoi impedire a tutto questo popolino di entrare nella nostra città? Fargli pagare molto caro un biglietto d'ingresso, o che ne so io? Secondo me in questa città dovrebbero stare solo i veneziani o quelli che pagano una certa somma negli alberghi. Niente alberghi a buon prezzo! Così i turisti a Venezia saranno pochi, ben vestiti e compreranno anche gli oggetti cari nei nostri negozi. Oh che bella Venezia sarebbe!

decima lezione

C Arrivo a Venezia

Mr. Silvera è una guida turistica: accompagna gruppi di stranieri in visita in Italia. Oggi è arrivato con un gruppo a Venezia:
«Look, look, Mr. Silvera! The lagoon!»
«La lagune!»
«A laguna!»
Come sempre è per loro necessario nominare, più che vedere, le città e le statue e gli affreschi e le cascate e le isole e tutte le terre che pagano per visitare. Look, look, the Coliseum, the Sixtine Chapel, la Tour de Pise... In cinque o sei, cercano naturalmente di trattenere per sempre la laguna con le loro cineprese e macchine fotografiche. Silvera ha preso in consegna il suo gruppo stamattina alle sei e 15 davanti all'Imperial Grand Tours, l'agenzia viaggi di Londra per la quale lavora da qualche tempo. C'è voluto poco per far conoscenza con queste 28 persone: solita gente, pensionati, piccoli bottegai, piccoli impiegati, artigiani, inglesi, francesi, ma anche sudamericani, qualche scandinavo, un portoghese... L'apparecchio tocca terra, rallenta: «Please, please, Mr. Silvera!», ci sono soprabiti e sciarpe da recuperare, sacche, pacchetti dimenticati sotto i sedili e gl'impazienti da trattenere, i ritardatari da spingere.
Tutti camminano girati verso la laguna, perché neanche un centesimo della tariffa economica vada perduto: al controllo passaporti e alla dogana le cose vanno senza problemi, nessuno in verità controlla niente e oltre le barriere ecco già Mr. Silvera che riunisce ancora una volta i suoi 28, gli evita di disperdersi fra gabinetti e bar.
«No, no» dice paziente, «no cappuccino, please, no vino».
Sul piazzale alcuni pullman stanno aspettando; fermi a un pontile, in mezzo ai gabbiani, quattro o cinque motoscafi.
«Taxi?» chiede uno dei marinai «Venedig, taxi? Taxi, Venise?»
«No boat» dice Silvera risoluto, «No barco, sorry!»
I prezzi che pratica l'Imperial non permettono l'arrivo a Venezia per mare: per l'Imperial c'è un bel pullman che passerà sul famoso ponte.
«A famous bridge?» si consolano i 28. Sì, il più lungo d'Europa, mente Mr. Silvera, spingendoli verso la terraferma.

(adattato da: Fruttero & Lucentini: L'amante senza fissa dimora)

1 Proviamo a caratterizzare il turista come si presenta nel nostro testo:

a) È veramente interessato a quello che vede?
b) Che lavoro fa?
c) Qual è la sua situazione economica?
d) È informato su quello che vedrà durante il viaggio?
e) Come si comporta la guida verso il gruppo?

2 *Dividiamoci in gruppi; ogni gruppo sceglie uno dei seguenti temi, ne discute, e racconta le proprie esperienze:*

a) Viaggiando, si vede ciò che si sa.
b) Un viaggio organizzato: pro e contro.
c) Quel viaggio non lo dimenticherò mai più!
d) A casa mia il giorno prima della partenza per le vacanze.

3 Il commissario Furbet

 fertig: – finito: azione passata
– pronto: azione futura

La pizza è finita (... peccato!)
La pizza è pronta (... buon appetito!)

decima lezione

Flash sulla storia d'Italia

Nel 476 i Germani depongono l'ultimo Imperatore romano, Romolo Augustolo; dopo cominciano le grandi invasioni, prima quella dei Goti e poi quella definitiva dei Longobardi. La Sicilia finisce per qualche tempo sotto il dominio arabo.

Nell'800 Papa Leone III incorona Carlo Magno Imperatore a Roma; il **Sacro Romano Impero** comprende anche l'Italia del Nord ed entra (specie sotto Enrico IV e poi gli «Svevi», il Barbarossa e Federico II) in una lunga lotta contro il Papato e le città, i **Liberi Comuni** dell'Alta Italia.

Accanto ai Comuni si costituiscono le Repubbliche marinare con la rivalità fra Genova e Venezia. Nel 1200 il veneziano Niccolò Polo e suo figlio Marco raggiungono la Cina, nel 1492 il genovese Cristoforo Colombo scopre l'America.

Dopo lo splendore del **Rinascimento,** l'Italia subisce per tre secoli la dominazione di potenze straniere: quella della Francia, della Spagna e dell'Austria. Fra gli stati liberi si distingue la Repubblica di San Marco, cioè di Venezia.

Dopo la **Rivoluzione** francese, Napoleone Buonaparte, poi Bonaparte, domina e riordina l'Italia, creando fra l'altro un primo Regno d'Italia con Milano come capitale.

Il Congresso di Vienna ristabilisce nel 1815, con la **Restaurazione,** il dominio asburgico, ma non impedisce il corso del **Risorgimento:** dopo una lunga serie di lotte, l'astuta politica di Casa Savoia, guidata dal conte Cavour, e l'audacia di Giuseppe Garibaldi cacciano le potenze straniere dall'Italia.

Nel 1861 viene proclamato il **Regno d'Italia;** Vittorio Emanuele II di Savoia diventa il primo Re d'Italia e mette anche fine, nel 1870, al potere temporale dei Papi.

Nel nuovo Regno liberale la borghesia è al potere. Comincia l'industrializzazione dell'Italia settentrionale; molti italiani continuano però a vivere nella miseria, e ha inizio un'emigrazione di massa soprattutto verso le Americhe.

Durante la Prima Guerra Mondiale l'Italia si schiera a fianco della Francia, dell'Inghilterra e della Russia e ottiene, con il Trattato di Saint-Germain, dall'Austria il Trentino e l'Alto Adige (Südtirol), Trieste e l'Istria.

Fin dal 1922 sale al potere Benito Mussolini, il fondatore del **Fascismo.**

Nel 1939 scoppia la Seconda Guerra Mondiale e Mussolini si schiera dalla parte della Germania nazionalsocialista.

Dopo molte sconfitte, Mussolini è costretto dal Re a dimettersi e l'Italia firma nel 1943 un armistizio con gli Alleati anglo-americani. Hitler ordina l'invasione dell'Italia «traditrice».

Dopo la Liberazione, grazie agli Alleati e alla **Resistenza,** nel 1946 l'Italia sceglie, in un referendum costituzionale, la **repubblica** invece della monarchia.

Durante la guerra fredda l'Italia subisce una forte polarizzazione fra forze democratiche e forze filosovietiche.

Uno dei grandi esponenti delle forze democratiche è Alcide de Gasperi, che, con Adenauer e altri, crea le basi della **Comunità Economica Europea.** Questa Comunità inizia nel 1957 con i Trattati di Roma conclusi fra l'Italia, la Germania, la Francia, il Belgio, i Paesi Bassi e il Lussemburgo (i «Sei»). La Comunità poi si allarga e sta allargandosi tuttora.

Attualmente l'Italia attraversa una crisi politica ed istituzionale che la porterà ad un nuovo assetto politico.

Giuseppe Garibaldi (1807–1882)   Camillo Cavour (1810–1861)

Giuseppe Mazzini (1805–1872)

Prime letture

Aspetti del mondo moderno

In tram
Luigi Malerba

Ubaldone era un uomo molto distratto. Una mattina che era più distratto del solito prese il tram per andare in ufficio. Pioveva, nevicava, tirava vento e ogni tanto cadeva anche qualche granello di grandine. Che brutta stagione. Infatti era primavera e si sa che in primavera il tempo è un po' matto. Ubaldone guardò l'orologio da polso, ma si accorse subito che lo aveva dimenticato a casa. Domandò l'ora a un tale che stava seduto vicino a lui.
– Sono quasi le otto e mezzo, – disse quello.
– Dio mio com'è tardi! – esclamò Ubaldone che doveva essere in ufficio proprio alle otto e mezzo.
Il tram correva veloce sulle rotaie. Per fortuna c'era alla guida un tranviere molto abile che si destreggiava in mezzo al traffico e riusciva anche a fare dei sorpassi. A un certo punto passò con una ruota su un marciapiede rischiando di mettere sotto una vecchietta, poi riprese a correre.
Ubaldone si rivolse ancora al suo vicino per sapere l'ora.
– Sono le otto e venti, – disse questo.
Ubaldone pensò che era stata una bella fortuna capitare su un tram così veloce che riusciva a guadagnare tempo sull'orologio.
Il tram continuava a correre sotto il sole e sotto la pioggia. Ubaldone si asciugò il sudore dalla fronte, poi si rivolse ancora al suo vicino per sapere l'ora.
– Sono le otto e dieci, – disse questo.

distratto: contr.: concentrato, attento
il granello: vezz. di grano; piccolo grano; es. il granello di sabbia, di polvere
la grandine: acqua ghiacciata che cade con violenza, specialmente in estate durante un temporale
un orologio da polso: orologio che si porta al polso, al braccio
le rotaie s. f.: i treni e i tram si muovono su rotaie (di ferro)
destreggiarsi: sbrigarsi con abilità; qui: muoversi abilmente, mostrando capacità e sicurezza
il sorpasso: l'azione di superare (sorpassare) un altro veicolo
la ruota: strumento di legno o metallo di forma circolare che hanno biciclette o automobili
il marciapiede: parte di via o strada riservata ai pedoni
capitare: v. intr.: qui: venire a trovarsi, salire per caso
il sudore: goccioline d'acqua che coprono il corpo quando si corre troppo rapidamente

Ubaldone ringraziò con un sorriso. Poi guardò fuori dal finestrino e si accorse con sgomento che si trovava in una zona tutta diversa da quella del suo ufficio.
– Accidenti, – esclamò Ubaldone, – ho preso il tram che va nella direzione contraria!
Adesso capiva perché l'orologio del vicino andava anche lui all'incontrario. Si avvicinò alla portiera per scendere alla prima fermata e prendere il tram nell'altra direzione. Mancavano ancora venti minuti all'apertura dell'ufficio e avrebbe fatto giusto in tempo a arrivare puntuale, alle otto e mezzo.

il sorriso: atto/espressione del volto che esprime contentezza (v. sorridere)
il finestrino: piccola finestra ad es. di tram, automobili ecc.
lo sgomento: la sorpresa, lo stupore accompagnati da smarrimento
giusto avverbio: qui come: appena.

Analisi del testo:

a) Perché Ubaldone deve domandare a un vicino di tram che ora è?
b) Perché Ubaldone è contento di essere capitato su questo tram?
c) Che rapporto esiste tra la corsa veloce e il tempo?
d) Che tipo è Ubaldone? Descrivete il suo carattere, le sue reazioni.
e) È un testo realistico? Perché? Perché no?
f) Avete mai fatto un'esperienza analoga che testimoni dello stretto legame tra tempo e spazio?

Luigi Malerba nato nel 1927 a Berceto presso Parma; è vissuto a Roma e a Orvieto; le sue opere sono molto influenzate dall'elemento fantastico; creatore linguistico, è morto nel 1992.

Il filobus numero 75

Gianni Rodari

Una mattina il filobus numero 75, in partenza da Monteverde Vecchio per Piazza Fiume, invece di scendere verso Trastevere, prese per il Gianicolo, svoltò giù per l'Aurelia Antica e dopo pochi minuti correva tra i prati fuori Roma come una lepre in vacanza.
I viaggiatori, a quell'ora, erano quasi tutti impiegati, e leggevano il giornale, anche quelli che non lo avevano comperato, perché lo leggevano sulla spalla del vicino. Un signore, nel voltar pagina, alzò gli occhi un momento, guardò fuori e si mise a gridare:
– Fattorino, che succede? Tradimento, tradimento!
Anche gli altri viaggiatori alzarono gli occhi dal giornale, e le proteste diventarono un coro tempestoso:
– Ma di qui si va a Civitavecchia!
– Che fa il conducente?
– È impazzito, legatelo!
– Che razza di servizio!

il filobus: un autobus che prende la sua energia da una linea elettrica
Monteverde Vecchio: un quartiere di Roma, fermata del filobus a Roma
Piazza Fiume: piazza a Roma, fermata
Trastevere: quartiere romano sulla riva destra del Tevere
il Gianicolo: collina romana
svoltare: cambiare direzione
l'Aurelia Antica: strada che va da Roma a Marsiglia, spesso lungo il mare
il prato: terreno coperto da erba
la lepre: (Hase)
il viaggiatore: colui che fa un viaggio
voltare: mettere sull'altra faccia; girare; voltare le pagine
mettersi a: cominciare, iniziare
il fattorino: impiegato che distribuisce i biglietti sul tram (oggi non esiste più)
il tradimento: atto sleale; atto commesso all'insaputa di qualcuno, che ha fiducia e viene ingannato
il coro: un insieme di persone che cantano
tempestoso: agitato; turbato; nervoso
Civitavecchia: città del Lazio, porto di Roma, a 70 km da Roma
il conducente: persona che guida un tram, un autobus
impazzito, a: che ha perso la ragione
legare: unire (con una corda) due cose; tenere insieme, rendere immobile; attaccare
la razza: la specie; qualità; sorta; tipo

prime letture

– Sono le nove meno dieci e alle nove in punto debbo essere in Tribunale,
– gridò un avvocato, – se perdo il processo faccio causa all'azienda.
Il fattorino e il conducente tentavano di respingere l'assalto, dichiarando
che non ne sapevano nulla, che il filobus non ubbidiva più ai comandi e
faceva di testa sua. Difatti in quel momento il filobus uscì addirittura di
strada e andò a fermarsi sulle soglie di un boschetto fresco e profumato.
– Uh, i ciclamini, – esclamò una signora, tutta giuliva.
– È proprio il momento di pensare ai ciclamini, – ribatté l'avvocato.
– Non importa, – dichiarò la signora, – arriverò tardi al ministero, avrò
una lavata di capo, ma tanto è lo stesso, e giacché ci sono mi voglio cavare
la voglia dei ciclamini. Saranno dieci anni che non ne colgo.
Scese dal filobus, respirando a bocca spalancata l'aria di quello strano
mattino, e si mise a fare un mazzetto di ciclamini.
Visto che il filobus non voleva saperne di ripartire, uno dopo l'altro i viaggiatori scesero a sgranchirsi le gambe o a fumare una sigaretta e intanto
il loro malumore scompariva come la nebbia al sole.
Uno coglieva una margherita e se la infilava all'occhiello, l'altro scopriva
una fragola acerba e gridava:

il tribunale: luogo dove si amministra la giustizia
fare causa a qn: fare un processo per avere soldi dovuti, un risarcimento
l'azienda: la società che gestisce trasporti urbani
l'assalto: azione di attacco, di attaccare qn
difatti: infatti; in realtà
addirittura: direttamente; senza esitazione; persino
la soglia: qui: all'inizio
il boschetto: piccolo bosco; alcuni alberi
giulivo, a: lieto; contento
il ciclamino: piccolo fiore di colore lilla
ribattere: replicare; contraddire
dare una lavata di capo: rimproverare
giacché: poiché; perché
cavare qc: qui: soddisfare; fare ciò che si desidera
spalancato, a: aperto completamente
un mazzetto: un piccolo mazzo; alcuni fiori legati insieme
sgranchirsi (le gambe): fare una piccola passeggiata; fare alcuni passi
intanto: in questo tempo
il malumore: il cattivo umore; la scontentezza; l'irritazione
scomparire: andarsene per non essere più visto
infilare qc: mettere qc di fino in un buco; inserire, (einfädeln)
l'occhiello: apertura (sul bavero di) una giacca
la fragola: (Erdbeere)
acerbo, a: contr.: dolce; qui: ancora verde, non ancora maturo

– L'ho trovata io. Ora ci metto il mio biglietto, e quando è matura la vengo a cogliere, e guai se non la trovo.
Difatti levò dal portafogli un biglietto da visita, lo infilò in uno stecchino e piantò lo stecchino accanto alla fragola. Sul biglietto c'era scritto: – Dottor Giulio Bollati.
Due impiegati del ministero dell'Istruzione appallottolarono i loro giornali e cominciarono una partita di calcio. E ogni volta che davano un calcio alla palla gridavano: – Al diavolo!
Insomma, non parevano più gli stessi impiegati che un momento prima volevano linciare i tranvieri. Questi, poi, facevano un picnic sull'erba.
– Attenzione! – gridò ad un tratto l'avvocato.
Il filobus, con uno scossone, stava ripartendo tutto solo, al piccolo trotto. Fecero appena in tempo a saltar su, e l'ultima fu la signora dei ciclamini che protestava: – Eh, ma allora non vale. Avevo appena cominciato a divertirmi.
– Che ora abbiamo fatto? – domandò qualcuno.
– Uh, chissà che tardi.
E tutti si guardarono il polso. Sorpresa: gli orologi segnavano ancora le nove meno dieci. Si vede che per tutto il tempo della piccola scampagnata le lancette non avevano camminato. Era stato tempo regalato, un piccolo extra, come quando si compra una scatola di sapone in polvere e dentro c'è un giocattolo.

guai (esclamazione): esprime una minaccia
lo stecchino: piccolo bastone; pezzo di legno
piantare qc: mettere in terra
appallottolare qc: ridurre in forma di pallottola (piccola palla)
linciare: uccidere in maniera brutale, assalendo qn ma senza armi
il tranviere: impiegato del personale viaggiante
il picnic: colazione/merenda fatta all'aperto
ad un tratto: improvvisamente
lo scossone: un grande urto, scossa
al piccolo trotto: lentamente
non vale: non è giusto
il polso: parte del braccio vicino alla mano
segnare: indicare, mostrare
una scampagnata: escursione; gita in campagna
la lancetta: parte di un orologio che indica l'ora; l'orologio ha due lancette (una grande, l'altra piccola)
un giocattolo: oggetto con cui si può giocare

– Ma non può essere! – si meravigliava la signora dei ciclamini, mentre il filobus rientrava nel suo percorso e si gettava giù per via Dandolo.
Si meravigliavano tutti. E sì che avevano il giornale sotto gli occhi, e in cima al giornale la data era scritta ben chiara: 21 marzo. Il primo giorno di primavera tutto è possibile.

meravigliarsi: essere molto sorpreso da una cosa insolita
il percorso: tratto di una strada fatto da un'auto
gettarsi giù: qui: prendere con velocità
in cima: in alto

Analisi del testo:
a) Che cosa fanno di solito i viaggiatori nel filobus?
b) Perché un signore seduto nel filobus grida «tradimento»?
c) Come reagiscono le diverse persone, quando si accorgono dell'altra via scelta dal filobus?
d) Dove va il filobus?
e) Che cosa fanno i passeggeri nel boschetto?
f) Com'è l'atmosfera quando i passeggeri si trovano nel boschetto?
g) Che fa il filobus dopo un certo tempo? Qual è la reazione dei passeggeri?
h) Che cosa constatano tutti i passeggeri?
i) A che cosa serve l'ultima frase?
l) Quali sono le parti di questo racconto? Date un sottotitolo a ogni parte.
m) Facendo il confronto fra la «parte reale» e la «parte irreale» del testo, analizzate il comportamento dei viaggiatori del filobus nella nuova situazione.
n) Che cosa hanno in comune i due testi?
o) Quali sono le differenze? Potete prendere in considerazione
   – i personaggi e le loro reazioni,
   – il veicolo,
   – il tempo,
   – l'atmosfera,
   – la posizione del narratore.

Gianni Rodari nato nel 1920 a Omegna sul Lago d'Orta (Novara); è stato giornalista, autore e maestro. I suoi scritti hanno spesso un carattere ludico; concede uno spazio molto ampio alla fantasia; è morto nel 1980.

Un incidente

Ieri mattina c'è stata l'interruzione della corrente elettrica dalle 8 alle 9.30 a causa di un violento temporale. Un fulmine ha colpito ripetutamente il filo del tram. Urgenti lavori di riparazione hanno impedito la normale circolazione tranviaria in alcuni quartieri. I passeggeri hanno dovuto servirsi di altri mezzi pubblici. Siccome avevano dovuto aspettare in parte oltre mezz'ora, molti sono arrivati al lavoro in ritardo.

l'interruzione: l'atto per cui l'azione cessa improvvisamente prima di essersi conclusa, viene cioè bloccata per un motivo qualsiasi senza poter essere portata a compimento
il temporale: perturbazione atmosferica di breve durata con pioggia, vento, scariche elettriche
il fulmine: scarica elettrica tra nube e nube o tra nube e terra durante il temporale
il filo: il filo elettrico che conduce l'elettricità
tranviario/a: riferito al tram

Analisi del testo:

Mostrate gli elementi in cui questo testo è diverso dai due precedenti. Di quale tipo di testo si tratta?

Lo strillone
Luciano De Crescenzo

Oggi pomeriggio ho incontrato De Renzi, mio vecchio amico di scuola. Io stavo ad una fermata dell'autobus al Rettifilo e lui era fermo di fronte a me, in macchina, prigioniero del «serpentone».
La velocità zero del traffico ci ha consentito di riconoscerci e di iniziare
5 tutta una piccola rimpatriata dei nostri ricordi di scuola a base di: «Ma che ne sarà successo di Bottazzi?» «E ti ricordi del professore Avallone?» «Ma come si chiamava quella ragazza della I E?» Tutto questo sempre rimanendo io in piedi alla fermata dell'autobus, e lui, seduto in una 127 rossa targata Catania. Ad un certo punto De Renzi mi ha chiesto:
10 «Ma dov'è che devi andare?»
«Vicino piazza Nazionale.»

lo strillone: chi parla ad alta voce, chi grida; il venditore di giornali per la strada;
il serpentone: gran rettile, qui: una lunga fila di macchine
la rimpatriata: ricordarsi di fatti del passato
targato, a: che ha una targa di circolazione, ad. es. FI (Firenze), MI (Milano), NA (Napoli), CT (Catania)

«E allora sali che ti do un passaggio.»
E così, più per continuare la parata dei ricordi che per fare più in fretta, mi sono seduto in macchina accanto a lui.
«De Renzi, e dimmi una cosa: ma tu che fai? Dove lavori?»
«Sono direttore della filiale di Catania della SAMAP-ITALIA e mi occupo di articoli in plastica per l'edilizia. Diciamo che non sto né bene né male. Adesso sono qua per Natale. Ovviamente ho sempre un po' di nostalgia di Napoli, ma ormai sono più di sette anni che mi sono trasferito. Ho sposato una catanese e tengo due bambini: uno di cinque ed uno di tre anni. Sai com'è? Abbiamo il nostro giro di amicizie e, ringraziando Dio, stiamo tutti bene in salute. E tu invece che fai?»
Stavo per rispondere quando abbiamo sentito uno strillone che vendeva il *Corriere di Napoli* e che gridava a squarciagola: «Grande sciagura a Catania, grande sciagura!» Un po' impressionato De Renzi ha comprato subito una copia del *Corriere* e velocemente si è messo a sfogliare il giornale. Nessun titolo però, nessun trafiletto, parlava di questa grande sciagura ed eravamo ancora alla ricerca della notizia quando il ragazzo dei giornali si è avvicinato di nuovo e ci ha detto: «Non vi preoccupate dottò, *è cosa'e niente*, se il giornale non lo porta vuol dire che non è successo niente d'importante.»
E si è avviato verso una macchina targata Caserta.

(da: *Così parlò Bellavista*)

dare un passaggio: offrire un posto in macchina
la parata: una serie di ricordi uno dietro l'altro
ovviamente: naturalmente
trasferirsi: cambiare casa
il giro: qui: gruppo ristretto di amici
gridare a squarciagola: gridare con tutta la forza della voce
la sciagura: la catastrofe
sfogliare: leggere, scorrere velocemente le pagine di un giornale
il trafiletto: piccolo articolo senza titolo
avviarsi: mettersi in cammino.

Analisi del testo:

a) Leggete il testo per conto vostro e tutto d'un fiato, ma lentamente. Tentate d capire e di ricordare il più possibile, senza aver paura di una parola ancora sconosciuta.
b) Raccontate gli avvenimenti descritti in questo brano.
c) Inserite l'ultima frase nel contesto dell'azione.
d) Quali sono le parti di questo brano? Come si collegano tra di loro?
e) Descrivete la posizione del narratore. Paragonatela a quella nei due primi testi (In tram, Il filobus).
f) Analizzate la lingua di questo testo. È omogenea? Perché? Perché no?

Luciano De Crescenzo, autore contemporaneo di numerosi saggi e libri di successo che hanno spesso come protagonisti gli abitanti della sua amata Napoli.

I Parchi Nazionali

Cosa sono i Parchi Nazionali

I Parchi Nazionali rappresentano oasi di natura protetta per il beneficio di tutta la collettività e per tramandare alle future generazioni il paesaggio, la natura, la flora, la fauna e il patrimonio ambientale della nostra terra. La loro vera ricchezza non sta in ciò che l'uomo vi ha portato o costruito: bensì in tutto ciò che vi ha lasciato intatto e selvaggio.

oasi: luogo nel deserto dove c'è l'acqua
per il beneficio di tutta la collettività: a vantaggio di tutti
tramandare: lasciare a quelli che verranno più tardi nel tempo
il paesaggio: l'ambiente
la flora: tutto ciò che riguarda le piante
la fauna: tutto ciò che riguarda gli animali
il patrimonio ambientale: la ricchezza dell'ambiente
bensì: anzi
intatto: che non è stato mai toccato

A che cosa servono

Tre sono i loro obiettivi fondamentali:
CONSERVAZIONE, EDUCAZIONE e RICERCA

Conservazione: perché l'ambiente naturale deve essere preservato dai molti pericoli che lo minacciano.
Educazione: perché la conoscenza della natura e la visita orientata dei Parchi rappresentano attività culturali tra le più qualificate ed evolute a livello internazionale.
Ricerca: perché lo studio e l'indagine scientifica trovano nei Parchi il proprio ideale campo di applicazione.

Ma al di là di questi obiettivi, la ragione dell'utilità dei Parchi è molto semplice. Il volto della terra, lo spazio vitale dell'umanità intera e l'orizzonte delle future generazioni debbono essere conservati per il beneficio di tutti. Perché noi stessi non dobbiamo considerarcene i destinatari favoriti dalla storia, ma soltanto i responsabili custodi per coloro che verranno dopo di noi.

l'obiettivo: il risultato che si vuole raggiungere
fondamentale: in primo piano
preservare: conservare
la visita orientata: la visita con una guida
qualificato: eccellente
evoluto: civile
l'indagine scientifica: la ricerca fatta all'università
il campo di applicazione: la messa in pratica di quanto è stato studiato prima
l'utilità: il fatto di essere utile
il volto: l'aspetto
lo spazio vitale: ciò che permette di vivere
l'umanità: tutti gli uomini
il destinatario: quello che riceve
favorito: che è preferito tra tutti gli altri
responsabile: chi sa quali sono i suoi doveri
il custode: persona che fa attenzione per evitare possibili incidenti
coloro che: quelli che

Ancora parchi?

La crescita della sensibilità verso l'ambiente naturale impone anche un decisivo sviluppo del Sistema delle Aree protette nel nostro Paese. Esso dovrà essere potenziato, e sarà anche urgente salvaguardare i molti luoghi ancora integri con una serie di nuovi Parchi e Riserve. L'Italia deve superare i dubbi, le esitazioni, le contese interne ed agire per promuovere uno sviluppo non solo economico, ma anche ecologico del Paese.

(Comitato Parchi Nazionali)

L'Italia da salvare

I cinque Parchi Nazionali esistenti:

1. Stelvio (137.000 ha)
2. Gran Paradiso (70.000)
3. Abruzzo (40.000)
4. Calabria (17.000)
5. Circeo (17.000)

la sensibilità: la partecipazione a certi problemi
imporre: chiedere con autorità
il decisivo sviluppo: l'aumento definitivo
potenziare: sviluppare
urgente: necessario
salvaguardare: difendere
integro: intatto
l'esitazione: la ha chi non sa decidersi
la contesa: la discussione
agire: fare qualcosa
lo sviluppo ecologico: lo sviluppo legato alla natura

Analisi del testo:

a) Quali sono le parti dell'articolo?
b) Servendovi del testo, descrivete quale posizione prende l'autore nel descrivere i Parchi Nazionali.
c) Confrontate in che modo viene descritta la natura qui e nel brano «Il filobus numero 75».

La Chitarra Magica

Stefano Benni

> Ogni ingiustizia ci offende, quando non ci procuri direttamente alcun profitto.
> (Luc de Vauvenargues)

C'era un giovane musicista di nome Peter che suonava la chitarra agli angoli delle strade. Racimolava così i soldi per proseguire gli studi al Conservatorio: voleva diventare una grande rock star. Ma i soldi non bastavano, perché faceva molto freddo e in strada c'erano pochi passanti. Un giorno, mentre Peter stava suonando «Crossroads» gli si avvicinò un vecchio con un mandolino.
– Potresti cedermi il tuo posto? È sopra un tombino e ci fa più caldo.
– Certo – disse Peter, che era di animo buono.
– Potresti per favore prestarmi la tua sciarpa? Ho tanto freddo.
– Certo – disse Peter, che era di animo buono.
– Potresti darmi un po' di soldi? Oggi non c'è gente, ho raggranellato pochi spiccioli e ho fame.
– Certo – disse Peter, che eccetera. Aveva solo dieci monete nel cappello e le diede tutte al vecchio.
Allora avvenne un miracolo: il vecchio si trasformò in un omone truccato con rimmel e rossetto, una lunga criniera arancione, una palandrana di lamé e zeppe alte dieci centimetri.
L'omone disse: – Io sono Lucifumándro, il mago degli effetti speciali. Dato che sei stato buono con me ti regalerò una chitarra fatata. Suona da sola qualsiasi pezzo, basta che tu glielo ordini. Ma ricordati: essa può essere usata solo dai puri di cuore. Guai al malvagio che la suonerà! Succederebbero cose orribili!

---

racimolare: mettere insieme (raccogliendo qua e là)
cedere: lasciare
tombino: elemento di chiusura della fogna che spesso emette aria calda
raggranellare: racimolare
gli spiccioli: le monetine
truccato con rimmel e rossetto: con dei cosmetici sul volto
la criniera: il leone ha una criniera
la palandrana: una giacca lunga
le zeppe: qui: le scarpe
fatato: magico
qualsiasi pezzo: tutti i pezzi che desideri
guai al malvagio: è una minaccia per i cattivi

Ciò detto si udì nell'aria un tremendo accordo di mi settima e il mago sparì. A terra restò una chitarra elettrica a forma di freccia, con la cassa di madreperla e le corde d'oro zecchino. Peter la imbracciò e disse:
- Suonami «Ehi Joe».
La chitarra si mise a eseguire il pezzo come neanche Jimi Hendrix, e Peter non dovette far altro che fingere di suonarla. Si fermò moltissima gente e cominciarono a piovere soldini nel cappello di Peter.

mi: una nota sulla scala (si parla di musica!)
la freccia: nel Far West la usavano gli indiani per cacciare gli animali
Ehi Joe: una famosa canzone di Jimi Hendrix
eseguire: suonare
fingere: simulare

prime letture

Quando Peter smise di suonare, gli si avvicinò un uomo con un cappotto di caimano. Disse che era un manager discografico e avrebbe fatto di Peter una rock star. Infatti tre mesi dopo Peter era primo in tutte le classifiche americane italiane francesi e malgasce. La sua chitarra a freccia era diventata un simbolo per milioni di giovani e la sua tecnica era invidiata da tutti i chitarristi.

Una notte, dopo uno spettacolo trionfale, Peter credendo di essere solo sul palco, disse alla chitarra di suonargli qualcosa per rilassarsi. La chitarra gli suonò una ninnananna. Ma nascosto tra le quinte del teatro c'era il malvagio Black Martin, un chitarrista invidioso del suo successo. Egli scoprì così che la chitarra era magica. Scivolò alle spalle di Peter e gli infilò giù per il collo uno spinotto a tremila volt, uccidendolo. Poi rubò la chitarra e la dipinse di rosso.

La sera dopo, gli artisti erano riuniti in concerto per ricordare Peter prematuramente scomparso. Suonarono Prince, Ponce e Parmentier, Sting, Springsteen e Stronhaim. Poi salì sul palco il malvagio Black Martin. Sottovoce ordinò alla chitarra:
– Suonami «Satisfaction».
Sapete cosa accadde?
La chitarra suonò meglio di tutti i Rolling Stones insieme. Così il malvagio Black Martin diventò una rock star e in breve nessuno ricordò più il buon Peter.
Era una chitarra magica con un difetto di fabbricazione.

(Da: Il bar sotto il mare)

un cappotto: un soprabito invernale
malgasce: del Madagascar
il palco: a teatro dove viene rappresentata la commedia
la ninnananna: una canzone che fa dormire
nascondere: mettersi dietro qualcosa per non essere visto
le quinte: die Kulissen
uno spinotto: ein Elektrostecker
accadere: succedere.

Analisi del testo:

a) Leggete il testo per conto vostro e tutto d'un fiato. Tentate di capire e di ricordare il più possibile, senza aver paura di una parola sconosciuta.
b) Questo testo è una fiaba? Perché? Perché no?
c) Che cosa ci vuole comunicare il testo?

Stefano Benni, nato nel 1947 a Bologna, scrittore di romanzi, scrive anche per giornali e riviste.

Favole, canzoni, poesie

Le galline pensierose *Luigi Malerba*

1. Una gallina molto ambiziosa voleva lasciare un'impronta indelebile come i grandi personaggi della storia. Impastò del cemento e, tanto che era molle, vi immerse una zampa per lasciare l'impronta. Il cemento diventò duro e la gallina vi restò imprigionata.

ambizioso: che nutre ambizioni, che desidera conseguire una migliore posizione
l'impronta: traccia, segno che riproduce la forma ad es. di un piede o di una mano (sulla neve)
indelebile: che non si cancella, non si può far scomparire; che resta
impastare: fare una pasta con una polvere, come il cemento, e dell'acqua
molle: tenero, non duro
immergere: mettere dentro, inserire in un liquido
la zampa: estremità del corpo di un animale, piede di un animale (cane, pollo ecc.)
imprigionare: chiudere in un luogo senza lasciare la possibilità di uscirne, come in un carcere o una prigione

Analisi del testo:
a) Che cosa succede alla gallina? Perché?
b) Caratterizzate la gallina, i suoi pensieri e il suo essere reale.
c) Secondo voi, si tratta veramente di un animale o no?
d) Di quale tipo di testo si tratta? Giustificate la vostra opinione.
e) Come riesce l'autore a mostrare la morale di questo testo?

2. Una gallina parigina volle salire sulla Torre Eiffel. Si arrampicò a fatica gradino dopo gradino e arrivò finalmente sulla terrazza più alta. Qui si affacciò e vide una distesa di palazzi, di monumenti, di giardini. – Che città sarà mai questa? – si domandò la gallina parigina che era rimasta con il becco aperto per la meraviglia. Incominciò a scendere le scale di corsa per domandare al guardiano il nome della città che si vedeva dalla terrazza più alta della Torre Eiffel.

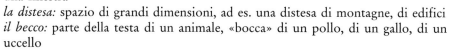

parigino: di Parigi
arrampicarsi: salire su qualcosa, arrivare salendo verso l'alto, ad es. su una scala
il gradino: i gradini di una scala servono a salire, si mettono i piedi sui gradini
affacciarsi: mostrarsi, farsi vedere, sporgersi ad es. da una finestra
la distesa: spazio di grandi dimensioni, ad es. una distesa di montagne, di edifici
il becco: parte della testa di un animale, «bocca» di un pollo, di un gallo, di un uccello
la meraviglia: sorpresa, stupore
il guardiano: che fa la guardia, custodisce qualcosa

Analisi del testo:

a) Che fa la gallina parigina?
b) Perché rimane un bel po' di tempo con il becco aperto?
c) Mostrate ciò che ci insegna il testo.
d) Quali sono le parti di una favola?
e) Fate il guardiano e spiegate alla gallina ciò che vuole sapere.

3. Una gallina di Lione andò fino a Parigi ed entrò nel Museo del Louvre confondendosi tra la folla. Seguendo le indicazioni si recò direttamente nella sala dov'è esposta la Gioconda di Leonardo. Rimase a lungo davanti al quadro incantata dal sorriso enigmatico di quella signora. Da quel giorno la gallina di Lione passò ore e ore davanti allo specchio tentando inutilmente di imitare il sorriso della Gioconda.

Lione: grande città francese
confondersi: perdersi, smarrirsi
la folla: grande quantità di persone riunite insieme
la Gioconda: nome di donna, indicante il famoso dipinto di Leonardo da Vinci esposto al museo parigino del Louvre, e che sembra sorridere misticamente
il quadro: il dipinto, l'immagine dipinta su tela da un pittore
incantare: affascinare, stregare, avvincere
enigmatico: misterioso, difficile da comprendere e interpretare.

Analisi del testo:
a) Dov'è andata la gallina, e perché?
b) Come si chiama il quadro in tedesco?
c) La gallina si piace così com'è?
d) Descrivete l'intenzione della gallina.
e) Come riesce l'autore a mostrare al lettore la sua opinione?
f) Cercate altri esempi della nostra vita in cui persone tentano di risolvere una crisi d'identità.

4. Quando vennero a sapere che la terra è rotonda come una palla e gira velocissima nello spazio, le galline incominciarono a preoccuparsi e furono prese da forti capogiri. Andavano per i prati barcollando come se fossero ubriache e si tenevano in piedi reggendosi l'una all'altra. La più furba propose di andare a cercare un posto più tranquillo e possibilmente quadrato.

rotondo: senza angoli
girare: fare un giro, muovere in tondo
il capogiro: vertigine; quando qualcuno s'è girato velocemente e per molto tempo, gli prende il capogiro; mi gira la testa = ho il capogiro
il prato: terreno coperto d'erba
barcollare: perdere stabilità; vacillare; camminare con un passo insicuro
ubriaco: una persona che ha bevuto troppo vino è ubriaca
reggersi: stare/tenersi ritto, in equilibrio; sostenersi, aiutarsi l'un l'altro.
furbo: intelligente e abile; che sa procurarsi vantaggi; contr. ingenuo

Analisi del testo:
a) Fate un commento del testo prendendo in considerazione il personaggio, l'azione, la morale e il tipo di testo.
b) Che cosa pensate della proposta della gallina più furba?
c) Qual è, secondo voi, il problema fondamentale nascosto nel testo?

Il pescatore   *Fabrizio De André*

All'ombra dell'ultimo sole
s'era assopito un pescatore
e aveva un solco lungo il viso
4   come una specie di sorriso.
Venne alla spiaggia un assassino
due occhi grandi da bambino
due occhi enormi di paura
8   eran gli specchi di un'avventura.

E chiese al vecchio dammi il pane
ho poco tempo e troppa fame
e chiese al vecchio dammi il vino
12   ho sete e sono un assassino.
Gli occhi dischiuse il vecchio al giorno
non si guardò neppure intorno
ma versò il vino e spezzò il pane
16   per chi diceva ho sete e ho fame.

assopirsi: addormentarsi lentamente
il solco: si traccia con l'aratro nel terreno per la semina; riferito al volto, ruga profonda
il sorriso: riso leggero, silenzioso e misurato
la spiaggia: tratto di costa pianeggiante e sabbiosa. Si va alla spiaggia per prendere il sole, fare il bagno o pescare
un assassino: chi commette un omicidio, chi uccide deliberatamente
dischiudere: aprire solo in parte
neppure: neanche
spezzare: dividere o rompere in pezzi

       E fu il calore di un momento
       poi via di nuovo verso il vento
       davanti agli occhi ancora il sole
20 dietro alle spalle un pescatore.
       Dietro alle spalle un pescatore
       e la memoria è già dolore
       è già il rimpianto di un aprile
24 giocato all'ombra di un cortile.

       Vennero in sella due gendarmi
       vennero in sella con le armi
       chiesero al vecchio se lì vicino
28 fosse passato un assassino.
       Ma all'ombra dell'ultimo sole
       s'era assopito il pescatore
       e aveva un solco lungo il viso
32 come una specie di sorriso
       e aveva un solco lungo il viso
       come una specie di sorriso.

il rimpianto: ricordo nostalgico
il cortile: spazio scoperto a piano terra, corte

Analisi del testo:

a) Riassumete l'avvenimento descritto in questa canzone.
b) Spiegate i versi 3 e 8.
    Che cosa significa «avere un solco lungo il viso»?
    Qual è il valore di «specchi di un'avventura»?
c) Che cosa significano i versi 22–25?
d) Spiegate l'ultima strofa. Qual è il comportamento del pescatore?
e) Qual è il punto più importante di questa canzone?
f) Come tenta l'autore di dare un effetto più grande alla sua canzone? Analizzate i suoi mezzi stilistici. Che impressione fanno su di voi?
g) Analizzate il rapporto fra la musica e le parole di questa canzone.

Fabrizio De André è nato nel 1940 a Genova; è molto influenzato dai cantautori francesi; i suoi argomenti sono molteplici; s'interessa anche di problemi della esistenza umana; ha molta comprensione per i gruppi ai margini della società.

La fotografia
Enzo Jannacci

Ehi, non guarda la fotografia. Non sembra neanche un ragazzino
Io sono quello col vino, lui è quello senza motorino.

Così adesso che è finito tutto e sono andati via
4   E la pioggia scherza con la saracinesca della lavanderia
No, io aspetto solo che magari l'acqua non se lo lavi via
quel segno del gesso di quel corpo portato via.
E tu maresciallo, che hai continuato a dire:
8   «Andate via! Andate via, qui non c'è più niente da vedere niente da capire.
Credo che ti sbagli perché un morto di solo 13 anni
è proprio da vedere. Perché la gente, sai, magari fa
anche finta, però le cose è meglio fargliele sapere.

(Ritornello)

12 Era il solo a non voler capire d'esser stato sfortunato.
Nasce in un paese dove i fiori han paura e il sole è avvelenato
E sapeva quanto poco fosse un gioco e giocava col destino
Un destino che ha il grilletto e la sua faccia nel mirino.

16 È finita la pioggia, tutto il gesso se l'è portato via.
So che ti dispiace maresciallo ma, appoggiato alla lavanderia,
era il mio il figlio e forse è tutta colpa mia,
perché come in certi malgoverni
20 se in famiglia il padre ruba
anche il figlio a un certo punto vola via.

la saracinesca: porta di metallo che di solito chiude un negozio
la lavanderia: negozio dove si lavano i vestiti
il gesso: usato per scrivere sulla lavagna a scuola
il maresciallo: ufficiale dei carabinieri o di polizia
fare finta di: fare come se
avvelenato: alcuni funghi possono avvelenare, cosicché si muore
il destino: la sorte
il grilletto: parte della pistola che fa partire il colpo
avere la faccia nel mirino: das Gesicht im Ziel haben
appoggiato: seduto contro
rubare: portare via senza pagare

E così lui non era lì per caso, no!
Anche lui sparava e via!
24 Ma forse il gioco era già stanco
e non s'è accorto neanche che moriva

(Ritornello)

Tutto il resto è facce false della pubbliciteria
Tutto il resto è brutta musica fatta solamente con la batteria.
28 Tutto il resto è sporco stile mafia e via.

La fotografia. Tu che sei famoso, firma per piacere:
La fotografia.

(Sanremo 1991)

sparare: far fuoco con la pistola
la pubbliciteria: parola creata dall'autore per criticare gli eccessi della pubblicità di oggi
la batteria: strumento musicale a percussione
famoso: molto conosciuto, illustre

Analisi del testo:

a) Chi parla in questa canzone? Che cosa era successo?
b) In quante parti si può dividere la canzone?
    Dà i titoli ad ogni parte.
c) Qual è la funzione del ritornello?
d) Cosa veniamo a sapere sul padre del ragazzo morto?
e) Come viene descritto l'ambiente in cui il ragazzo è cresciuto? Spiegate la scelta delle parole.
f) Delineate la parte di responsabilità del padre e della società in questa morte.
g) Cercate di spiegare il rapporto della musica con il testo della canzone.

Enzo Jannacci, milanese, medico nato negli anni '30, fa parte della vecchia generazione di cantautori; s'interessa degli emarginati; Milano è spesso al centro dell'interesse delle sue canzoni.

prime letture

L'uomo e la nuvola *Angelo Branduardi*

Lui l'amò
come la vide:
così bianca e inafferrabile.
«Lontana sei
ed io non ho
la scala per il cielo»
Lei serena lo guardò
ed al vento si distese...
e lui seguì sospirando
lei che, per gioco, navigava per il cielo.
Lunghi anni
lui l'amò:
sempre bianca e inafferrabile.
«Crudele sei
e il tuo candore
nasconde solo gelo»
lei turbata lo guardò
e al suo pianto poi si arrese...
ed una tenera pioggia
lei gli donò
consumandosi d'amore.

inafferrabile: che non si può afferrare (prendere e tenere con forza); che non si può comprendere
sereno: chiaro, senza nuvole; con gioia, tranquillo; contr. nuvoloso; inquieto
distendersi: allargarsi, diventare più vasto
sospirare: respirare profondamente per dolore o altro sentimento
navigare: fare un viaggio per nave; qui: volare
il candore: bianchezza pura, intatta
turbare: alterare uno stato di quiete; contr. calmare, tranquillizzare; (per)turbato contr. sereno
il pianto: l'atto di piangere, espressione di dolore
arrendersi: cedere, darsi per vinto
tenero: dolce, morbido, amorevole; contr. duro

Angelo Branduardi è nato a Cuggiono sul Ticino e vive da 15 anni a Genova dove ha conseguito un'ampia formazione musicale; attinge qualche suggestione dal folklore; concede uno spazio vasto alla fantasia.

Analisi del testo:

a) Chi sono i «personaggi» di questa canzone? Come sono rappresentati grammaticalmente?
b) Quali sono le parti di questa canzone? Date un sottotitolo ad ogni parte.
c) Descrivete il carattere dei due personaggi.
d) Spiegate l'ultimo verso. A chi si riferisce il verbo?
e) Cercate i vocaboli relativi al tempo.
f) Chi legge la canzone la capisce nella stessa maniera di chi l'ascolta? Che conclusione si può trarne?
g) Mostrate in che modo anche un lettore può riferire la nuvola a una donna.
h) Che rapporto si può stabilire fra la musica e le parole?
i) Quali sono le vostre impressioni personali?

Ed è subito sera — *Salvatore Quasimodo*

Ognuno sta solo sul cuor della terra
trafitto da un raggio di sole
ed è subito sera.

trafiggere: colpire in modo violento
il raggio di sole: luce che viene dal sole

Analisi del testo:

L'uomo, anche se vive tra i suoi simili (sul cuore della terra) è solo, non riesce a comunicare con gli altri.
La percezione della verità lo trafigge con forza, ma proprio in quest'attimo sta la fine, è subito sera.
Esprimi la tua opinione in proposito.

Salvatore Quasimodo è nato nel 1901 in Sicilia; ha ricevuto il premio Nobel per la letteratura nel 1959; è morto a Napoli nel 1968; le sue poesie manifestano una tendenza alla magia del suono; lui stesso si considera vicino all'ermetismo, un'arte che non si apre al lettore. La Sicilia riveste un ruolo importante per la sua opera.

Pace non trovo *Francesco Petrarca*

Pace non trovo, e non ho da far guerra;
e temo e spero; et ardo, e son un ghiaccio;
e volo sopra 'l cielo, e giaccio in terra;
4 e nulla stringo, e tutto 'mondo abbraccio.

Tal m'ha in pregion, che non m'apre né serra,
né per suo mi ritèn né scioglie il laccio;
e non m'ancide Amore, e non mi sferra,
8 né mi vuol vivo né mi trae d'impaccio.

Veggio senza occhi, e non ho lingua, e grido;
e bramo di perir, e cheggio aita;
et ho in odio me stesso, et amo altrui.

12 Pascomi di dolor, piangendo rido;
egualmente mi spiace morte e vita:
in questo stato son, donna, per vui.

non ho da far guerra: non ho armi adatte
ardere: bruciare di grande passione
ghiaccio: acqua in forma solida
giacere: stare disteso, sdraiato
tal: Laura
in pregion: in prigione, in carcere
serrare: chiudere dentro a chiave
ritèn: ritiene
il laccio: qui: il dilemma, il problema
ancidere: uccidere
sferrare: liberare un prigioniero dai ferri, dalle catene

trarre d'impaccio: liberare da un ostacolo
veggio: vedo
bramare: desiderare intensamente
perire: morire
cheggio: chiedo
aita: aiuto
pascomi: mi nutro, vivo di
egualmente: ugualmente
vui: voi (Lei)

Analisi del testo:

a) Caratterizzate il filo del pensiero, delle immagini.
b) Qual è la situazione dell'io parlante?
c) A chi dedica la poesia?
d) Cercate di riconoscere il rapporto tra il contenuto e la forma di questo sonetto.

Francesco Petrarca (1303–1374), è uno dei maggiori poeti italiani. Nel *Canzoniere*, una raccolta di più di 300 poesie, canta l'amore per Laura. Insieme con Dante e Boccaccio è uno dei tre grandi scrittori toscani del '300.

Ai miei figli *Giorgio Calcagno*

Non uscite di casa, l'aria è satura
dei gas di scappamento; non aprite
i vetri della strada. Fuori è notte
4 prima che venga notte. Non saltate
con la palla nel corridoio, i colpi
passano i muri, scendono di piano
in piano tutto il caseggiato; non
8 correte per le scale; non giocate.
La città vi assicura il caldo, il boiler,
la corrente trifase, il teleschermo
con due canali. Vi domando solo
12 di rinunciare a vivere: ubbidite.

(Da: Visita allo Zoo)

saturo, a: molto pieno
il vetro: la finestra
il caseggiato: gruppo di case
il boiler: serve a conservare calda l'acqua di una casa

Analisi del testo:

a) Quali sono i consigli «ai figli»? Spiegali.
b) Mettete a confronto quello che ci offre la città e il prezzo che dobbiamo pagare.
c) Chi sono questi «figli» ai quali si rivolge lo scrittore?
d) Quali sono le parti del testo? Spiega la funzione dell'ultima frase.
e) Quali somiglianze scoprite tra questa poesia e i due testi «In tram» e «Il filobus 75»?

Giorgio Calcagno, nato nel 1929, giornalista, osserva e critica i cambiamenti della società moderna.

San Martino del Carso   *Giuseppe Ungaretti*

Di queste case
non è rimasto
che qualche
4 brandello di muro

Di tanti
che mi corrispondevano
non è rimasto
8 neppure tanto

Ma nel mio cuore
nessuna croce manca

È il mio cuore
12 il paese più straziato

(Da: Vita d'un uomo)

San Martino del Carso: il Carso: paesaggio della Venezia Giulia, teatro di dure battaglie nella prima guerra mondiale
il brandello: il frammento
straziato: tormentato, lacerato

Analisi del testo:

a) In che stato è il paese di San Martino del Carso?
b) Attraverso quali immagini si esprime il dolore del poeta?
c) Date un sottotitolo ad ogni strofa.
d) Spiegate il superlativo dell'ultimo verso.

Giuseppe Ungaretti è nato nel 1888 ad Alessandria (in Egitto) e è morto a Milano nel 1970. È uno dei poeti italiani più importanti di questo secolo. Per lui un soggiorno di alcuni anni a Parigi è stato determinante. I poeti francesi l'hanno molto influenzato. La sua poesia ermetica tenta un dialogo fra l'assoluto e l'Io.

Se questo è un uomo *Primo Levi*

Voi che siete sicuri
nelle vostre tiepide case,
voi che trovate tornando a sera
4 il cibo caldo e visi amici:

considerate se questo è un uomo
che lavora nel fango
che non conosce pace
8 che lotta per mezzo pane
che muore per un sì o per un no.
Considerate se questa è una donna,
senza capelli e senza nome
12 senza più forza di ricordare
vuoti gli occhi e freddo il grembo
come una rana d'inverno.

Meditate che questo è stato:
16 vi comando queste parole.
Scolpitele nel vostro cuore
stando in casa andando per via,
coricandovi alzandovi;
20 ripetetele ai vostri figli.

O vi si sfaccia la casa
la malattia vi impedisca,
i vostri nati torcano il viso da voi.

(Da: Se questo è un uomo)

tiepido: fra caldo e freddo
il fango: terra e acqua
la rana: Frosch
coricarsi: andare a letto
il viso: la faccia
il grembo: il ventre
scolpire: incidere, fare una statua dal legno, dalla pietra
torcere il viso: girare lo sguardo

Analisi del testo:

a) A chi si rivolge lo scrittore? Come vivono queste persone?
b) Che tipo di vita contrappone nella seconda strofa? Di quale epoca storica si tratta? Fatene un'analisi dettagliata.
c) Che cosa chiede l'autore ai lettori? Come corrisponde la forma al contenuto?
d) Quali sono le pene per chi dimentica?
e) Date un titolo a ogni strofa.
f) Primo Levi ha ragione a minacciare il lettore di tante disgrazie? È ancora attuale questa poesia?

Primo Levi è nato a Torino nel 1919. La sua opera più importante, il romanzo *Se questo è un uomo* descrive gli avvenimenti della deportazione degli ebrei nei lager nazisti. È una testimonianza personale, autobiografica. È morto nel 1987.

Espressioni utili (Analisi del testo)

La composizione di un testo

Nel (l')	titolo / introduzione / prologo	l'autore / l'autrice / il poeta / la poetessa / lo scrittore / la scrittrice / il/la giornalista	annuncia / introduce / presenta	il tema. / l'argomento. / il contenuto.

Il testo / La poesia / Il brano / La canzone / L'articolo / Il racconto	si divide in / consiste in / è composto/a da	due / tre	parti / strofe	diverse. / contrastanti. / identiche. / simili.

La (prima) / Il (secondo)	parte / capitolo	principale	comincia alla / comprende la	prima riga e	va / prosegue / finisce	fino alla . . . riga.

L'argomento

In questa parte / All'inizio / Nella parte centrale / Nel testo / In questo paragrafo	il narratore / l'autore	inventa / immagina / si augura / descrive	una situazione / un mondo / una società / un'azione	reale. / irreale. / fittizio/a.

L'azione	si svolge	in Italia / in campagna / in città / a Roma	nel 19.. / nell'immediato dopoguerra. / all'inizio del secolo. / nel secolo scorso. / durante la guerra. / la mattina presto/tardi.

Il personaggio / L'io narrante	osserva / riflette su	la scena / l'azione / l'accaduto	e reagisce	divertito. / arrabbiato. / sorpreso. / deluso.

Il personaggio / L'io narrante	rappresenta	l'uomo moderno. / un certo tipo.

Attraverso	il personaggio / l'azione / gli avvenimenti	il lettore / l'ascoltatore	scopre / viene a conoscere / si accorge di	una situazione a lui sconosciuta/nuova. / di essere coinvolto direttamente. / di dover prendere posizione. / (di avere) compassione.

Il linguaggio

L'autore	utilizza	parole	chiare/oscure	
Lo scrittore	usa	immagini	simboliche	...
Il cantante	si serve di	espressioni	esplicite	
Il poeta			ambigue	
			immaginarie	

		il suo stato d'animo.
	... che rendono bene	l'atmosfera.
		la realtà.
		la condizione dell'uomo d'oggi.

Il racconto	procede in	ordine cronologico.
La canzone	non rispetta un	
La poesia		

Il testo comprende elementi di lingua	parlata	con discorso	diretto.
	scritta		indiretto.

Vokabular

1 A

la metropoli [ɔ]	die Metropole	griech. meter «Mutter» E metropolis F la métropole
malgrado	*hier:* obwohl	
restino [ɛ]	sie bleiben	Konjunktivform
il vento [ɛ]	der Wind	L ventus F le vent
l'allarme m	der Alarm	F à l'arme «zur Waffe»
da quando	seit	Konjunktion
il lago	der See	L lacus E lake F le lac
la Bocconi	die Bocconi	Universität mit privatem Status in Mailand
inevitabile	unvermeidlich	L/I evitare F éviter E inevitabele F inévitable
le provviste	der Vorrat	Pluralwort
finiscano	sie gehen zu Ende	Konjunktivform
prevedere	vorhersehen	L providere, F prévoir
il fine settimana	das Wochenende	*gebildet analog zu* E weekend
la periferia	der Umkreis, die Vororte	mathematisch: Peripherie
a causa di	wegen	
il ponte	die Brücke, *hier:* die freien Tage	L pons (pontem) F le pont
capitare (capita)	eintreten, sich ereignen, *hier:* treffen auf	von L caput «Kopf»
drammatico	dramatisch	E dramatic F dramatique übertragener Sinn!
l'ondata	die Woge, der Ansturm, das Aufgebot	
l'esodo [ɛ]	der Auszug	z. B. eines Volkes
toccare	*hier:* berühren, treffen	E to touch F toucher
il disagio	die Unannehmlichkeit	*als «einbehaltener Anteil» in die Banksprache eingegangen*
la missione	*hier:* die Expedition	*sonst auch «Mission»*
spostarsi	sich fortbewegen	
il quartiere [ɛ]	das (Stadt-)Viertel	E quarter F le quartier
la caccia	die Jagd	F la chasse
l'affluenza [ɛ]	der Zustrom	

ridurre (riduco, ho ridotto)	beschränken, einschränken	E to reduce F réduire
la piscina	das Schwimmbad	F la piscine, im L war es noch für die Fische («pisces») bestimmt
deserto/il deserto	verlassen, die Wüste	E desert F le désert
dirigersi verso	zugehen auf	
sperare (di)	hoffen (zu)	wie L, F espérer
il panificio	der Bäcker	
rinviare	verschieben, vertrösten	
addirittura	geradezu	
caricare (carico)	beladen	E to charge F charger
incredibile	unglaublich	E incredible F incroyable
si senta [ɛ]	man hört	Konjunktivform
il rombo	das Dröhnen	Lautmalerei!
inquinare	verschmutzen	
debba [ɛ]	*hier:* ich muß	Konjunktivform
camminare (ho camminato)	gehen, zu Fuß gehen, schreiten	«gehen» als Fortbewegungsform, zu Fuß
Santa Maria delle Grazie		Kirche in Mailand
la fila	die Reihe	E/F file
l'apertura	die Öffnung	F l'ouverture
celebre [ɛ]	berühmt	L celeber (-brem) F célèbre
il refettorio [ɔ]	das Refektorium	Speisesaal der Mönche
il Cenacolo	das Abendmahl	als Gemälde von L. da Vinci
l'eccezione	die Ausnahme	E/F exception
l'incrocio	die Kreuzung	von I la croce «Kreuz»
(io) beva	ich trinke	Konjunktivform
sia, siano	sei, seien	Konjunktivform
la bibita	das Getränk	von L bibere «trinken»
fuggire (fuggo)	fliehen	L fugere F fuir
picchiare	schlagen, sengen	von der Sonne
lo scontrino	die Quittung	beim Vorauszahlen in der Bar
la spremuta	der Saft	frisch ausgedrückt
improvviso	unversehens	
riempirsi (mi riempio)	sich füllen	L implere F se remplir
parere	scheinen	F paraître
commentare	bemerken, eine Bemerkung machen	E to comment F commenter
il banco	*hier:* die Theke	
il sorriso	das Lächeln	F le sourire
abbiate	ihr habt	Konjunktivform
possiate	ihr könnt	Konjunktivform

mi ci vuole un po'	ich brauche etwas	nämlich: un po' di tempo
Sant'Ambrogio		Kirche in Mailand, nach St. Ambrosius, dem großen Mail. Bischof aus der Spätantike
il museo [ɛ]	das Museum	eigentlich: Musenort
la scienza [ʃɛntsa]	die Wissenschaft	E/F science
Il Museo della Scienza		Museum in Mailand
intromettersi	sich einschalten	ins Gespräch
la Galleria Vittorio Emanuele		überwölbte Fußgängerzone beim Dom, benannt nach dem König Vittorio Emanuele II
... in cui ...	... in die/der ...	Relativpronomen
il supermercato	der Supermarkt	E supermarket F le supermarché
la temperatura	?	
la proposizione	der Satz	im grammatikalischen Sinne
subordinato	untergeordnet, Neben-	
la volontà	der Wille	L voluntas F la volonté
l'opinione	die Meinung	E/F opinion
l'autista	der Autofahrer	
inoltre	außerdem	
il pendolare	der Pendler	
la nebbia	der Nebel	
il design	das Design	E, im Sinne zeichnerisch-künstlerischer Gestaltung
il cappello [ɛ]	der Hut	

1 B

il ritorno	die Rückkehr	E return F le retour
la riva	das Ufer	L ripa F la rive
riposante	erholsam	F reposant
la parte	der Teil	L pars (partem) E part F la part, la partie
da queste parti	hier, in dieser Gegend	
eppure	und doch	Galilei: «Eppur si move» (la terra attorno al sole)
stancarsi	müde werden	von I stanco
il traghetto	die Fähre	

la villa	die Villa	wie L und D, oft mit dem Park zusammen, oft nur der Park gemeint
il rifugio	die Zuflucht, das Berghaus, die Berghütte	
la gamba	das Bein	F la jambe
muoversi [ɔ]	sich bewegen	L movere F (se) mouvoir
mi sono mosso		E to move
la passeggiata	der Spaziergang	
il parco	der Park	E park F le parc
la zona [dz]	die Zone, der Bereich	E/F zone
da cui	von dem	Relativpronomen
ammirare	bewundern	L admirari E to admire F admirer
la penisola	die Halbinsel	L paeninsula E peninsula
il paesaggio	die Landschaft	F le paysage
orientale	östlich	E/F oriental
descrivere	beschreiben	E to describe F décrire
probabile	wahrscheinlich, naheliegend	E/F probable
progettare	planen	E to project F projeter
realizzare	verwirklichen	E to realize F réaliser
benché	obwohl	wie F bien que
preciso	genau, präzis	E precise F précis
nobile [ɔ]	edel	L nobilis (-lem) E/F noble
donare	schenken	wie L
promuovere [ɔ] (ho promosso)	fördern, voranbringen	E to promote F promouvoir
il campo	das Feld, der Bereich	
lo studioso	*hier:* der Forscher	
affinché	damit	
approfondire, -isco	vertiefen	
il tema [ɛ]	das Thema	E theme F le thème
comune	gemeinsam	L communis (-em) E common F commun
l'interesse *m* [ɛ]	?	E interest F intérêt
la visita	der Besuch	E visit F la visite
l'intenzione	die Absicht	E/F intention
di cui hai bisogno	das du brauchst	«cui»: Relativpronomen
adatto	geeignet	
con cui	mit dem/den	
augurare (auguro)	wünschen	
proseguire	fortsetzen	F poursuivre
abbracciare	umarmen	I abbraccio
affettuoso	liebevoll	
richiedere	verlangen, erfordern	

la fabbrica	die Fabrik	**F** la fabrique
il politico	der Politiker	**E** politician
		F homme politique
tradire, -isco	verraten	
il nuoto [ɔ]	das Schwimmen	
la vela	das Segel(n)	zugleich Gegenstand und Sport
il canottaggio	das Kanufahren	
il ciclismo	das Radfahren	als Sport
l'alpinismo	das Bergsteigen	als Sport

1 C

fischiare	pfeifen	
l'io narrante	der Ich-Erzähler	
l'elemento stilistico	das Stilelement	
l'effetto	der Effekt	
risultare	sich ergeben	
l'immigrante	der Ein-/Zuwanderer	**E/F** immigrant
il ducato	das Herzogtum	Dukaten sind mithin die vom Landesherrn (z. B. Herzog) geprägten Münzen
gli Sforza	die Sforza	Mailänder Herzogsfamilie, an der Macht 1450 bis 1535
incerto [ɛ]	unsicher	**I** certo «sicher»
l'artista *m/f*	der/die Künstler/in	*pl* gli artisti/le artiste
la statua equestre [ɛ]	die Statue zu Pferd	
il bronzo	die Bronze	
il duca	der Herzog	**L** dux, -cem **E** duke **F** le duc
il cannone	die Kanone	
il quadro	das Bild	urspr. «Rahmen», wie **F** le cadre
la sala delle Asse		ein Saal im Castello Sforzesco, im Schloß der Sforza inmitten Mailands
guidare	(an)führen	
la ricostruzione	der Wiederaufbau	
la fortificazione	die Befestigung	
l'irrigazione *f*	die Bewässerung	
la risaia	das Reisfeld	

lo schizzo	die Skizze	eigentlich: Spritzer
la biblioteca [ɛ]	die Bibliothek	
illustre	berühmt	
genio	Genie	

2 A

la capitale	die Hauptstadt	L caput «Haupt» E capital F la capitale
il tesoro [ɔ]	der Schatz	E treasure F le trésor
l'incubo	der Alptraum	
immenso [ɛ]	riesig, riesengroß	E/F immense
la repubblica	die Republik	L res publica «das gemeinsame Anliegen» E republic F la république
il secolo [ɛ]	das Jahrhundert	L saeculum F le siècle
religioso	?	E religious F religieux
il cattolicesimo	der Katholizismus	
considerare (considero)	betrachten, ansehen	so L, E to consider F considérer
la nascita	die Geburt, die Entstehung	F la naissance
la comunità	die Gemeinschaft	E community F la communauté
la Comunità Economica [ɔ] Europea [ɛ] = CEE	die Europäische Wirtschaftsgemeinschaft	im D meist nur Europ. Gemeinschaft, im E Common Market, im F Marché Comun
il trattato	der Vertrag	E treaty F le traité
costituire, -isco	begründen, herstellen, bilden	L constituere E to constitute F constituer
l'Unione Europea	die Europäische Union	
l'epoca [ɛ]	die Epoche, das Zeitalter	F l'époque
la traccia	die Spur	E/F trace
la scalinata	der Treppenaufgang	La Scalinata di Trinità dei Monti: «Die Spanische Treppe»
la cultura	?	E/F culture
occidentale	westlich	E/F occidental
distruggere (distruggo, ho distrutto)	zerstören	L destruere E to destroy F détruire
lamentarsi	sich beklagen	L lamentari F se lamenter

pubblico	öffentlich	E public F publique
i rifiuti	der Abfall	
riservare	bereithalten	E to reserve F réserver
il posteggio	der Parkplatz	
il volto	das Gesicht	L vultus
immerso [ɛ]	eingetaucht, versunken	
il fiume	der Fluß, der Strom	L flumen
rovinare	ruinieren	
caotico [ɔ]	chaotisch	
decente [ɛ]	ordentlich, anständig	E decent F décent
l'abitante m/f	der Einwohner, die Einwohnerin	E inhabitant F habitant
aggiungere	hinzufügen	
tutto sommato	alles in allem	
soffrire, soffro (ho sofferto)	leiden	E to suffer F souffrir
il male	das Übel	L malum F le mal
tipico	typisch	E typical F typique
la popolazione	die Bevölkerung	E/F population
aumentare	sich vermehren, anwachsen	
a differenza [ɛ] di	im Unterschied zu, anders als	
l'edilizia	das Bauwesen	L aedes »das Haus« im historischen Rom
il rione	das Viertel	
il sobborgo	die Vorstadt	
i dintorni	die Umgebung	
cosiddetto	sogenannt	
selvaggio	wild	E savage F sauvage
la baracca	die Baracke	
la borgata	der Vorort	
simile	ähnlich, derartig	L similis
l'infrastruttura	die Infrastruktur	
urbano	städtisch	E urban F urbain
elementare	elementar, grundlegend	E elementary F élémentaire
la luce	das Licht	L lux (lucem)
elettrico [ɛ]	?	E electric(al) F électrique
la fognatura	die Kanalisation	
l'impiegato statale	der Angestellte staatlich	E employee F employé
il senso [ɛ]	der Sinn	L sensus E sense F le sens
consumare	verbrauchen	L consumere E to consume F consumer
denunciare	anklagen, bloßstellen	
il difetto [ɛ]	der Fehler, der Mangel	F le défaut
il sistema [ɛ] pl i sistemi	das System	E system F le système

risalire a (risalgo ...)	zurückgehen auf	
il trasporto [ɔ]	der Transport	E/F transport
inadeguato	unangemessen	
convincente [ɛ]	überzeugend	E convincing F convaincant
il garage	die Garage	E/F garage
finché non	bis	
l'alternativa	die Alternative	E/F alternative
la crescita	das Wachstum	
sviluppar(si)	(sich) entwickeln	E to develop F (se) développer
la conseguenza [ɛ]	die Konsequenz	E consequence F la conséquence
l'abitudine f	die Gewohnheit	E habit F habitude
l'ordine m	hier: Anordnung, «Order»	
l'aumento	das Ansteigen, die Vermehrung	
in aumento	im Ansteigen	
radicale	?	E/F radical
individuale	individuell	E individual F individuel
il contributo	der Beitrag	
da parte di	von seiten	
altrettanto	ebenso	
il rivale	der Rivale	
orgoglioso	stolz, hochfahrend	F orgueilleux
interessato a	interessiert an	
storico [ɔ]	geschichtlich, historisch	E historic(al) F historique
la soluzione	die Lösung	
superveloce	mehr als schnell	
postale	postalisch, Post-	
unire, -isco	verbinden, vereinen	F unir

2 B

siciliano		
il personaggio	die Person, die Persönlichkeit	hohe oder in Szene gesetzte P., wie E personality, F le personnage
il bue, pl i buoi [ɔ]	das Rind	L bos (bovem) F le bœuf
solenne [ɛ]	feierlich	L solemnis (-em) E solemn F solennel
solo a dirsi	beim bloßen Vorsagen	

183

battere	schlagen	E to beat F battre
il cuore [ɔ]	das Herz	L cor F le cœur
il soldato	?	von: soldi «der Besoldete» E soldier F le soldat
inciso	eingemeißelt	
lo stemma	das Wappen	
la rivoluzione	die Revolution	E revolution F la révolution
la guerra [ɛ]	der Krieg	D Wehr, Verwirrung F la guerre
la vittoria [ɔ]	der Sieg	L victoria E victory F la victoire
il festeggiamento	das Feiern	
il pianto	die Klage	I piangere
la colonna	die Säule	L columna E column F la colonne
l'arco	der Bogen	z. B. Triumphbogen
la specie [ɛ]	die Art	L/E species F l'espèce
la conoscenza [ɛ]	die (Er-)Kenntnis, die Bekanntschaft	F la connaissance
far la conoscenza di	jemandes Bekanntschaft machen	
il gatto	die Katze	E cat F le chat
l'osteria	die Wirtschaft	in Anknüpfung an lokale Traditionen
il carciofo [ɔ]	die Artischocke	arabisch, im I ohne, im D mit dem arab. Artikel «al»
la fetta	die Schnitte	
la porchetta	die Porchetta	kalter Jungschweinebraten, auf der Straße verkauft
arrostire, -isco	braten	F rôtir
invece	aber, indes	L in vicem «im Wechsel»
campare	leben, sein Leben fristen	von L campus «Feld», als Bereich notdürftiger Existenz
campare alle spalle di...	auf Kosten von... leben	
dividere	teilen	so L, E to divide F diviser
la virtù	die Tugend	L virtus E virtue F la vertu
la pazienza [ɛ]	die Geduld	L patientia E/F patience
cuocere (cotto) [ɔ]	kochen	L coqui F cuire
seccarsi	sich ärgern, überdrüssig werden	
dorato	golden	F doré
rumoroso	lärmend, laut	
lucente [ɛ]	leuchtend	I luce
profumato	duftend	F parfumé

intimidito	verängstigt	
piazzarsi	sich hinstellen, sich aufbauen	F se placer
il petto [ɛ]	die Brust	L pectus F la poitrine
prepotente [ɛ]	arrogant, frech	E prepotent F prépotent
stendere [ɛ]	ausbreiten	L extendere E to extend F étendre
il tappeto	der Teppich	F le tapis
ricevere	empfangen	E to receive F recevoir
bruciare	verbrennen	
matto	verrückt	
inorridire, -isco	erschauern	
lo zoo [dz]	der Zoo	so auch E/F
la luna	der Mond	L luna F la lune
illuminare	erleuchten	E to illuminate F illuminer
la medaglia	die Medaille	E medal F la médaille
il fuoco [ɔ]	das Feuer	L focus F le feu
sottolineare, sottolineo	unterstreichen	F souligner
arrabbiarsi	wütend werden	L rabies «Wut» I la rabbia
il carattere	der Charakter	E character F le caractère
caratterizzare	charakterisieren	E to characterize F caractériser
sconfiggere	besiegen, niederwerfen	
l'espansione *f*	die Ausbreitung	E/F expansion
controllare	kontrollieren	E to control F contrôler
la monarchìa	die Monarchie	aus griech. monos »allein« und arché «Herrschaft»
il declino	der Niedergang	E decline F le déclin
resistere	widerstehen	E to resist E résister
accettare	annehmen, akzeptieren	E to accept F accepter

2 C

l'ingresi		inglesi, Engländer
pijalle		pigliare in Rom und Süditalien oft statt prendere
lume de bengalle		D «bengalisches Feuer»

Der Rest der Formen in *romanesco* erklärt sich aus der darunterstehenden Übersetzung ins *italiano standard* oder ins *italiano lingua nazionale*.

il fuoco [ɔ] d'artificio	das Feuerwerk	

lussuoso	aufwendig, protzig	**F** luxueux
ricavare	herausholen	
il guadagno	der Verdienst	**I** guadagnare
dimostrare	beweisen	**E** to demonstrate **F** démontrer
rigirare	umdrehen	
la rovina	der Ruin, *hier auch:* die Ruine	«die Ruine» wäre eigentlich «i ruderi»: Wortspiel!
la strofa [ɔ]	die Strophe	**F** la strophe
la fonetica [ɛ]	die Phonetik (Lautung)	**E** phonetics **F** la phonétique
espressivo	ausdrucksvoll	**E** expressive **F** expressif
quanno		= quando
specchiarsi	sich spiegeln	**I** lo specchio
il fontanone	der (große) Brunnen	
dentro ar		= dentro al, nel
la coppietta	das Pärchen	
il tramonto	der Sonnenuntergang	
er tramonto		= *il tramonto*
rosseggiare	rot leuchten	
er tempo		= il tempo
la maestà	die Majestät	
la santità	die Heiligkeit	
der Cuppolone		= della grande cupola
so'		= sono
bbono [ɔ]		= buono
capoccia [ɔ]	Vorarbeiter; Kopf, «Rübe», Dickschädel	
la carrozzella	die (kleine) Kutsche	
il robivecchi [ɛ]	der Lumpensammler	
gli stracci	die Lumpen	
il passer(acci)o	der (ordinäre) Spatz	**L** passer
li passeracci		= i passeracci
l'usignolo [ɔ]	die Nachtigall	**F** le rossignol

3 A

primula rossa		«die rote Primel»
battezzare	taufen	**E** to baptize **F** baptiser
...è stato battezzato	...ist getauft worden	
mancare di	es an...fehlen lassen	
la segnalazione	die Anzeige	
...vengono comunicate	...werden mitgeteilt	
il rettore	der Rektor	**F** le recteur

il consenso [ɛ]	die Zustimmung	L consensus
il sarcofago [ɔ]	der Sarkophag, der Sarg	
l'iniziativa	die Initiative	von L initium E/F initiative
la collaborazione	die Zusammen-, Mitarbeit	E/F collaboration
l'insegnamento	das Lehren	F l'enseignement
Pepone, Irnerio		die ersten großen «glossatori» (Kommentatoren) des röm. Rechts in Bologna
esercitare, esercito	ausüben	E to exercise F exercer
va esercitato	muß ausgeübt werden	
privato	privat	E private F privé
interpretare, interpreto [ɛ]	deuten, interpretieren	E to interpret F interpréter
... vengono interpretate	werden gedeutet	
il maestro	der Meister	L magister E master F le maître
lo scolaro	der Schüler	
l'organizzazione *f*	die Organisation	E organization F organisation
ossia	das heißt	o sia «oder es möge sein»
l'associazione *f*	der Zusammenschluß	E/F association
eleggere [ɛ] (ho eletto)	wählen	L eligere E to elect F élire, davon: élite
sta a cuore [ɔ]	liegt am Herzen	
fertile [ɛ]	fruchtbar	L fertilis (-em) E/F fertile
procurare	besorgen, beschaffen	F procurer
il prestito [ɛ]	das Darlehen	
l'interesse [ɛ]	*hier:* der Zins, Zinsfuß	so auch E interest und F intérêt
basso	tief, niedrig	F bas
mantenere, -tengo -tieni	aufrechterhalten, behalten	E to maintain F maintenir
il controllo [ɔ]	die Kontrolle	E control F le contrôle
il valore	der Wert	E value F la valeur
la pergamena [ɛ]	das Pergament	
staccare	ablösen, trennen	E to detach F détacher
la pelle [ɛ]	die Haut	L pellis (-em) F la peau
la pecora [ɛ]	das Schaf	L pecus (Bedeutungswandel)
l'agnello [ɛ]	das Lamm	L agnus F agneau
la misura	das Maß	E measure F la mesure
svilupparsi	sich entwickeln	vgl. 2 A!
va sviluppandosi	ist dabei, sich ...	wie E «is developing»

il copista	der Kopist	
l'editore	der Verleger	F éditeur
l'esemplare *m*	das Exemplar	F exemplaire
ornare	schmücken	L ornare F orner
futuro	*hier:* zukünftig	
il teatro anatomico [ɔ]	der anatomische Hörsaal	
il marmo	der Marmor	L marmor E marble
		F le marbre
sezionare	sezieren	
il corpo [ɔ]	der Körper	L corpus E corpse (Bedeutungswandel) nur: Leiche F le corps
(il) morto [ɔ]	tot (der Tote)	L mortuus F mort
spellato	(Adj.) ohne Haut	I pelle
rappresentare	*hier:* verkörpern, darstellen	E to represent F représenter
umano	menschlich	L humanus E human
		F humain
il muscolo	der Muskel	
la statua	das Standbild,	L statua E statue
	die Statue,	F la statue
	die Plastik	
la precisione	die Genauigkeit,	E precision F la précision
	die Präzision	
la tradizione	die Tradition	E tradition F la tradition
in cui	in der	Relativpronomen
al di sopra di	(Präp.) oberhalb, über	
medievale	mittelalterlich	
il cortile	der Hof	
inferiore	niedriger, geringer	L/E inferior F inférieur
superiore	höher, überlegen	L/E superior F supérieur
a seconda di	gemäß, entsprechend	einer Sache, einem Begriff
a volte [ɔ]	gelegentlich	
il fiorino	der Fiorino, der Gulden von Florenz	zum niederländischen Gulden (hfl) und zum ungarischen Forint geworden
fondare	gründen	E to found F fonder
la fondazione	die Gründung	E foundation F la fondation
uguale	gleich	F égal

3 B

sta parlando	ist dabei zu ...	
l'influenza [ɛ]	die Grippe, die Erkältung	E flu

scemo	dumm, blöd	
l'artista, *pl* gli artisti/ le artiste	der/die Künstler(in)	E artist F artiste
il commerciante	der Händler, der Geschäftsmann	F le commerçant
essendo	da sie ... waren	
geloso	eifersüchtig	E jealous F jaloux
burlarsi di	sich lustig machen über	davon D «Burleske»
dipingere (ho dipinto)	malen	L pingere F peindre
dipingendo	indem sie ...	
l'affresco	das Fresko	I fresco F la fresque
il topo [ɔ]	die Maus	
gli Uffizi		Gemäldegalerie in Florenz
stava per ...	war nahe daran zu ...	
pur finendo	obwohl er zugleich ...	
la coda	der Schwanz	L cauda F la queue
lo stregone	der Zauberer	
magico	magisch	E magic F magique
la tavola imbandita	der gedeckte (Eß-)Tisch	
il registratore	der Recorder	
il/la musicista	der/die Musiker(in)	
apparire (appaio, appari, ... appaiono)	erscheinen	E to appear F apparaître
desiderando	da er ...	
la compagnia	die Gesellschaft	E company F la compagnie
tenere c.	G. leisten	
avendola vista	da er ... hatte	
una quindicina di giorni	etwa 14 Tage	wie F quinze jours
il vicolo	die Gasse	
facendo	indem, da er ...	
la fogna	die Kloake, die Senkgrube	
la difficoltà	die Schwierigkeit	E difficulty F la difficulté
non esistendo	da nicht ...	
la toilette [ɛ]	die Toilette	E toilet; im I auch la toeletta, la toletta
avvenire, avviene	sich ereignen	
il prato	die Wiese	L pratum F le pré
la biblioteca [ɛ]	?	

3 C

il semestre [ɛ]	das Semester	
presso [ɛ]	bei	
migliorare	verbessern	
frequentare	(häufig) besuchen	F fréquenter
inviare	schicken	F envoyer
il materiale	das Material	E material
		F le matériel
informativo	Informations-	
l'alloggio [ɔ]	die Wohnung	
culturale	kulturell, Kultur-	E cultural F culturel
in attesa di	in Erwartung	
la comunicazione	die Mitteilung	E/F communication
distinti saluti	hochachtungsvoll	
nonché	und, und auch	verstärkte Anfügung
telefonico [ɔ]	telefonisch-, Telefon-	F téléphonique
dare in affitto	vermieten	
svolgersi [ɔ]	ablaufen	
compreso	inbegriffen	F compris
confermare	bestätigen	E to confirm F confirmer
la richiesta [ɛ]	die Nachfrage, der Wunsch	
il fax	das (Tele-)Fax	
gradire, -isco	wünschen	
la caparra	die Anzahlung	
l'assegno	der Scheck	
l'eurochèque	?	so auch E/F
la prenotazione	die Vorbestellung	I prenotare
la gallina	die Henne	so auch L
la primavera	der Frühling	L ver
l'erba	das Gras	L herba F herbe
masticare, (mastico)	kauen	
silenzioso	schweigend, still	I il silenzio
a dismisura	maßlos, zu sehr	adverbial
il gomito	der Ellbogen	
appoggiare	anlehnen, aufstützen	
la tovaglia	das Tischtuch	
accostato	*hier:* angewinkelt	
il cibo	das Essen, die Speise	L cibus
piuttosto [ɔ]	eher, ziemlich	
man mano che	in dem Maße wie	
qualunque cosa	was auch immer	
introdurre, -duco,	einführen	L introducere
ho introdotto		F introduire
rifiutare	zurückweisen	E to refuse F refuser

spargere	verstreuen	
disordinato	unordentlich	I ordine
raccogliere [ɔ] -colgo, -cogli, -colto	sammeln, zusammenführen	
il tovagliolo [ɔ]	die Serviette	
allacciare	(an-)binden	
intorno a	um ... herum	
il coltello	das Messer	F le couteau
la forchetta	die Gabel	E fork F la fourchette
incrociare	(über-)kreuzen	
perpendicolare	senkrecht	

4 A

San Benedetto del
   Tronto
		Küsten- und Badeort
		   in den Marken

le Marche
   l'Abruzzo
		zwei Regionen an der
		   Adria

l'Adriatico	die Adria	
il Tronto		Grenzfluß zwischen Marche und Abruzzo
ebbe [ɛ]	er (sie, es) hatte, er bekam	passato remoto
si fermò [ɔ]	er (sie, es) ...	pass. rem. von fermarsi
avanti/dopo Cristo	vor/nach Christi Geburt	
tardo	spät	L tardus F (Adj.) tardif
Diocleziano		Röm. Kaiser (247–313)
cominciarono	sie begannen	pass. rem. von cominciare
la persecuzione	die Verfolgung	E persecution F la persé- cution
nelle vicinanze di	in der Umgebung von	
attuale	gegenwärtig, aktuell	E actual (Bedeutungswan- del) F actuel
cristiano	christlich	E christian F chrétien
rifiutarsi di	sich weigern zu	
si rifiutò [ɔ]	er (sie, es) ...	pass. rem. von rifiutarsi

sacrificare
   sacrifico
	opfern	wie im L, E to sacrifice,
		   F sacrifier

l'idolo	das Idol, der Götze	von griech. eidolon «Abbild» E idol F idole
venne condotto	er (sie, es) wurde ...	pass. rem. von venire hier in Passiv-Funktion

rinunciare a	verzichten auf, entsagen	E to renounce F renoncer
la fede	die Treue, der Glaube	L fides E faith F la foi
affrontare qc	einer Sache entgegentreten, etwas angehen	ähnl. F affronter
affrontò	er (sie, es) ...	pass. rem. von affrontare
coraggioso	mutig	E courageous F courageux
il martirio	das Martyrium	griech. «Zeugnis», E martyrdom, F le martyre
venne tagliata	er (sie, es) wurde ...	pass. rem. von venire hier in Passiv-Funktion
fu gettato	er (sie, es) wurde ...	pass. rem. von «essere», hier in Passivfunktion
narrare	erzählen	wie im L
la leggenda [ε]	die Legende	L legenda «Dinge, die man lesen muß» E legend F la légende
straordinario	außergewöhnlich	E extraordinary F extraordinaire
a guida	als Führer	
il martire	der Märtyrer	E/F martyr
scoprire, scopro [ɔ]	entdecken	konjugiert wie offrire
fu scoperto [ε]	er (sie, es) wurde ...	
trasportare	transportieren	E to transport F transporter
trasportò	er (sie, es) ...	pass. rem. von trasportare
il cadavere	der Leichnam	nicht abwertend wie D (Tier-)Kadaver
la cima	die Spitze	
in cima a	oben auf	
seppellire, -isco	bestatten	L sepelire
seppellì	er (sie, es) ...	pass. rem. von seppellire
si costruirono	man ...	pass. rem. von costruire
il villaggio	das Dorf	E/F village
l'atto	der Akt, der Vorgang, die Urkunde	D die Akten E act F l'acte
seguirono	sie ...	pass. rem. von seguire
l'invasione	das Eindringen, die Invasion	E/F invasion
barbarico	barbarisch	
saraceno [ε]	sarazenisch, der Sarazene	in Italien die traditionelle Bezeichnung für die islamisch-arabische Welt
il periodo	die Periode, der Zeitabschnitt	griech. «Umlauf» E period F la période
il regno	das Königreich	E reign F le règne
l'influsso	der Einfluß	

l'imperatore	der Kaiser	E emperor F empereur
iniziare	beginnen	von L initium «Anfang» E to initiate F initier
la rivalità	die Rivalität	in der wasserarmen Welt des Südens das Konkurrieren um das Wasser desselben Baches (L rivus)
vicino	nahe, benachbart	L vicinus F voisin
arrivarono	sie ...	pass. rem. von arrivare
il pirata, *pl* i pirati	der Seeräuber	E/F pirate
oltre a	außer	F outre
la distruzione	die Zerstörung	E/F destruction
la peste [ɛ]	die Pest	L pestis E pestilence F la peste
superare	überwinden	wie L
contare	zählen	E to count F compter
il totale	die Gesamtheit	
rapire, -isco	rauben, in seine Gewalt bringen	F ravir
lo schiavo, la schiava	der Sklave, die Sklavin	E slave F esclave
catturare	fangen	L captare E to capture
catturarono	sie ...	pass. rem. von catturare
sambenedettese		Adj. von San Benedetto
intanto	inzwischen	
perse [ɛ]	er (sie, es) ...	pass. rem. von perdere
passarono	sie ...	pass. rem. von passare
le truppe	die Truppen	E troops F les troupes
austriaco	österreichisch	
napoletano	napoletanisch	
napoleonico	napoleonisch	
vaticano	vatikanisch, päpstlich	
l'eroe [ɔ]	der Held	griech., E hero F le héros
la lotta	der Kampf	F la lutte
l'indipendenza	die Unabhängigkeit	E independence F indépendance
il re	der König	L rex F le roi
distinguere	unterscheiden	wie L, E to distinguish F distinguer
il porto [ɔ]	der Hafen	L portus E/F port
la pesca	der Fischfang	vgl. il pesce «Fisch», aber la pesca [ɛ] «Pfirsich»
saltare	(hin und her) springen	wie L, F sauter

la serie A		die höchste Fußball-Liga
e viceversa [ɛ]	und umgekehrt	
la concorrenza [ɛ]	die Konkurrenz	F la concurrence
la data	das Datum	
riguardare	betreffen	so auch F regarder
riferirsi a, si riferisce	sich beziehen auf, verweisen auf	E to refer to F se référer à
trasformare	umwandeln	E to transform F transformer
il lapis	der Bleistift	
il fanciullo	der Junge, der Knabe	
dissi	ich sagte	pass. rem. von dire
nascere	auf die Welt kommen, geboren werden	L nasci F naître
la subordinata	der Nebensatz	
coordinare	koordinieren	
assegnare a	zuweisen	
citare	zitieren	F citer
il diavolo	der Teufel	griech. diábolos
l'argento	das Silber	L argentum F argent
l'incendio [ɛ]	der (Groß-)Brand	L incendium F incendie
la chiave	der Schlüssel	L clavis F la clé
proibire, -isco	verbieten	L prohibere E to prohibit
liberare	befreien	so L, F libérer
un sacco (di)	ein Sack voll ... ein Haufen (von) ...	wie im Süddeutschen auch zur Bezeichnung einer hohen Zahl

4 B

l'emigrazione	die Auswanderung	von L emigrare E emigration F émigration
l'origine f	der Ursprung, die Herkunft	L origo (-ginem) E origin F origine
rivoluzionario	revolutionär	
il ritratto	das Porträt	E/F portrait
Norimberga	Nürnberg	
il trucco	der Schwindel, der Trick, das Make-up	
matusa	uralt, «out»	Jugendsprache, «Matusa-lemme» (= Methusalem)

contrario a	feindlich eingestellt gegen	F contraire
la prova [ɔ]	die Probe, das Ausprobieren	
fidarsi di qn	jd. vertrauen	L confidere F se fier à
il dittatore	der Diktator	E/L dictator F le dictateur
compiere (2ª pl compite, ho compiuto)	vollenden, (soundso viele Jahre) . . . alt werden	von L complere «ausfüllen»
l'accordo [ɔ]	die Übereinstimmung	F l'accord
abituato a	gewöhnt an	
scandalizzarsi	sich empören	F se scandaliser
la pillola	die Pille	F la pillule
la mentalità	?	E mentality F la mentalité
per cui	aus der heraus	cui: Relativpronomen
la vergine	die Jungfrau	L virgo (-ginem) E virgin F la vierge
fregato	angeschmiert, beschissen	genausowenig fein wie die Ausdrücke im D
il temperamento	?	E wie D, F le tempérament
tentare	versuchen	L temptare E to attempt F tenter
piantare	verlassen, sitzenlassen	wörtlich: «pflanzen» so auch F planter (là)
l'aborto [ɔ]	die Abtreibung	E abortion F l'avortement
occuparsi di (mi occupo [ɔ])	sich mit . . . beschäftigen	F s'occuper de
sposare	heiraten	F épouser
abruzzese	aus den Abruzzen, Abruzzen-	
naturale	natürlich	E natural F naturel
il gusto	der Geschmack	E gusto F le goût
concludere, ho concluso	schließen, folgern, abschließen	E to conclude F conclure
l'istituto superiore	Höhere Schule	der berufsbezogenen Richtung
riadattarsi a	sich wieder anpassen, einfügen	I adattare
il contatto	der Kontakt, die Beziehung	E/F contact
i coetanei	die Gleichaltrigen	
fedele a qn	jd. treu	L fidelis (-em) F fidèle
il costume	die Sitte, der Brauch, die Tracht	E custom F la coutume
il matrimonio [ɔ]	die Ehe	L matrimonium «Mutterschaft»
serio [ɛ]	ernst	L serius E serious F sérieux
formare	bilden, aufbauen	E to form F former
la comodità	die Annehmlichkeit	F commodité

per lo più	meistens	
l'emancipazione	die Emanzipation	**E** emancipation **F** émancipation
femminile	weiblich, Frauen-	
esagerare (esagero)	übertreiben	von **L** agger **E** to exaggerate **F** [ɛ]exagérer
rispettare	respektieren	**E** to respect **F** respecter
sottomettere	(sich) unterwerfen	**F** soumettre
il cliché	das Klischee	
il luogo [ɔ] comune	der Gemeinplatz	**E** common place **F** le lieu commun
l'atteggiamento	die Haltung, Einstellung	**E/F** attitude
spaventare	erschrecken	

4 C

paese che vai gente che trovi	andre Länder, andre Sitten	zu ergänzen: **in ogni** paese/**altra** gente
lo studio	*hier:* das Arbeitszimmer	
il belga, i belgi	der/die Belgier	
il lampeggiatore	der Blinker	
brusco	rasch, brüsk	**F** brusque
guidare	*hier:* fahren	entspricht **E** to drive
l'aneddoto [ɛ]	die Anekdote	
il passo	*hier:* der Paß	im Gebirge
alpino	Alpen-	
bollire (bollo)	kochen	**F** bouillir
i familiari	die (Familien-)Angehörigen	
la pianura	die Ebene	
la curva	die Kurve	
volare	fliegen, sausen	**F** voler
pescare	fischen, angeln	hier übertragen
la segretaria	die Sekretärin	
svedese	schwedisch	
malinconico [ɔ]	melancholisch	
la croce	das Kreuz	
abbronzato	braun, (sonnen-)gebräunt	
la roulotte	der Wohnwagen	aus dem **F**
il volume	der Band, das Buch	
principale	hauptsächlich, Haupt-	**E/F** principal
i calzoncini	die kurze Hose	
i calzini	die Söckchen	

il sandalo	die Sandale	
la pioggia [ɔ]	der Regen	
fotografare	fotografieren	
rubare	stehlen	von **D** rauben
precostituito	vorgefaßt, vorweggenommen	
ricoprire	verstellen, -decken	
il pappagallo	der Papagei	auch Spitzname für den Casanova in «Volksausgabe»
il limite	die Grenze	
la velocità	die Geschwindigkeit	von **I** veloce
il bene [ɛ]	das Gut	
scassinare	ausrauben	
in media [ɛ]	im Durchschnitt	
il pasto	die Mahlzeit	
il Mar Baltico	die Ostsee	
extra-europeo	außereuropäisch	
la caricatura	die Karikatur	

5 A

vario	verschieden (-artig) vielgestaltig	**L** varius **F** varié
la pianura	die Ebene	**F** la plaine
Ippolito [ɔ] *Nievo*		it. Autor 1831–1861
il patriota [ɔ]	der Patriot	**E** patriot **F** le patriote
la confessione	das Bekenntnis	**L** confessio (-nem), **E/F** confession
il compendio [ɛ]	die Zusammenfassung	**L** compendium
l'universo [ɛ]	?	**E** universe **F** univers
il terremoto [ɔ]	das Erdbeben	**L** terrae motus «Bewegung der Erde»
ricostruire, -isco	wiederaufbauen	**E** to reconstruct **F** reconstruire
il sindaco	der Bürgermeister	**D** Syndikus (Bedeutungswandel)
fin da	von ... an, seit	
tragico	?	**E** tragic(al) **F** tragique
si temesse	man befürchte(t)	Konjunktiv Imperfekt
il giornalista	der Journalist	**E** journalist **F** le journaliste
la pronuncia	die Aussprache	**E** pronunciation **F** la prononciation

fosse	(er, sie, es) ist, sei, wäre	Konjunktiv Imperfekt
il Friuli	das Friaul	Landschaft in Nordost-italien
per quanto	so sehr, obwohl	
far parte	ein Teil sein	einen Teil „ausmachen"
avesse fatto	hat/habe ausgemacht	Konjunktiv Plusquamperfekt
oltre	mehr als, über	L ultra F outre
derivare da	sich herleiten von	
Forum Iulii/Cividale		Alter und neuer Name einer Friauler Grenzstadt im Osten
quindi	also, daher	von **L** inde «von dort»
logico [ɔ]	?	E logical F logique
pronunciasse	ausspricht/-sprach	Konjunktiv Imperfekt
l'episodio [ɔ]	die Episode	
il caso	der (Zu-)Fall	E case F le cas; beides nicht «Zufall»
interessarsi di	sich für ... interessieren	
pur(e)	*hier:* denn doch, wohl	
la geografia	die Geographie, Erdkunde	E geography F la géographie
Aquileia		alte (geistliche) Hauptstadt des Friaul
Giosuè Carducci		zwei Dichter des vorigen und dieses Jahrhunderts
Pier Paolo Pasolini		
la poesia	die Dichtung, das Gedicht	E poetry/poem F la poésie (auch beide Bedeutungen)
la narrativa	die Erzählkunst, die Epik	von **L/I** narrare
l'emigrante	der Auswanderer	E emigrant, F l'émigrant
la quota [ɔ]	die Quote, der Anteil	
la domestica [ɛ]	die Haushaltshilfe	F la domestique
la collaboratrice familiare	die Mitarbeiterin familien-	
la collaboratrice familiare	die Haushaltshilfe	häufig abgekürzt «colf»
emigrare	auswandern	E to emigrate F émigrer
oltre a ciò [ɔ]	außerdem	
risvegliare	wecken	F réveiller
turistico	touristisch	E tourist F touristique
ritornare	zurückkehren	wie «tornare» E to return F retourner

proprio [ɔ]	eigen	als Besitz oder Eigentümlichkeit
la pietra [ε]	der Stein	F la pierre
la ricostruzione	der Wiederaufbau	E/F reconstruction
perché	*hier:* damit	mit Konjunktiv
potesse	konnte	Konjunktiv Imperfekt
infine	schließlich, am Ende	
l'opera [ɔ] d'arte	das Kunstwerk	F l'oeuvre d'art
la funzione	die Funktion, Rolle	
riaprire, riapro	wiedereröffnen	
il castello [ε]	das Schloß	E castle F le château
le chiacchiere	das Geschwätz	Pluralwort von I chiacchierare
piacevole	erfreulich	I (il) piacere
spingere a	drängen, veranlassen zu	
immaginare, immagino	sich vorstellen	E to imagine F s'imaginer
peccato!	schade!	eigentlich: Sünde!
dimostrare	zeigen, beweisen	
il trofeo	die Trophäe	
la cartolina	die (Ansichts-)(Post-)Karte	
offendere [ε] (ho offeso)	beleidigen	E to offend F offenser
il regalo	das Geschenk	*ursprünglich:* des Königs, von L rex
il dialetto [ε]	der Dialekt	E dialect F le dialecte

5 B

utile	nützlich	L utilis F utile
volare	fliegen	L volare F voler
il volontario	der Freiwillige, der freiw. Helfer	*Volontär im D hat eine andere Bedeutung*
! l'esperienza [ε]	die Erfahrung	E experience F l'expérience
l'organizzatore	der Organisator	E organizer F l'organisateur
l'incontro	die Begegnung	E encounter F la rencontre
Telefriuli		*Privatsender im Friaul*
il partecipante	der Teilnehmer	E/F participant
! orientato verso [ε]	ausgerichtet auf	E orientated F orienté
il consumismo	Konsum(-haltung)	
l'individualismo	?	E individualism F individualisme

esatto	exakt	E/F exact
la cooperativa	die Genossenschaft die Arbeitsgruppe	*in Italien sehr verbreitet als Unternehmensform in der Hand der Arbeitnehmer*
il collaboratore	der Mitarbeiter	E collaborator F le collaborateur
avrebbe [ɛ] cambiato	... würde ändern	*Conditional II, im folgenden nicht mehr eigens aufgeführt*
presente [ɛ]	anwesend, vertreten	
organizzare	organisieren	E to organize F organiser
recuperare	(*hier:* der Gesellschaft) zurückgewinnen	E to recuperate F récupérer
gratuito	umsonst	F gratuit
l'infermiere [ɛ]	der Krankenpfleger	F l'infirmier
normale	?	
assistere (qn)	unterstützen, helfen	
il cancro	der Krebs	*medizinisch*
psicologico [ɔ]	psychologisch	E psychologic(al) F psychologique
investire, investo [ɛ]	investieren, anlegen	
l'energia	die Energie	E energy, F l'énergie
ospitare	beherbergen	
la dozzina	das Dutzend	
il tossicodipendente [ɛ]	der Rauschgiftabhängige	
ingrandire	vergrößern	
la decisione	die Entscheidung	E decision F la décision
la confraternità [ɛ]	die Kongregation	*meist als religiös gebundene karitative Organisation*
la misericordia [ɔ]	das Erbarmen	
la loggia [ɔ]	die Loggia	*offener Gebäudeteil*
la loggia del Bigallo		Loggia in Florenz
il facchino	der Gepäckträger	
bestemmiare (qualcuno)	(bei ...) fluchen	
la multa	die (Geld-)Strafe	
la bestemmia	der Fluch	
la barella [ɛ]	die Bahre	
ferire, -isco	verwunden, verletzen	ähnlich L ferire
riconoscere	wiedererkennen	F reconnaître
il cappuccio	die Kapuze	
l'ambulanza	der Einsatzwagen, der Sanka	*für die Erste Hilfe*
l'assistenza [ɛ] (a)	die Hilfe (für)	E/F assistance

il carcerato	der Häftling	von **I** carcere „Kerker"
la protezione	der Schutz	**E/F** protection
civile	bürgerlich, zivil-	**E/F** civil
la prevenzione	die Vorbeugung	**E** prevention **F** la prévention
il bosco [ɔ]	der Wald	
approvare	billigen, annehmen	**E** to approve **F** approuver
la legge	das Gesetz	**L** lex (-gem) **E** law **F** la loi
fiscale	steuerlich	
alla lunga	auf Dauer	**F** à la longue
la lingua ladina	die ladinische Sprache	
i Grigioni	Graubünden	
a ruota [ɔ] libera	im freien Lauf	von **I** la ruota «das Rad»
barbaro	barbarisch, Barbar	
longobardo	langobardisch	
slavo	slawisch	
romanzo	romanisch	als Sprachgruppen-Zuordnung
occitano	okzitanisch	oder: provenzalisch
rumeno [ɛ]	rumänisch	

5 C

il professionista	der Freiberufler	
il brindisi	das Prosit	das man jemandem ausspricht
il bancone	die Theke	
il cappello [ɛ]	der Hut	
La Spezieria pei Sani	„die Apotheke für die Gesunden"	soviel wie: la farmacia per i sani
la ghiacciaia	der Eisschrank	
il pappagallo	der Papagei	
il tocai		friulanische Weinsorten
il pinot [ɔ]		
il sauvignon [soviñó]		
sodo [ɔ]	hart	
la frittata	das Rührei	
le erbe [ɛ]	die Kräuter	**L** herba «Gras» **F** l'herbe, les (fines) herbes
l'enoteca [ɛ]	der Weinladen	als Spezialgeschäft
il cibo	das Essen, die Speise	

6 A

il congresso [ɛ]	?	E congress F le congrès
la Sardegna	Sardinien	
l'intervista	das Interview	E/F interview
sardo	sardisch	
piuttosto [ɔ]	eher	F plutôt
vero e proprio [ɔ]	wirklich, richtig	Stilmittel: Hendiadyoin
generale	allgemein	E general F général
lo scienziato	der Wissenschaftler	I la scienza
il Campidano	das Campidano	Ebene in Sardinien; von L campus
il continente	das Festland	E/F continent
la forma	?	E form F la forme
il catalano	das Katalanische	die zweite Sprache Spaniens (in Katalonien)
la diversità	die Verschiedenheit	I diverso E diversity F la diversité
il motivo	der Grund, das Motiv	von L movere «bewegen»
indietro [ɛ]	zurück	
sia . . . sia . . .	sei es . . . oder	
strategico [ɛ]	strategisch	E strategic F stratégique
agricolo	landwirtschaftlich	L agricola «der Bauer»
il fenicio	der Phöniker/-nizier	
il cartaginese	der Karthager	
il greco [ɛ]	der Grieche	Land: la Grecia
lo spagnolo [ɔ]	der Spanier	Land: la Spagna
il piemontese	der Piemontese	Region: il Piemonte
capiscono sì	sie verstehen schon/zwar	
sempre [ɛ] **che**	vorausgesetzt (daß)	
specie [ɛ]	vor allem	
ortografico	orthographisch	F orthographique
la letteratura	die Literatur	E literature F la littérature
visto che	da; in Anbetracht der Tatsache, daß	
commerciale	geschäftlich, geschäfts-	E/F commercial I commercio
tecnico [ɛ]	technisch	von griech. techne «Kunst», E technical F technique
opprimere **(oppresso** [ɛ]**)**	unterdrücken	so auch L E to oppress F opprimer
l'autorità	(Staats-)Autorität	E authority F autorité
autonomo [ɔ]	autonom	mit Selbstregierung
il bilinguismo	die Zweisprachigkeit	L bi+lingua+ -ismus

valorizzare	aufwerten	
la simpatìa	die Sympathie	F la sympathie
centrale	zentral, zentral-	von L centrum E/F central
continentale	festlands-	E/F continental
fraintendere (frainteso)	mißverstehen	wörtlich: dazwischen („fra") verstehen
la colpa	die Schuld	L culpa F culpabilité
il razzismo	der Rassismus	von I razza «Rasse» E racism F le racisme
il confronto	der Vergleich	
nei confronti di	gegenüber, in bezug auf	
disprezzare	verachten	von I prezzo «Preis, Wert»
meridionale	südlich, -ländisch	oft in bezug auf Süditalien
il militare	der Soldat	
pesante	*hier:* übel, plump	bei Scherzen
ribellarsi	sich auflehnen	D Rebellion, rebellisch
l'invasore	der Eroberer, der Eindringling	
sopravvivere (ho sopravvissuto)	überleben	
rassegnarsi	resignieren	E to resign F résigner
la rassegnazione	?	E resignation F la résignation
migliorare	verbessern	F améliorer
la Cassa del Mezzogiorno	die Cassa del Mezzogiorno	Name der ehemaligen staatlichen Entwicklungsbank für den Süden
l'industrializzazione	die Industrialisierung	E industrialization F industrialisation
la qualità	die Qualität	E quality F la qualité
passivo	passiv, träge	E passive F passif
creare	schaffen	L creare E to create F créer
il prodotto	das Produkt, das Erzeugnis	E product F le produit
stupendo [ɛ]	erstaunlich, herrlich	E stupendous
la passività	die Passivität, der Mangel an Initiative	E passivity F passivité
appartenere a	(jd.) gehören	Konjug. wie tenere F appartenir
stagionale	saison-	Adjektiv zu I «la stagione»
la disoccupazione	die Arbeitslosigkeit	
disoccupato	arbeitslos	
sottoccupato	unterbeschäftigt	
risolvere [ɔ] (risolto [ɔ]) un problema	ein Problem lösen	E to solve a problem F résoudre un problème
l'aspetto [ɛ]	der Aspekt	E/F aspect
la Catalogna	Katalonien	Teil Spaniens

la sagra	das Fest	jahrmarktähnlich, oft auf ein Agrarprodukt bezogen
la castagna	die Kastanie	auch zum Essen
la corriera [ɛ]	der Bus	als Verbindungslinie über Land
il miracolo	das Wunder	**L** miraculum **E/F** miracle
i murales	die Wandbilder	unbezahlte Arbeit, meist von Laienkünstlern
il mandorlo	der Mandelbaum	
la mandorla	die Mandel	
la petrolchimica	die Petrochemie	
il costume	die Sitte, die Tracht	

6 B

lo sbaglio	der Irrtum	von **I** sbagliare, sbagliarsi
intorno	umher, um	in Verbindung mit Verben
solitario	einsam	**E** solitary **F** solitaire
in vista	in Sichtweite	
il nuraghe	der Nuraghe	prähistorischer Bau in Sardinien
il gregge	die Herde	**L** grex (-gem)
pascolare	weiden	
il grido	der Schrei	**I** gridare **F** le cri
lassù	dort oben	
partire al galoppo [ɔ]	im Galopp losreiten	
il coraggio	der Mut	**E/F** courage
aiutto, le peccore		*sardische und meridionale Aussprache von aiuto und pecore*
il pastore	der Hirte	**L** pastor im **D** «Gemeindehirte»
meritare	verdienen	**F** mériter
ficcare	hineinstecken	
la doppia	der Doppelkonsonant	la consonante doppia
il punto di vista	der Gesichtspunkt	**E** the point of view **F** le point de vue
l'opposto	das Gegenteil	**E** opposite
mangiare	*hier:* verschlucken	
raddoppiare	verdoppeln	
qualsiasi	jeder (beliebige)	unveränderlich

meravigliarsi	sich wundern	
il guaio	die Schwierigkeit, das Problem	
l'errore	der Irrtum, Fehler	L/E error F l'erreur
costringere (costretto) a	zu ... zwingen	F contraindre
la zampa	die Pfote	der Tiere
schiacciare	drängen, drücken, quetschen	
brucare	abweiden	
il disgusto	der Ekel	E disgust F le dégoût
rivoltarsi	sich auflehnen	F se révolter
l'unione	die Einheit	E/F union
difendere (difeso)	verteidigen	E to defend F défendre
legare a	an ... anbinden	wie L
assistere a	bei ... dabeisein	E to assist F assister
impotente [ɛ]	schwach, ohnmächtig	E impotent F impuissant
il supplizio	die (schwere) Strafe	L supplicium F le supplice
la matita	der Bleistift	
cancellare	ausstreichen	E to cancel
disperdere [ɛ] (ho disperso, dispersi)	zerstreuen, verjagen	E to disperse F disperser
sciogliere [ɔ] (ho sciolto, sciolsi)	lösen, loslassen, schmelzen	
il segno	das Zeichen	L signum E sign F le signe
la riconoscenza [ɛ]	der Dank	F la reconnaissance
delizioso	köstlich	E delicious F délicieux
il pecorino	der Schafskäse	I la pecora
(ri)porre (pongo, poni, ..., posto)	(zurück)stecken, -legen, -setzen usw.	von L ponere, entspricht aber (wie I mettere) E to put oder F mettre in Kleidungsstücken u. ä.
la tasca	die Tasche	
la sella [ɛ]	der Sattel	F la selle
perciò [ɔ]	deshalb	
obbedire, isco	gehorchen	L oboedire E to obey F obéir
drizzare	aufrichten	I diritto
l'orecchio, le orecchie	das Ohr, die Ohren	im f/pl
montarsi la testa	hochmütig, eingebildet werden	
tacere (taccio, taci, ho taciuto, tacqui)	schweigen, verstummen	L tacere F se taire

convincere (convinto)	überzeugen	von L convincere «überführen», E to convince F convaincre
la fierezza	der Stolz	F la fierté
la gentilezza	die feine Art, die Nettigkeit, Freundlichkeit	F la gentillesse
l'orario	die Zeit, der Zeitplan, Stundenplan	F horaire
la scusa	die Entschuldigung	E/F excuse
guastarsi	kaputtgehen	I guasto
l'estetica	die Ästhetik	
l'importanza	die Bedeutung	I importante
comportarsi	sich benehmen	F se comporter
pulire	reinigen	
stradale	straßen-	Adj. zu I strada
gli gnocchi [ɔ]	die Gnocchi	davon bayr./österr. Nockerl
leggendario	legendär	E legendary F légendaire
il (canale) cinque	der Kanal 5	eines der it. Fernsehprogramme
spaventarsi	sich entsetzen	
sposarselo	ihn heiraten	familiär: ihn «sich» heiraten, «anlachen», «an Land ziehen»
raccogliere [ɔ] -colgo [ɔ], -cogli [ɔ], -colto [ɔ]	sammeln, zusammenführen	
il bucato		die Wäsche
vergognarsi		sich schämen, sich genieren

6 C

conviene [ɛ]	es ist das Beste	L convenit F il convient
occorre	es ist nötig	
il venerdì santo	der Karfreitag	
la cuccetta	der Liegewagen, die Koje	F la couchette
la poltrona	der Sessel, der Sitzplatz	
riposarsi	sich ausruhen	E to repose F se reposer
il fumatore	der Raucher	I fumare
andata e ritorno	hin und zurück	beim Zug und anderen Verkehrsmitteln

il supplemento	der Zuschlag	E supplement F le supplément
il treno [ɛ] locale	der Personenzug, der Nahverkehrszug	

7 A

la gita	der Ausflug, die Fahrt	
il collo [ɔ]	der Hals	L collum F le cou
il vaccino	die Impfung	von I/L vacca «Kuh» als Versuchstier zur Gewinnung des Stoffs
indovinare	erraten	von L divinus F deviner
prendersela con	sich mit ... anlegen	
pelare	rupfen	gatte da pelare «Probleme zu bewältigen»
riconoscere nel bisogno	in der Not (wieder-)erkennen	
dimostrare	darlegen, beweisen	E to demonstrate F démontrer
fiorentino	florentinisch	
la vitamina	das Vitamin	E/F vitamine
S. Maria Novella [ɛ]		Hauptbahnhof von Florenz
le Cappelle [ɛ] *Medicee*	Kirche und Grabkapellen der Medici	mit den Plastiken der Tageszeiten von Michelangelo
Michelangelo		(Bildhauer, Architekt, Maler, 1475–1564)
la scultura	die Skulptur	E/F sculpture
la farmacia	die Apotheke	von griech. pharmakon «Heilmittel» E pharmacy F la pharmacie
i cosmetici [ɛ]	die Kosmetika	E cosmetics
il duomo [ɔ]	der Dom	E dome und F le dôme «Kuppel»
il battistero [ɛ]	die Taufkirche	D auch wie L «Baptisterium»
il campanile	der Glockenturm	D auch wie I
Giotto		It. Maler (1267–1337)
la Signoria	die Stadtherrschaft	in der Renaissance
Orsanmichele [ɛ]		got. Bau in Florenz
il magazzino	der Vorratsspeicher	

il grano	das Getreide, der Weizen	
il patrono	der Schutzpatron	
la corporazione	die Zunft, Innung	E/F corporation
Piazzale Michelangelo		Aussichtspunkt oberhalb Florenz
particolare	besonders	E particular F particulier
il muro	die Mauer	L murus F le mur
le mura	die Stadtmauer	sonst: i muri
gli Uffizi	die Uffizien	Gemäldegalerie in Florenz
Filippo Lippi		it. Maler (1445–1510)
Botticelli		it. Maler (1406–1469)
il Ponte vecchio		die alte Florentiner Brücke
la bottega	der Laden, die Werkstatt	F la boutique
l'orafo	der Goldschmied	
il Giardino di Boboli		Park in Florenz
Palazzo Pitti		Palast in Florenz
trascinare	schleifen, schleppen	
far passare la voglia [ɔ] a	jemand die Lust zu ... vergehen lassen	
il risultato	das Ergebnis	E result F résultat
la mostra	die Ausstellung	
Lorenzo il Magnifico		ein Medici, florentinischer Staatsmann (1449–1492)
la celebrazione	die Feier	E celebration F la célébration
invidiare	beneiden	wie L, E to envy F envier
la sosta [ɔ]	der (Zwischen-)Aufenthalt	
la cinta muraria	der Mauerring	
la spiegazione	die Erklärung	
la copia [ɔ]	die Kopie	auch Abdruck, Abguß
il bombolone	der Krapfen	
sciacquare	durchspülen	
i panni	das Gewand	
la versione	die Version, Fassung	E/F version
confrontare	vergleichen, gegenüberstellen	E to confront F confronter
la parlata	die Sprache, Sprechweise	
eliminare	ausmerzen	
eventuale	eventuell	
l'imperfezione *f*	die Unvollkommenheit	E/F imperfection
il pasticcio	der Pfusch, das Durcheinander	

7 B

numeroso	zahlreich	E numerous F nombreux
popolare	volkstümlich, Volks-	E popular F populaire
l'occasione f	die Gelegenheit	E/F occasion
intero	ganz, zur Gänze	E entire F entier
la gara	der Wettkampf	
l'abilità	die Geschicklichkeit	ähnlich F habileté, umfassender E ability
il medioevo [ɛ]	das Mittelalter	L aveum «Zeitalter»
rivivere	noch einmal erleben	
la giostra [ɔ]	das Turnier, das Karrussell	
il Saracino		*Variante zu saraceno*
la crociata	das Kreuzzug	E crusade F la croisade
il corteo [ɛ]	der Zug, Umzug	F le cortège
pittoresco	bunt, malerisch	E picturesque F pittoresque
gareggiare	wetteifern	
colpire, -isco	treffen, schlagen	
lo scudo	der Schild	auch Münzeinheit, ähnl. F écu
la figura	die Figur, Gestalt	E/F figure
mobile [ɔ]	beweglich	E/F mobile
il punteggio	die (Punkt-) Wertung	
il mazzafrusto	die Peitsche	Bedeutung verschärft
abile	geschickt	E able F habile
lo scoppio [ɔ]	die Explosion	
celebrare	feiern	E to celebrate F célébrer
celebro [ɛ]		
la messa	die Messe	F la messe
il Gloria		Teil der Messe
la colomba	die Taube	L columba F la colombe
la cartapesta	das Pappmaché	
lanciare	werfen	gezielt! von I lancia «Lanze»
attraverso	(quer) durch, über	F à travers
l'altare	der Altar	
sacro	heilig, geweiht	E sacred F sacré, eher Gegenstände und Begriffe als Personen
esplodere (esploso, esplose) [ɔ]	explodieren	E to explode F exploser
il petardo	der Knallfrosch	F le pétard
intorno a	rings um	
scoppiare	explodieren	

il membro [ɛ]	das (Mit-)Glied	L membrum E member F le membre
la pietra focaia	der Feuerstein	
il Santo Sepolcro	das Hl. Grab	in Jerusalem
la Resurrezione	die Auferstehung	
Gesù Cristo	Jesus Christus	
il Palio	der Palio	Fest in Siena, eigtl. «Tuch»
sparare	schießen	
l'archibugio	die Arkebuse	altes «Schießeisen»
morire, muoio [ɔ], muori [ɔ], muoiono [ɔ], morto [ɔ]	sterben	L mori F mourir
il tifo	der Typhus	
la contrada	Stadtbezirk	in Siena
alla volta [ɔ]	auf einmal	uno alla volta «immer nur einer»
la sorte [ɔ]	das Los, Schicksal	L sors (-tem) F le sort
tirare a sorte [ɔ]	ziehen, verlosen	
il drappo	das Tuch, der Stoff	F le drap
la seta	die Seide	L saeta «Schweinsborste» F la soie
dipingere (dipinto)	*hier:* bemalen, bunt bedrucken	
il fantino	der Jockey	
la somma	die Summe	L summa E sum F la somme
stringere (stretto)	*hier:* schließen	
l'alleanza	das Bündnis	E/F alliance
cavalcare	reiten	F chevaucher
la sella [ɛ]	der Sattel	F la selle
vincere (vinto)	(be-)siegen	so L, F vaincre
valido	(rechts-)gültig	E valid F valide
scosso		s. Text!
il banchetto	das Bankett	E/F banquet
a capotavola	oben am Tisch	
inutile	nutzlos, unnütz	L inutilis F inutile
il ripasso	die Wiederholung	
il cibo	das Essen	L cibus
il monopolio	das Monopol	griech. (das) **allein**(ige Recht zu) **verkauf**(en) E monopoly F le monopole
prezioso	kostbar	E precious F précieux
il sasso	der Stein	
le spezie [ɛ]	die Gewürze	
condire, condisco	würzen	wie L

7 C

l'entrata	*auch:* Eindringen	I entrare
ricopiare	abschreiben	I la copia
il giornalino	das (Kinder-)Tagebuch	
il foglietto	das Blatt	
il calendario	der Kalender	E calendar F le calendrier
la rilegatura	der Einband	F la reliure
la tela	die Leinwand	F la toile
struggersi	*hier:* gerührt sein	
le memorie [ɔ]	die Erinnerungen	die «Memoiren«
spogliare	ausziehen	L spoliare «den toten Feind ausziehen, berauben»
la facilità	*hier:* die Gewandtheit	
disegnare	zeichnen	I il disegno F dessiner
il ritratto	das Porträt	E/F portrait
la riflessione	Reflexionen, Gedanken	
la cassetta	die Schublade	
il vecchiaccio	der gräßliche Alte	I vecchio + -accio
la tortura	die Folter	E/F torture
la bestia	das (wilde) Tier	L bestia
iersera	gestern abend	ieri sera
l'uscio	der Ausgang	I uscire
l'ingresso [ɛ]	der Eingang	
scappare	entwischen, -kommen	E to escape F échapper
il palmo di naso	die gedrehte Nase	
rimase con un p ...	er war enttäuscht	
l'impiegatuccio	der kleine Angestellte	Nachsilbe!
la scenata	die Szene	die man sich macht
la delusione	die Enttäuschung	
empire	ausfüllen	
il coso [ɔ]	das Dings(bums)	für Personen nur ironisch
canzonare	verspotten	
scorticato	geschunden	
matto	verrückt	
urlare	brüllen	
strappare	entreißen	
la sciocchezza	die Dummheit	I sciocco
il giudizio	das Urteil, der Verstand	
l'educazione	die Erziehung	E education F l'éducation
pigliarsela con	sich anlegen mit	
minacciare	drohen	F menacer
la fontana	der Brunnen, die Quelle	
far del bene [ɛ] a	jd. Gutes tun	
zeppo	voll	

infelice	unglücklich	
la reazione	die Reaktion	E reaction F la réaction
la catastrofe	die Katastrophe	E/F catastrophe

8 A

l'Etna [ɛ]	der Aetna	
focoso	feurig	I fuoco «Feuer»
sarebbe [ɛ] arrivato	... würde kommen	Konditional II, nur hier angegeben
la raccolta [ɔ]	die Ernte	F la récolte
(stra)carico	(voll) beladen, (über) voll	I caricare «beladen»
la prugna	die Pflaume	
il limone	die Zitrone	
la mandorla	die Mandel	
il mulo	der Maulesel, das Maultier	
Zafferana		Ort am Aetna
il sentiero [ɛ]	der Weg, Pfad	F le sentier
notevole	beträchtlich	E/F notable
meno	*hier:* je weniger	so auch F moins
mostrare	zeigen	L monstare F montrer
raggiungere (raggiunto)	erreichen, sich anschließen	
arido	unfruchtbar, dürr	L aridus F aride
l'interno [ɛ]	das (Landes-) Innere	
la cenere	die Asche	L cinis (-erem) F la cendre
spargere (sparso)	(aus-, ver-)streuen	L spargere
grazie a	dank	Präposition, F grâce à
il vulcano	der Vulkan	E volcano (o!) F le volcan
d'altronde	im übrigen	
dappertutto	überall	F partout
la pendice	der (Ab-)Hang	
la croce	das Kreuz	L crux (-cem) E cross F la croix
dedicare a qn	jd. widmen	so L, E to dedicate F dédier
la processione	die Prozession	E/F procession
il flusso	der Fluß, das Fließen	F le flux
la lava	?	
minacciare	bedrohen	E to menace F menacer
il cane	der Hund	L canis (-em) F le chien
accogliere [ɔ] (accolto [ɔ], accolsi [ɔ])	empfangen	F accueillir

la gioia [ɔ]	die Freude	E joy F la joie
strappare	(aus-, ent-)reißen	
l'erbaccia	das Unkraut	
di qua e di là	hierhin und dorthin	
abbaiare	bellen	F aboyer
conceder(si) [ɛ] (concesso [ɛ] concessi [ɛ])	(sich) einräumen, gestatten, gönnen	L concedere E to concede F concéder
lo spuntino	der Imbiß, die Brotzeit	
spaventare	(jd.) erschrecken	F épouvanter
qui sopra	hier darüber	
la fenditura	der Riß, die Spalte	F la fente
crescere (cresciuto)	wachsen	so L, F croître
maledetto	verflucht	L maledictus F maudit
mettersi in cammino	sich auf den Weg machen	
buttare	werfen	
il blocco [ɔ]	der Block	E block F le bloc
il cemento	der Zement, Beton	E cement F le cément
deviare (devio)	um-, ableiten	F dévier
l'esplosivo	der Sprengstoff	
la bocca	*hier:* der Ausgang	
chiese [ɛ]	(er) fragte	passato remoto
il lato	die Seite	L latus
da un lato ... dall'altro	einerseits ... andererseits	
pensieroso	gedankenreich, -verloren	I pensiero
la larghezza	die Breite	I largo
indicare (indico)	anzeigen, angeben	so L, E to indicate F indiquer
lo strumento	das Instrument	L instrumentum F instrument
il terrapieno [ɛ]	der Erdwall	
l'ostacolo	das Hindernis	L obstaculum E/F obstacle
artificiale	künstlich	E artificial F artificiel
il Mongibello [ɛ]		der zweite Name des Aetna, aus L mons u. arabisch dschebel, beides «Berg»; Sizilien war im MA einige Jahrhunderte arabisch
corse	er lief	passato remoto
la fretta	die Eile	
in fretta	eilig, rasch	
slegare	losbinden	

il vantaggio	der Vorteil	E advantage F l'avantage
la violenza [ɛ]	die Gewalt	E/F violence
annunciare	ankündigen	E to announce F annoncer
l'eruzione	der Ausbruch	E eruption F l'éruption
procedere [ɛ]	vorgehen	E to process F procéder
il profumo	der Duft	E perfume F le parfum

8 B

la mafia	die Mafia	vom arab. Wort für «Prahlerei»
mafioso	Angehöriger der M., Mafioso, Mafia-	
la coscienza [ɛ]	das Gewissen	L conscientia E/F conscience
l'azienda [ɛ]	die Firma	span. hacienda
il boss [ɔ]		steht hier für den Mafiaboß
il tizio	der Typ	L Titius, für einen Anonymen
lo sgarbo	die Grobheit, die Beleidigung	
il galantuomo [ɔ]	der anständige Mensch	ähnlich E gentleman
il benefattore	der Wohltäter	F le bienfaiteur
l'avvertimento	die Warnung, Mitteilung	F l'avertissement
la bomba	?	E bomb F la bombe
il delitto	das Verbrechen	F le délit
la galera [ɛ]	das Zuchthaus	von der venez. Galeerenstrafe
onesto [ɛ]	anständig(er Mensch)	
l'assenza [ɛ]	die Abwesenheit	L absentia E/F absence
generalizzare	verallgemeinern	E to generalize F généraliser
la radice	die Wurzel	L radix (-cem) F la racine
il fenomeno [ɔ]	das Phänomen	E phenomenon F le phénomène
dominare, domino	beherrschen	E to dominate F dominer
sparire, (sparisco)	verschwinden	
la cinepresa	die Filmkamera	
la denuncia	die Anzeige	
allargare	ausbreiten	I largo
mettersi in coda	sich hinten anstellen	

l'arco	der Bogen	L arcus E arch F l'arc
nell'arco di	im Verlauf von	
il maltolto [ɔ]	das Diebesgut	
il pesce	der Fisch	L piscis (-em) F le poisson
nuotare	schwimmen	L natare F nager
avvelenare	vergiften	
disinquinare	entgiften, reinigen	
lo stagno	der Teich	L stagnum
togliere [ɔ], (tolgo [ɔ], togli [ɔ], . . ., tolto [ɔ])	(weg-)nehmen, entfernen, aufheben	L tollere
la goccia	der Tropfen	L gutta F la goutte
stupirsi, mi stupisco	erstaunen	
la polenta [ɛ]	die Polenta	Maisgericht, im N verbreitet
la grappa	die Grappa	Weinbrand aus dem Veneto
la fesseria	der Blödsinn	
il giorno avanti	der Vortag	
la diga	der Deich, der Damm	F la digue
istruito	gebildet	
il conto	das Konto, der Wert	
la ragazzata	die Kinderei	
sostituire, -isco	ersetzen	E to substitute F substituer
combattere	(be)kämpfen	E to combat F combattre
la democrazia	die Demokratie	E democracy F la démocratie
la pena	die Strafe	L poena F la peine

8 C

il contrasto	der Gegensatz, Kontrast	E contrast
l'annuncio mortuario	die Anzeige Todes-	F l'annonce
la pubblicità	die Werbung	F la publicité
l'entroterra *m*	das Hinterland	I auch: l'hinterland

9 A

la divisione	die Teilung, die Einteilung	E/F division
l'area	das Gebiet, die Region	Region nicht als Verwaltungseinheit, das wäre «regione»
corrispondere	entsprechen	
lo sviluppo	die Entwicklung	E development F le développement
il livello [ɛ]	das Niveau	F le niveau
Nord-Ovest [ɔ]	Nordwesten	
Nord-Est [ɛ]	Nordosten	
insulare	Insel-	E insular F insulaire
incoraggiare	ermutigen	E to encourage F encourager
stabilirsi, -isco	sich niederlassen	E to establish F s'établir
esitare a, esito [ɛ]	zögern zu	E to hesitate F hésiter
la dominazione	die Herrschaft	E/F domination
i Borboni	die Bourbonen	lange Zeit Könige von Neapel
la presenza [ɛ]	die Gegenwart, die Anwesenheit	E presence F la présence
il latifondo	der Großgrundbesitz	
scarso	selten, knapp	
assieme a [ɛ]	zusammen mit	
l'aridità	die Trockenheit	F l'aridité
il clima	das Klima	E climate F le climat
Il Regno d'Italia (1860–1946)	das Königreich Italien	unter dem Haus Savoyen
il settentrione	der Norden	
la vendita	der Verkauf	
il regime	das Regime, die Regierung	negativer Unterton, F le régime
il regime fascista (1922/24–1943/45)	das faschistische Regime	in Italien
trattenere (-tengo, -tieni)	zurück-, festhalten	
rurale	ländlich, Land-	F rural
condannare a	verurteilen zu	L condemnare E to condemn F condamner
agrario	agrarisch, Agrar-	
arretrato	zurückgeblieben	
il dopoguerra [ɛ]	die Nachkriegszeit	

lo squilibrio	das Ungleichgewicht	
distribuire, -isco	verteilen	**L** distribuere **E** to distribute **F** distribuer
istituire, -isco	einrichten	**L** instituere **F** instituer
la Cassa per il Mezzogiorno		Name der ehemaligen staatl. Entwicklungsbank für den Süden
l'investimento	die Investition	**E** investment **F** investissement
stimolare (stimolo)	anregen, stimulieren	**E** to stimulate **F** stimuler
abituarsi	sich gewöhnen	**F** s'habituer
acconsentire, acconsento [ɛ]	zustimmen	
destinare	bestimmen	**F** destiner
temere	Angst haben	**L** timere
intendere	*hier:* beabsichtigen	wie **L**
vietare	verbieten	**L** vetare
asfaltare	asphaltieren	
il trattore	der Traktor	**E** tractor **F** le tracteur

9 B

il sasso	der Stein, der Felsen, *hier:* die Höhlenwohnung	
Matera		Provinzhauptstadt in der Basilicata
prevalente [ɛ]	vorwiegend	
montuoso	gebirgig	
La Basilicata		Region im Süden
adattar(si)	(sich) anpassen	**E** to adapt
unico	einzig (-artig)	**E/F** unique
scavare	graben	
la grotta	die Grotte	
il tufo	der Tuffstein	
lungo	längs	Präposition
sovrapporre (-pongo, -poni, ho -posto)	übereinanderlegen, -stellen	**F** superposer
il pavimento	der Fußboden	**E** pavement
il tetto	das Dach	**L** tectum **F** le toit

sottostante	darunterliegend	
esterno [ɛ]	äußerlich, von außen	F externe
la stalla	der Stall	
l'attrezzo	das Werkzeug, das Arbeitsmittel, pl. die Ausstattung	auch beim Sport
l'abitazione f	die Wohnung	F l'habitation
diffuso	verbreitet	
la località	die Örtlichkeit	
igienico [ɛ]	hygienisch	E hygienic(al) F hygiénique
umido	feucht	L humidus E humid F humide
la malaria	die Malaria	mala aria «schlechte Luft»
paludoso	sumpfig, Sumpf-	
l'urbanista	der Städteplaner	
il sociologo [ɔ] (pl -gi)	der Soziologe	E sociologist F le sociologue
traslocare	umziehen	
il bestiame	das Vieh	
scarseggiare	selten sein/werden	
la residenza [ɛ] (secondaria)	der (zweite) Wohnsitz	
la mancanza	das Fehlen	F le manque
il rapporto [ɔ]	die Beziehung	F le rapport
la maledizione	der Fluch	
la quantità	die Menge	E quantity F la quantité
degno (di)	würdig	
il benessere [ɛ]	der Wohlstand	F le bienêtre
meravigliarsi di	sich wundern über	F se merveiller
in rovina	im Verfall	
l'attrazione	die Attraktion	E/F attraction
il decreto	die Verfügung, das Dekret	
la prigione	das Gefängnis	E prison F la prison
le nozze [ɔ]	die Hochzeit	F le nozze
la caduta	der Fall	von I cadere
il prigioniero [ɛ]	der Gefangene	E prisoner F le prisonnier
il/la carcere	der Kerker	
la pestilenza [ɛ]	die Seuche, die Pest, Pestilenz	
il ricovero	der Unterschlupf	

9 C

il portiere [ɛ]	der Portier	F le portier
il condominio	das (Miets-)Haus	

definire, -isco	definieren, bezeichnen	E to define F définir
domiciliato	wohnhaft	
il piano terra	das Parterre	
l'interno	*hier:* die Wohnung	
l'inquilino	der Mieter	
il palazzo	*hier:* das (Miets-)Haus	
modesto [ɛ]	bescheiden	L modestus E modest F modeste
il ragioniere [ɛ]	der Buchhalter	
l'acquedotto	die Wasserleitung	L aquaeductus
dignitoso	würdig, anständig	L dignus F digne
la proprietà	das Eigentum	E property F la propriété
Borgo Loreto		Viertel von Neapel
senonché	aber, indes	
causaiuolo [ɔ]	prozeßsüchtig	
la citazione	die Vorladung	
la carta bollata	gestempeltes Papier	
il sottoscritto	der Unterzeichnete	eine feierliche oder auch scherzhafte Art, «ich» zu sagen
Via Petrarca		Straße in Neapel
la posizione	die Position, der Punkt	E/F position
panoramico	mit Aussicht, Aussichts-	
il centesimo [ɛ]	der Centesimo	früher: 1/100 einer Lira
esaudire	erhören	
la miseria [ɛ]	das Elend	so L, F la misère
respirare	atmen	so L, F respirer
il fumo	der Rauch	
l'Ilva		Stahlwerk am Rande Neapels
improvviso	unversehens	
lo stipendio [ɛ]	das Gehalt	D Stipendium (Bedeutungswandel)
lato ...	zu ... hin	
dottò [ɔ]	Doktor	Anrede in Neapel, «dottore»
colorito	farbig	von I colore

10 A

la laguna	die Lagune	von I lago
l'autorimessa	die Großgarage	
universitario	universitär, Hochschul-	I università

la vicinanza	die Nähe	I vicino
Berlino	Berlin	
la cittadina	das Städtchen	eher selbstverständliche Ableitungen wie diese werden ab hier nicht mehr angegeben
sistemare	unterbringen	I il sistema «das System»
la manovra [ɔ]	das Manöver	E/F manœuvre
il bancomat	der Geldautomat	
la tessera [ɛ]	die (Scheck-)Karte	*auch:* Mitgliedsausweis usw.
il Ponte degli Scalzi	die Barfüßerbrücke	nach dem Mönchsorden
la Stazione Santa Lucia		Kopfbahnhof von Venedig
dopotutto	schließlich	
il danaro	das Geld	L denarius eine Münze
il canale	der Kanal	E channel F le canal
dritto	geradeaus	
la viuzza	das Sträßchen	Suffix -uzzo
la calle	der Weg	in Venedig
il rio	der (kleine) Kanal	in Venedig
salato	salzig, gesalzen	L sal I il sale
suonare	*hier:* klingen	
regolare	regelmäßig	E regular F régulier
la marea [ɛ]	die Flut, die Ebbe	marea alta/bassa
i murazzi	die Schutzdämme	für die Lagune von Venedig
l'esistenza [ɛ]	die Existenz	E/F existence
il turismo	der Tourismus	E tourism F le tourisme
attorno a	um ... herum	
la pianta	die Pflanze	*auch:* Baum, Stadtplan
palustre	sumpfig, Sumpf-	
il sottosuolo [ɔ]	der Untergrund	
mediante	mittels	F moyennant
il pozzo (artesiano)	der (artesische) Brunnen	F le puits
ridicolo	lächerlich	E ridiculous F ridicule
l'alluvione *f*	die Überschwemmung	
(di) frequente [ɛ]	häufig	mit di: Adverb
l'amministrazione *f*	die Verwaltung	E/F administration
il Canal Grande		Venedigs Haupt- und Prachtkanal
Santa Maria Gloriosa dei Frari		wörtl.: die glorreiche Marienkirche der (Kloster-)Brüder
il quadro	das Bild, Gemälde	
l'Assunta	Maria bei der Himmelfahrt	
Tiziano Vecellio (1488–1576)		der bedeutendste venezianische Maler

estatico	verzückt, ekstatisch	
nudo	nackt	L nudus F nu
sdraiarsi	sich ausstrecken	
Venere [ɛ]	Venus	
Urbino		einst großes Zentrum der Renaissance in den Marken
pagano	heidnisch	L paganus E pagan F païen
universale	universal	E universal F universel
innanzitutto	vor allem	
Carlo V (Quinto) (1500–1558)	(Kaiser) Karl V.	
fiero [6]	stolz	F fier
malinconico [ɔ]	melancholisch	E melancholic F mélancolique
lagnarsi	sich beklagen	
il passo	der Schritt	L passus F le pas
il ponticello	die kleine Brücke	
il Ponte di Rialto	die Rialtobrücke	
voialtri *m (-e f)*	ihr	verstärkt noch mehr als voi
ambientale	Umwelt-	
sociale	gesellschaftlich, sozial	

10 B

romantico	romantisch	E romantic F romantique
avanzare	vorrücken, vorankommen	E to advance F avancer
il canalazzo	der Canal Grande	auf venezianisch, Suffix -azzo für «groß»
la facciata	die Fassade	F la façade
Palazzo Vendramin-Calergi		Palast mit Fassade auf den Canal Grande
Richard Wagner (1813–1883, morto a Venezia)		der Komponist
comporre (compongo, -ni, ..., -ngono, ho composto)	zusammensetzen, schaffen, schreiben, komponieren	L componere E to compose F composer
il motoscafo	das (kleine) Motorschiff	
fare da	*hier:* sich aufführen als	

non essere [ɛ] da meno per ...	es ebenfalls fertigbringen zu ...	eine andere Art, «auch» zu sagen
le fondamenta	die Fundamente	Bezeichnung auch für einige Straßenzüge in Venedig
l'onda	die Welle, Woge	
suscitare (suscito)	hervorrufen	F susciter
svelto [ɛ]	gewandt, schnell	
alla svelta	schnell (adv.)	«auf die schnelle»
la pizzetta	die Pizza	am Stand, im Stehen zu essen
il pesciolino	das Fischlein	zwei Suffixe: -olo, -ino
il vetro	das Glas	als Material
trasparente [ɛ]	durchsichtig	F transparent
Murano		Insel nördlich von Venedig
la palla	die Kugel	
il biglietto da visita	die Visitenkarte	
lo sconto	der Preisnachlaß	E discount
il Palazzo Ducale	der Dogenpalast	
gotico [ɔ]	gotisch (Stil!)	E gothic F gothique
superiore inferiore	obere(r), Ober- untere(r), Unter-	vgl. etwas andere Bedeutung in 3 A!
slanciato	schlank	F élancé
tenue [ɛ]	dünn, leicht	
il doge	der Doge	Staatsoberhaupt in Venedig bis 1797
arricchirsi, mi arricchisco	sich bereichern	F s'enrichir
il commercio [ɛ]	der Handel	E/F commerce
in disparte	abseits	
la monarchia	die Monarchie, Alleinherrschaft	E monarchy F la monarchie
aristocratico	aristokratisch (verfaßt)	hier in bezug auf die Staatsform

10 C

la cascata	die Kaskade, der Wasserfall	E/F cascade
prendere in consegna	entgegen-/übernehmen	
solito [ɔ]	gewöhnlich, üblich	
il pensionato	der Pensionist	von I pensione
il bottegaio	der Einzelhändler	I bottega

lo scandinavo	der Skandinavier	
il soprabito	der Mantel	
la sciarpa	der Schal	D die Schärpe (andere Bedeutung)
recuperare	zurückbekommen	E to recuperate F récupérer
la sacca	die (Reise-, Einkaufs-) Tasche	
impaziente [ɛ]	ungeduldig	E/F impatient
il ritardario	der Langweiler, der Träge	
girato verso qc	(einer Sache) zugewandt	
la tariffa	der Tarif, der Preis	
la dogana	der Zoll	F la douane
la barriera [ɛ]	die Schranke	F la barrière
riunire, -isco	versammeln	
disperdersi	sich zerstreuen	
il gabinetto	das Klosett	
il pullman	der Autobus, der (Fern-) Reisebus	
il pontile	der Steg	I ponte
il gabbiano	die Möwe	
praticare	praktizieren, *hier:* ansetzen	
la terraferma	das Festland	Wortbildung wie im D
la fissa dimora [ɔ]	der feste Wohnsitz	
rapinare	berauben	
gli occhiali da sole	die Sonnenbrille	
la ferita	die Wunde	
il trucco	*hier:* der (schmutzige) Trick	

Flash sulla storia d'Italia

deporre	absetzen	Konjugation wie proporre
Romolo Augustolo	Romulus Augustulus	letzter weström. Kaiser
l'invasione *f*	der Einfall, die Invasion	E/F invasion
i Goti	die Goten	altgerm. «die Guten»
definitivo	endgültig, definitiv	F définitif
i Longobardi	die Langobarden	seit 568 in Italien
il dominio	die Herrschaft	
arabo	arabisch	E arab F arabe
Leone [ɔ] *III*	Leo III.	Papst 795–816
incoronare	krönen	

Carlo Magno	Karl der Große	743–814 **F** Charlemagne
il Sacro Romano Impero [ɛ]	das Heilige Römische Reich	unter Karl d. Gr., dann deutschen Herrscherge- schlechtern bis 1806
comprendere [ɛ]	*hier:* umfassen	
Enrico IV	Heinrich IV.	«der von Canossa» 1077
gli «Svevi»	die «Schwaben», die Hohenstaufen	gängige it. Bezeichnung für das Kaiserhaus 1138–1254
il Barbarossa	Kaiser Rotbart	oder auch im **D** Barbarossa (1123–1190)
Federico II	Friedrich II.	1194–1250
il Papato	das Papsttum	
i Liberi Comuni	die Freien Städte	des it. Mittelalters
le Repubbliche mari- nare	die Seerepubliken	
Niccolò Polo Marco Polo		erreichen 1275 auf dem Landweg China
Cristoforo Colombo	Christoph Kolumbus	Entdeckung Amerikas 1492
lo splendore	der Glanz	
il Rinascimento	die Renaissance	Ursprung in Italien etwa im 15. Jh., z. T. früher
subire, -isco	erleiden	
la potenza [ɛ]	*hier:* die Macht	im Sinne «Staat und seine Außenwirkung»
la Repubblica di San Marco	die Republik von Venedig	benannt nach dem Schutz- patron
la Rivoluzione francese	die Französische Revolution	ab 1789
Napoleone Buonapar- te, poi Bonaparte		der französische Usurpator und Kai- ser, korsisch-emi- lianischer Herkunft (1769–1821)
dominare, domino	beherrschen	
riordinare, riordino	neu ordnen	
Il Congresso [ɛ] *di Vienna*	der Wiener Kongreß	1814–1815
ristabilire, -isco	wiederherstellen	
la Restaurazione	die Restauration	Epoche nach 1815
asburgico	habsburgisch	
impedire, -isco	hindern	
il Risorgimento	das Risorgimento	die Wiedergeburt Italiens als Staatsnation im 19. Jh.
astuto	schlau	
la politica	die Politik	**E** policy **F** la politique

Casa Savoia [ɔ]	das Haus Savoyen	
guidare	führen, leiten	
(il conte) Camillo Cavour		Staatsmann 1810–1861
l'audacia	die Kühnheit	wie L
Giuseppe [ɛ] *Garibaldi*		Abenteurer und Nationalheld 1807–1882
cacciare	(ver)jagen	F chasser
proclamare	proklamieren	F proclamer
Vittorio [ɔ] *Emanuele II*	Viktor Emanuel II.	erster König Italiens (1820–1878)
il potere temporale	die weltliche Herrschaft	der Päpste über den Kirchenstaat
la borghesia	das Bürgertum	F la bourgeoisie
il potere	die Macht	
le Americhe	Amerika	im It. oft Plural, wegen der Aufgliederung des Kontinents
la Prima Guerra Mondiale	der Erste Weltkrieg	für die Italiener 1915–1918
schierarsi	sich scharen, sich begeben	I la schiera «Schar»
a fianco di	auf der/die Seite von	
ottenere	bekommen	konjugiert wie «tenere»
il trattato	der Vertrag	
Saint-Germain		Ort bei Paris
Benito Mussolini		1883–1945
il fondatore	der Gründer	
il fascismo	der Faschismus	
scoppiare	ausbrechen	
la sconfitta	die Niederlage	
dimettersi	zurücktreten	
gli Alleati	die Alliierten	beider Weltkriege
anglo-americano	anglo-amerikanisch	
ordinare, ordino	anordnen	
traditore/-trice	Verräter/in	
il referendum costituzionale	das Referendum über die Verfassung	
la polarizzazione	die Polarisierung	
filosovietico [ɛ]	prosowjetisch	
Alcide de Gasperi		1881–1954
la base	die Basis	E/F base
istituzionale	institutionell	
l'assetto [ɛ] politico	der polit. Aufbau, die polit. Ordnung	

Alphabetisches Vokabelverzeichnis

Kleinbuchstaben verweisen auf den entsprechenden Lektionsteil in Capito 1 (nur Lernwortschatz), Großbuchstaben auf das Vorkommen in Capito 2

a 1b
a causa di 1A
abbaiare 8A
abbandonare 15a
abbastanza 15a
abbigliamento 6a
abile 7B
abilità 7B
abitazione 9B
abituarsi 9A
abitudine 2A
abbracciare 1B
abbraccio 3b
abitante 2A
abitare 3a
abituato a 4B
aborto 4B
accanto a 5a/5c
accendere (radio) 10a
accettare 2B
accidenti 11a
accogliere 8A
accomodarsi 12a
accompagnare 10a
acconsentire 9A
accordo 4B
(d')accordo 6b
accorgersi 10a
acqua 4a
adattare (si) 9B
adatto 1B
addirittura 1A
adesso 2a
aereo 12a
aeroporto 12a
affare 12a
affascinante 15b
affettuoso 1B
affezione 4B
affinché 1B
  (dare in) affitto 3C
affluenza 1A
affresco 3B
affrontare 4A
aggiungere 2A
agnello 3A

agrario 9A
agricolo 6A
agricoltura 15a
aiutare 5a
aiuto 5a
albergo 5a
albero 3a
albicocca 8A
alcuni 10a
allargare 8B
allarme 1A
alleanza 7B
allegro 1b
allora 1b
alluvione 10A
almeno 8a
alpinismo 1B
altare 7B
alternativa 2A
alto 7a
altrettanto 2A
altrimenti 8a
altro 4a
(d')altronde 8A
altrove 16a
alzarsi 10a
amare 8
ambientale 10A
ambiente 4a
ambulanza 5
amica 3a
amico 3b
amministrazione 10A
ammirare 1B
amore 8a
(teatro) anatomico 3A
anche *Prologo*
ancora 4a
andare 2a
andare a 6a
andata e ritorno 6C
angolo 3b
animale 14a
anno 7c
annoiarsi 10a
annunciare 8A

antico 5b
anzi 6a
anziano 12a
aperto 8a
apertura 1A
apparecchio 10a
apparire 3B
appartamento 5a
appartenere a 6A
appena 11a
appetito 11a
applauso 14b
approfondire 1B
approvare 5B
appuntamento 10b
aprire 6a/6b
arancia 9a
aranciata 11b
archibugio 7B
architettura 4b
arco 8B
area 9A
argento 4A
aria 16a
aridità 9A
arido 8A
aristocratico 10B
armadio 5a
arrabbiarsi 2B
arretrato 9A
arricchirsi 10B
arrivare 7a
arrivederci/arriverderLa 4a
arrostire 2B
arte 2a
articolo 14b
artificiale 8A
artista 3B
ascoltare 2a
asfaltare 9A
aspettare 2a
aspetto 6A
assaggiare 11c
assai 15a
assegnare 4A
assegno 3C

assenza 8B
assieme a 9A
assistenza 5B
assistere 5B 6B
associazione 3A
assolutamente/assoluto 6a
Assunta 10A
atteggiamento 4B
attento 15a
attenzione *Prologo*
attimo 11c
atto 4A
attorno a 10A
attraversare 11a
attraverso 7B
attrazione 9B
attrezzo 9B
attuale 4A
augurare 1B
auguri 7c
aula 14b
aumentare 2A
(in)aumento 2A
austriaco 4A
autista 1A
autobus 3a
autorimessa 10A
autorità 6A
autoritratto 4B
autonomo 6A
autostrada 14a
avanti/dopo Cristo 4A
(giorno) avanti 8B
avanzare 10B
avvelenare 8B
avere 2a
avvenimento 13a
avvenire 3B
avvertimento 8B
avvertire 6a
avvicinarsi 16a
avvocato 1b
azienda 8B
baciare 8a
bagno 2a
balcone 5b
ballare 8b
balletto 10a
bambino/a 5a
banca 11c
bancarella 6a

banchetto 7B
banco 1A
bancomat 10A
bar 3b
baracca 2A
barba 12a
barbaro 5B
barbarico 4A
barella 5B
basilica 3b
basilico 9a
basso 3A
bastare 3a
battere 2B
battezzare 3A
battistero 7A
bavarese 15b
bellezza 1a
bello 1a
bellissimo 10a
benché 1B
bene 2a
benefattore 8B
benessere 9B
benissimo 10a
(il) bene 14a
benedire 14a
benvenuto *Prologo*
bere 4b
bestemmia 5B
bestemmiare 5B
bestiame 9B
bevanda 11b
biancheria 5a
bianco 6a
bibita 1A
biblioteca 3B
bicchiere 11a
bicicletta 8b
biglietto 10a
bilinguismo 6A
binario 7a
biondo 8b
birra 9a
bisogna 4b
(avere) bisogno 9a
bisognoso 5B
bistecca 11b
bloccare 8b
blocco 8A
bocca 8A

blu 6a
bocca 11a/8A
bomba 8B
bombolone 7A
borgata 2A
borsa 9a
borsetta 6a
bosco 5B
bottega 7A
bottiglia 9a
bravo 7b
brioche 2b
brucare 6B
bruciare 2B
bruno 15a
brutto 5e (6a)
bucato 6B
bue 2B
buffo 3a
buio 8a
buono 5a
buon giorno *Prologo*
Buon Natale 7c
buona sera *Prologo*
burlarsi di 3B
bus 7a
bussare 2a
buttare 8A
caccia 1A
cadavere 4A
cadere 10b
caduta 9B
caffè 2b
caffellatte 2b
calabrese *Prologo*
calcio 8b
caldo 2b
calle 10A
calma 16a
calmarsi 13a
calzini 6a
cambiare 4a
camera 5a
cameriere 11b
camicetta 6a
camicia 6a
camminare 1A
(mettersi in) cammino 8A
campagna 9b
campanile 7A
campare 2B

campeggio 11c
campo 1B
campo 12a
canalazzo 10A
canale 6B/10A
cancellare 6B
cancro 5B
cane 8A
canotaggio 1B
cantante 8b
cantare 8b
canzone 3a
caotico 2A
capace 15a
capelli 2a
capire 7a
(la) capitale 2A
capitare 1A
capodanno 7c
(a) capotavola 7B
cappello 1A
cappuccino 4a
cappuccio 5B
carattere 2B
caratterizzare 2B
carcerato 5B
carcere 9B
carciofo 2B
caricare 1A
(stra)carico 8A
carino 6a
carne 9a
caro 3b (prezzo) 9a
carro 14a
carta 10b
carta di credito 11c
cartapesta 7B
cartella 3a
cartello 11a
cartolina 5A
casa 1b
(alla) casalinga 11b
caso 5A
castagna 6A
castello 5A
cattivo 5b
cattolicesimo 2A
catturare 4A
cavalcare 7B
cavaliere 14a
cavallo 14a

c'è 1a
celebrare 7B
celebrazione 7A
celebre 1A
celeste 6a
cemento 8A
cena 11a
cenare 11a
cenere 8A
centimetro 12a
centrale (agg.) 6A
centro 6a
cercare 6b
(in) cerca (di) 14b
cercare 9a
cercare di 7a
certamente 6a
certo 2b
(di) certo 4b
che...? 1a
che (sost) 2a
che cosa...? 1a
(non c'è di) che 16b
che (rel.) 5b
chi...? *Prologo*
chiacchierare 7a
chiacchiere 5A
chiamare 8b
chiamarsi *Prologo*
chiaro 5a
chiasso 2a
chiave 4A
chiedere a 4b
chiesa 3b
chiesto 11b
chilo 9a
chitarra 10a
chiudere 11a
chiuso 11a
ci (loc.) 9a
ciao *Prologo*
cibo 7B
ciclismo 1B
ciliegia 9a
cima 4A
cinema 8a
cinepresa 8B
cinta muraria 7A
cintura 6a
ciò 14b
cioè 2a

circondar(si) 15a
citare 4A
città 8a
cittadina 10A
civile 5B
(prima) classe 12a
classe (scuola) *Prologo*
cliché 4B
cliente 9a
clima 9A
coda 3B
coetanei 4B
cognome 12a
colazione 2a
collaborare 15a
collaboratore 5B
collaboratrice 5A
collaborazione 3A
colle 3a
collega 12a
colleghi 14b
collina 12a
collo 7A
colomba 7B
colonna 2B
colore 6a
colpa 6A
colpire 7B
combattente 14b
combattere 8B
come *Prologo*
come mai (8a) 12a
cominciare 16b
commentare 1A
commento 16a
commerciale 6A
commerciante 3B
commercio 10B
commessa 6b
comodità 4B
compagnia 3B
compagno 16a
compendio 5A
compiere 4B
compito 3a
compleanno 7c
complicato 7b
complimento 10a
comporre 10B
comportarsi 6B
comprare 5a

compreso 11c
computer 15a
comune (amm.) 12c
comune (agg.) 1B
comunicare 15b
comunicazione 3C
comunità (CEE) 2A
comunque 13a
comunione 10a
con 1b
conceder(si) 8A
concludere 4B
concorrenza 4A
condannare 9A
condire 7B
condurre (condotto) 16b
conferenza 10a
confermare 3C
confessione 5A
confraternita 5B
confrontare 7A
confronto 6A
(nei) confronti di 6A
congresso 6A
conoscenza 2B
(far la) conoscenza di 2B
conoscere 4b
conseguenza 2A
consenso 3A
considerare 2A
consigliare 13a
consiglio 13a
consumare 2A
consumismo 5B
contadino 14a
contanti 11c
contare 4A
contatto 4B
contento 9aE
continentale 6A
continente 6A
continuare a *Prologo*
(tener) conto di 15a
conto 8B
contorni 11b
contrario a 4B
contribuire 15a
contributo 2A
contro 13a
controllare 2B
controllo 3A

conveniente 6a
convincente 2A
convincere 6B
cooperativa 5B
coordinare 4A
copia 7A
copista 3A
coraggio 6B
coraggioso 4A
cornetto 2b
corona 11a
corpo 3A
corporazione 7A
corrente 11b/13a
correre 5a
correre (corso)
    un rischio 13a
corridoio 5b
corriera 6A
corrispondere 9A
corso d'italiano *Prologo*
corteo 7B
cortese 11b
(per) cortesia 8a
cortile 3A
corto 6b
coscienza 8B
così 2b
cosiddetto 2A
cosmetici 7A
costare 9a
costituire 2A
costoletta 11b
costringere 6B
costruire 7a
costume 4B
creare 6A
credere 8b
crescere 8A
crescita 2A
crisi 4a
cristiano 4A
criterio 15a
croce 8A
crociata 7B
crudo 9b
cuccetta 6C
cucina 2a
cucchiaio 9c
cultura 2A
cuocere 2B

cuore 2B
da (loc.) 5a
da (fin.) 5b
da (temp.) 7a
da (solo) 7a
(avere) da 8a
danaro 10A
dappertutto 8A
da quando 1A
dare 4a
dare ai nervi 16a
dare una mano 5a
data 4A
davanti a 6b
davvero 6a
decente 2A
decidere (deciso) 16a
decina 8a
decisione 5B
declino 2B
decreto 9B
dedicare a 8A
definitivo 15b
degno (di) 9B
delitto 8B
delizioso 6B
democrazia 8B
dente 12a
dentro 11a
denuncia 8B
denunciare 2A
derivare da 5A
descrivere 1B
deserto 1A
desiderare 9a
design 1A
destinare 9A
(a) destra 3b
deviare 8A
dialetto 5A
dialogo *Prologo*
diavolo 4A
dietro 5c
difendere 6B
difetto 2A
differenza 12a
(a) differenza di 2A
difficile 7a
difficoltà 3B
diffuso 9B
diga 8B

di meno 15a
dimenticare 5a
dimostrare 7A
dintorni 2A
di notte 2a
Dio 4a
dipendere 13a
dipingere 16a/7B
dire 3b (detto 12a)
(in) direzione 16b
dirigersi 1A
(il) diritto 15a
diritto (avv.) 16b
disagio 1A
disastro 15a
discorso 13a
discoteca 8b
discussione 10a
discutere/discusso 15a
disegno 3a
disgusto 6B
disinquinare 8B
disoccupato 6A
disoccupazione 6A
disordine 5a
(in) disparte 10B
disperdere 6B
dispiace 10b
disprezzare 6A
distinguere 4A
distinti saluti 3C
distribuire 9A
distruggere 2A
distruzione 4A
disturbare 7a
ditta 15a
dittatore 4B
diventare 7a
diversità 6A
diverso 6b
divertente 10a
divertimento 10a
divertirsi 10a
dividere 2B
divisione 9A
diviso 7b
doccia 11c
doge 10B
dolce 5a
(il) dolce 11b
domanda 7a

domani 4a
domenica 5a
domestica 5A
dominare 8B
dominazione 9A
donare 1B
donna 6a
dopo (prep.) 3a
dopo (cong.) 3b
dopo (avv.) 4b
dopoguerra 9A
dopotutto 10A
doppia 6B
doppio 11b
dorato 2B
dormire 7b
(città-) dormitorio 1A
dottore 14a
dove 2a
dovere 8b/9a
dozzina 5B
drammatico 1A
drappo 7B
dritto 10A
drizzare 6B
droga 4b
dubbio 5A
dunque 3b
duomo 7A
durante 5b
e (ed) *Prologo*
eccezione 1A
eccellente 11b
ecco *Prologo*
economia 15a
economico 15a
edilizia 2A
editore 3A
educato 2a
elegante 1a
eleggere 3A
elementare 2A
elenco 11a
elettrico 2A
eliminare 7A
emancipazione 4B
emigrante 5A
emigrare 5A
emigrazione 4B
energia 5B
enorme 5b

entrare 2b
entrata 5b
entro (temp.) 15b
episodio 5A
epoca 2A
eppure 1B
erbaccia 8A
eroe 4A
errore 6B
eruzione 8A
esagerare 7b/4B
esame 8a
esattamente 7a
esatto 5B
(per) esempio 9b
(ad) esempio 12a
esemplare 3A
esercitare 3A
esistenza 10A
esistere 15a
esitare 9A
esodo 1A
espansione 2B
esperienza 5B
esperto 13a
esplodere 7B
esplosivo 8A
espressione 14b
espresso 5a
essere 1a
estatico 10A
estetica 6B
esterno 9B
estero 15b
etto 9a
Europa 15a
europeo 15b
eventuale 7A
evitare 15a
fabbrica 1B
facciata 10B
facchino 5B
facile 11b
fame 3b
famiglia *Prologo*
familiare 5A
fanatico 13a
fanciullo 4A
fantasia 15a
fantastico 15b
fantino 7B

fare 2a
fare da 10B
far vedere 7a
fa (mat.) 7a
fa (ora) 7a
fa freddo 3a
far tardi 6a
fa (temp.) 10a
far brutto/bel tempo 10b
farsi la barba 12a
farsi la doccia 12a
farcela 14b
far fuori 14b
fare a meno di 15a
farmacia 7A
fastidio 13a
fatica 12a
fatto 7a
fatto (pp) 5a
favoloso 10a
(per) favore 5a
fede 4A
fedele a 4B
felice 7c
femminile 4B
fenditura 8A
fenomeno 8B
ferie 4b
ferire 5B
fermare 16b
fermarsi 10a
fermata 11a
Ferragosto 7c
fertile 3A
fesseria 8B
festa 10a
(far la/–) festa 14b
festeggiamento 2B
(giorno) festivo 5b
fetta 2B
fianco 6b
ficcare 6B
fidanzata/o 11a
fidarsi di 4B
fierezza 6B
fiero 10A
figlia/o 1b
figura 7B
figurarsi 10b
fila 1A
film 7b

fin da 5A
finalmente 6b
finché (non) 8a/2A
fine (sost) 7b
fine settimana 1A
finestra 10b
finire 7a
fino a 16b
fiore 14b
fiorino 3A
firmare 5a
fiscale 5B
fiume 2A
flusso 8A
focoso 8A
fogna 3B
fognatura 2A
fondare 3A
fondazione 3A
(in) fondo 14b
forma 6A
formaggio 11b
formale 5A
formare 4B
forse 4a
forte 13a
fortuna 11b
forza 13a
fotografia 3b
fra/tra 3b/7a/8a
fraintendere 6A
francobollo 3a
fratello *Prologo*
freddo 3a
fregato 4B
frequentare 3C
(di) frequente 10A
fresco 4a
frigorifero 9a
(di) fronte a 5b
frutta 9a
fuggire 1A
fumare 14b
fumetti 3a
fungo 9b
funzionare 12a
funzione 5A
fuoco 2B
fuori (avv.) 3a
fuori (prep.) 6a
fuori da 16b

futuro 15a
futuro (agg.) 3A
galantuomo 8B
galera 8B
galoppo 6B
gamba 1B
garage 2A
gara 7B
gareggiare 7B
gatto 2B
gelato 3a
geloso 3B
generale 6A
generalizzare 8B
gentilezza 6B
genere 16a
genitori 1b
gennaio (ecc.) 7c
gente 9a
gentile 10b
geografia 5A
gestire 15a
gettare 10a
già 2a
giacca 6a
giallo (colore) 6a
giallo (sost.) 10a
giardino 10b
giocare a 10a
gioco 13a
gioia 8A
giornale 4a
giornalista 5A
giornata 4a
giorno 5b
giostra 7B
giovane 4b
giovanotto 12a
giovedì 9a
girare 16b
(in) giro 8a
gita 7A
giù 15a
giusto 11c
gnocchi 8B
goccia 8B
godere 16a
gondola 3a
gonna 6a
gotico 10B
governo 4a

grammo 9a
grande 4b
grano 7A
grappa 8B
grasso 6b
gratuito 5B
grazie 4a
grazie a 8A
gregge 6B
gridare 1a
grido 6B
grigio 6a
grosso 14a
grotta 9B
gruppo 7a
guadagnare 12a
guaio 6B
guardare 2a
guastarsi 6B
guasto 16b
guerra 2B
(a) guida 4A
guida 11a
gusto 4B
idea 11a
idolo 4A
ieri 12a
igienico 9B
illuminare 2B
(tavola) imbandita 3B
immaginare 5A
immagine 16a
immenso 2A
immerso 2A
imparare 16b
impegno 15a
imperatore 4A
imperfezione 7A
impero 15a
impiegare (a) 7a
impiegato 2A
importante 3a
importanza 6B
impossibile 8b
impotente 6B
impresa 15a
improvviso 1A
in 1a
in(due) 7a
inadeguato 2A
incendio 4A

incidente 10b
inciso 2B
incontrare 4b
incontrarsi 10a
incoraggiare 9A
incredibile 1A
incrocio 1A
incontro 5B
incubo 2A
indicare 8A
indietro 6A
indipendenza 4A
individuale 2A
individualismo 5B
indirizzo 5a
indovinare 7A
industria 15a
industrializzazione 6A
industriale 15a
inevitabile 1A
infatti 14b
inferiore 3A/10B
infermiere 5B
infine 5A
influenza 3B
influsso 4A
informazione 15b
ingegnere 15a
ingrandire 5B
iniziare 4A
iniziativa 3A
inizio 7b
innamorato 16a
innanzitutto 10A
inoltre 1A
inorridire 2B
inquinare 1A
insalata mista 11a
insegnamento 3A
insegnare 3a
insieme 2b
insomma
insulare 9A
intanto 5a/4A
intelligente *Prologo*
intendere 9A
intendersi 12a
intenzione 1B
interessante 10a
interessare 8a
interessarsi di 5A

interessato a 2A
interesse 1B/3A
internazionale 13a
interno 8A
intero 7B
interpretare 3A
interrompere 7a
intervista 6A
intimidito 2B
intorno 6B/7B
intromettersi 1A
inutile 7B
invasione 4A
invasore 6A
invece di 12a
invece 2B
inverno 12a
(d')inverno 12a
investimento 9A
investire 5B
inviare 3C
invidiare 7A
invitare 16a
ironico 5a
isola 11b
istituire 9A
istituto superiore 4B
istruito 8B
Italia *Prologo*
italiano *Prologo*
jeans 6a
là 6a
laggiù 16b
lagnarsi 10A
lago 1A
laguna 10A
lamentarsi 2A
lanciare 7B
lapis 4A
larghezza 8A
largo 6b
lasagna al forno 9b
lasciare 10a
lassù 6B
latifondo 9A
lato 8A
latte 2b
lava 8A
lavagna 15b
lavare 5a/12a
lavatrice 5a

lavorare 4b
lavoro 1b
legare 8A
legare a 6B
legge 5B
leggenda 4A
leggendario 6B
leggere 7a
leggero 7b
lei *Prologo*
Lei *Prologo*
lento 7a
lettera 3a
letteratura 6A
letto 5b
lezione 15b
lì 9a
liberazione 10a
liberare 4A
libero 2a
libro 2a
liceo 15b
Liguria 15a
limone 8A
linea (traffico) 16b
lingua 11b
lira 4a
lista 11b
litro 9a
livello 9A
località 9B
loggia 5B
logico 5A
lontano 11b
loro *Prologo*
lotta 4A
luce 2A
lucente 2B
lui *Prologo*
luna 2B
(alla) lunga 5B
lungo 6b
lungo (prep.) 9B
luogo 14b
(aver) luogo 14b
luogo comune 4B
lupo 11a
ma 2a
macchina 7a
macchina fotografica 11a
macellaio 9b

Madonna 11b
madre *Prologo*
maestro 3A
mafioso 8B
magari 9
magazzino 7A
maggiore 16a
magico 3B
maglia 6a
mago 7a
mai 7a
maiale 11b
malaria 9B
malato 10b
male (sost.) 2A
(farsi) male 10b
maledetto 8A
maledizione 9B
malgrado 8a/1A
malinconico 10A
maltolto 8B
mamma 1b
mancanza 9B
mancare 7a
mancare di 3A
(ci) mancherebbe altro 16a
mandare 7a
mandorla 6A/8A
mandorlo 6A
mangiare 2b
manica 6b
mano 2a
manovra 10A
mantenere 3A
mare 16a
marea 10A
marito 1b
marmo 3A
marrone 6a
martedì 15b
martire 4A
martirio 4A
matematica 7a
matita 6B
(letto) matrimoniale 11c
matrimonio 4B
mattina 2a
matto 2a/2B
maturo 9a
mazzafrusto 7B
mazzo 14b

(per) me 2b
medaglia 2B
(scuola) media 8b
mediante 10A
medico 10b
medievale 3A
medioevo 7B
meglio 7a
mela 9a
membro 7B
meno 7a/10b
meno forte 13a
(non essere da) meno
    per 10B
mentalità 4B
mentre 15b
meravigliarsi 6B/9B
mercat(in)o 6a
mercoledì 11a
meridionale 6A
meritare 6B
mese 4b
messa 7B
mestiere 15a
metodo 15a
metro 7a
metropoli 1A
metropolitana 16b
mettere 5a
mezzo 9a
(in) mezzo a 11b
Mezzogiorno 12a
migliaia 16a
migliorare 6A
migliore 16a
milanese 12a
militare 6A
minacciare 8A
(acqua) minerale 4a
minestrone 11b
minigonna 6a
ministro 14a
minuto 7a
miracolo 6A
misericordia 5B
missione 1A
misura 1A
mobile 5b
mobile (agg.) 7B
moda 6a
modello 11b

233

moderno 6b
modo 3a
moglie 1b
molto (agg.) 4a/9a
molto (avv.) 1a
momento 1a
monarchìa 2B
mondo 16a
moneta 4a
monopolio 7B
montagna 16a
montarsi la testa 6B
montuoso 9B
monumento 3b
morire 7B
morte 2a
morto (sost.) 3A
mostra 7A
mostrare 8A
motivo 6A
motorino 8b
motoscafo 10B
mozzarella 9a
mulo 8A
multa 5B
muoversi 1B
murale 6A
(le) mura 7A
murazzi 10A
muro 7A
muscolo 3A
museo 1A
musica 4b
musicista 3B
napoletano 4A
narrare 4A
narrativa 5A
nascere 4A
nascita 2A
naso 3a
Natale 7c
nato 14a
natura 15a
naturale 4B
nave 11b
nazionale 13a
nazione 12c
ne 9a
né 16a
neanche 10a
nebbia 1A

necessario 15a
negozio 6a
nero 6a
(non . . .) nessuno 11a
neve 12a
(non) niente 6a
(per) niente 16b
nipote 7b
no 1a
nobile 1B
nome 12a
nonna/o 5a
non 1a
nord 3b
Nord-Est 9A
Nord-Ovest 9A
normale 5B
notevole 8A
notizia 15b
novella 2a
novità 15b
nozze 9B
nudo 10A
nulla 7a
numero 7a
numeroso 7B
nuotare 8B
nuoto 1B
nuovo 4a
o 2b
o(. . . o) 7a
obbedire 6B
occhiata 4a
occhio 8b
occidentale 2A
occasione 7B
occorre 6C
occuparsi di 4B
occupato 5e
odiare 5a
offendere 5A
offerta 6b
offrire 14a
oggi 4a
ogni 3b
ognuno 10a
olio 9a
oliva 9a
oltre 5A
oltre a ciò 5A
oltre a 4A

onda 10B
ondata 1A
onesto 8B
onore 14a
(in) onore (di) 14a
opera 10a
opera d'arte 5A
operaio 7a
opinione 1A
opposto 6B
opprimere 6A
oppure 15b
ora 7
(di buon') ora 12a
ora (avv.) 8b
orafo 7A
orario 6B
ordine 5a/2A
orecchio 6B
organizzare 5B
organizzatore 5B
organizzazione 3A
orgoglioso 2A
orientale 1B
orientarsi 16a
orientato verso 5B
originale 15a
origine 4B
ornare 3A
oro 8b
orologio 7a
ortografico 6A
ospedale 10b
ospitare 5B
ospite 10b
osservare 14b
ossia 3A
ostacolo 8A
osteria 2B
ottimo 11a
pacchetto 9a
padre *Prologo*
padrone 14a
paesaggio 1B
pagano 10A
palla 10B
panificio 1A
paese 11b
pagare 4a
pagina 8a
palazzo 5b

pallone 13a
paludoso 9B
palustre 10A
pane 5a
panetterìa 9b
panettiere 5a
panino 2b
panni 7A
pantaloni 6a
papà 1b
paragone 15a
parco 1B
parallelo 5B
parecchio 14a
parere 1A
parlare 3a
parlata 7A
parola 14b
parmigiano 9b
(far) parte 5A
parte 1B
(da+queste) parti 1B
(da) parte (di) 2A
partecipante 5
partecipare a 14a
particolare 7
partire 6b
partita 13a
pascolare 6B
Pasqua 7c
passare 3b/5a
passeggiata 1B
passività 6A
passivo 6A
passo 10A
pasta 2b
pasticcio 7A
pastore 6B
patriota 5A
patrono 7A
paura 14a
pavimento 9B
paziente 10b
pazienza 2B
peccato 5A
pecora 3A
pecorino 6B
peggiore 16b
pelare 7A
pelle 3A
pellicola 11a

pena 8B
pendice 8A
pendolare 1A
penisola 1B
penna 3a
pensare a 4b
pensiero 12a
pensieroso 8A
pensione 5a
Pentecoste 7c
pentola 5a
pepe 9a
per 2b
per (mat.) 7a
pera 9a
perché...? 3a
perché (caus.) 4b
per quanto 5A
perciò 6B
perdere 13a
perfetto 4a
perfino 6b
pergamena 3A
pericolo 4b
periferia 1A
periodo 4A
permesso 10a
permettere 10a
però 3b
persecuzione 4A
persona 7a
personaggio 2B
personale 15a
pesante 7b/6A
pesca 9a
pesca 4A
pesce 8B
pesciolino 10B
peste 4A
pestilenza 9B
petardo 7B
petrolchimica 6A
pettinarsi 12a
pettine 2a
petto 2B
pezzo/pezzettino 6b
piace/non piace 4b
piacere 6b
piacevole 5A
(per) piacere 5a
(fare un) piacere 14b

piaciuto 14a
piangere 7a
piano (sost.) 5b
piano...! 4b
pianta 16b/10A
piantare 4B
pianto 2B
pianura 5A
pietra 5A
pietra focaia 7B
piatto 5a
piazza 2a
piazzarsi 2B
picchiare 1A
piccolo 5e
piede 2a
(a) piedi 14a
pieno 9a
pillola 4B
pino 16a
piovere 10b
pirata 4A
piscina 1A
pittore 14a
pittoresco 7B
più 4b
più (mat.) 7a
(non...) più 4b
(di) più 4b
più grande 15a
(perlo) più 4B
piuttosto 6A
pizza 3a
pizzeria 11a
pizzetta 10B
pochi 3b
poco 4b
(un) po' 5a
poesia 5A
poeta 14a
poi 3a
polenta 8B
politico 1B
pollo 9b
pomeriggio 5a
pomodoro 9a
ponte 7a/1A
ponticello 10A
popolare 7B
popolazione 2A
porchetta 2B

(ri)porre 6B
porta 2a
portamonete 9b
portare 2b
portinerìa 11c
porto 4A
porzione 11a
possedere 15a
possibile 7a
postale 2A
posteggio 2A
postino 5a
posto 7a
potente 15a
potere 8b
potrei...? 4a
povero 1b
pozzo (artesiano) 10A
pranzo 9a
praticare 13a
pratico 8b
prato 3B
precisione 3A
preciso 1B
preferire 7a
pregare 4a
pregiudizio 12a
prendere 4b
prendersela con 7A
(andare a) prendere 7a
(venire a) prendere 10a
prenotare 11a
prenotazione 3C
preoccuparsi 10b
preparare 2a/8a
prepotente 2B
presentare 12a
presentazione *Prologo*
presente 5B
presenza 9A
presidente 15a
presso 3C
prestare 6a
prestito 3A
presto 8a
prete 14a
prevalente 9B
prevedere 1A
prevenzione 5B
prezioso 7B
prezzo 6a

prigione 9B
prigioniero 9B
primo 8b
primo (piatto) 11b
prima 4b
prima (di) 8a (inf) 9a
primula rossa 3A
privato 3A
probabile 1B
problema 7a
procedere 8A
processione 8A
procurare 3A
prodotto 6A
produrre 15a
professione 10b
professoressa *Prologo*
profumato 2B
profumo 8A
progettare 1B
progetto 15b
programma 10a
proibire 4A
prologo *Prologo*
promettere di 13a
promuovere 1B
pronto 2a (tel)/8a
pronuncia 5A
proporre 11a
proposizione 1A
proposto 11a
(a) proposito 6a
proprio (avv.) 3b
proprio (agg.) 5A
prosciutto 9b
proseguire 1B
prospettiva 15a
prossimo 10b
proteggere 15a
protettore 14a
protezione 5B
prova 4B
provare 6b
provincia 12c
provviste 1A
prugna 8A
psicologico 5B
pubblico 2A
Puglia 15a
pugliese 15a
pulire 6B

pulito 5e
pullover 6a
punteggio 7B
pur(e) 5A
purtroppo 6a
qua 5a
(di) qua e di là 8A
quaderno 3a
quadro 10A
qualche 9a
qualcosa 6a
qualcuno 10a
quale...? 12a
qualità 6A
qualsiasi 6B
quando (rel.) 6a
quantità 9B
quanto...? 4a
quartiere 1A
quasi 9a
quello 4b
questo 3a
qui 3a
quindi 5A
quindicina di giorni 3B
quota 5A
raccolta 8A
raccomandata 5a
raccontare 14a
raccogliere 6B
raddoppiare 6B
radicale 2A
radice 8B
radio 8b
ragazza *Prologo*
ragazzata 8B
ragazzo *Prologo*
raggiungere 8A
ragione 4b
rapire 4A
rapporto 9B
rappresentante 14b
rappresentare 3A
rassegnarsi 6A
rassegnazione
razzismo 6A
re 4A
reagire 8a
realizzare 1B
recuperare 5B
refettorio 1A

regalare 11b
regalo 5A
regime 9A
regione 12c
registratore 3B
regno 4A
regola 14b
regolare 10A
religioso 2A
repubblica 2A
residenza (secondaria) 9B
Resistenza 14b
resistere 2B
restare 11a
rettore 3A
riaprire 5A
ribellarsi 6A
ricco 15a
ricerca 14b
ricevere 2B
richiamare 8a
richiedere 2B
   richiesta 3C
riconoscenza 6B
riconoscere 5B
ricordare 14b
ricordarsi 10a
ricordo 16a
ricostruire 5A
ricostruzione 5A
ricovero 9B
ridere 15b
ridicolo 10A
ridurre 1A
riempirsi 1A
riferirsi 4A
rifiutarsi di 4A
rifiuti 2A
riflettere 7a
rifugio 1B
rigatoni 11b
riguardare 4A
rimanere 10b
rimasto 12a
ringraziare 14b
rinunciare 4A
rinviare 1A
rio 10A
rione 2A
ripasso 7B
riposante 1B

riposarsi 6C
riposo 16a
risalire a 2A
riservare 2A
risolvere 6A
rispettare 4B
riscaldare 14a
rispetto 14a
rispondere 11a
risposta 15b
risposto 11a
ristorante 11a
risultato 7A
risvegliare 5A
ritardo 4b
ritirarsi 16a
ritornare 5A
ritorno 1B
ritratto 4B
riunirsi 14b
riuscire 6b
riva 1B
rivale 2A
rivalità 4A
rivivere 7B
rivolgersi a 16b
rivoltarsi 6B
rivoluzionario 4B
rivoluzione 2B
roba 6a
romano *Prologo*
romantico 10B
romanzo 2a
romanzo (agg.) 5B
rombo 1A
rosa 6a
rosso 6a
rosticcerìa 9b
(in) rovina 9B
rovinare 2A
rumore 14a
rumoroso 2B
(a) ruota (libera) 5B
rurale 9A
sabato 5a
sacco 4A
sacrificare 4A
sacro 7B
sagra 6A
sala da pranzo 5b
salato 10A

sale 9a
salire 12a
salotto 5a
saltare 4A
salumerìa 9b
salutare 9a/10b
salute 13a
saluto 4b
salvare 11b
salve 15a
sapere 3b
saraceno 4A
sarcofago 3A
sasso 7B/9B
sbagliato 7a
sbaglio 6B
sbandieratore 7B
sbrigarsi 10a
scala/Scala 10a
scalinata 2A
scalopp(in) a 11a
scambio 15b
scandalizzarsi 4B
scarpa 6a
scarseggiare 9B
scarso 9A
scatola 9a
scavare 9B
scegliere 13a
scelta 11b
scendere 10b
schermo 8b
scherzare 3a
schiaffo 8a
schiacciare 6B
schiavo 4A
schifo 8a
scemo 3B
scì 13a
scienza 1A
scienziato 6A
sciogliere 6B
sciopero 7a
scolaro 3A
sconfiggere 2B
sconto 10B
(anno) scolastico 16a
scompartimento 12a
sonosciuto 16b
scontrino 1A
scoppiare 7B

scoppio 7B
scoprire 4A
scorso 11a
scrittore 14a
scrivere 10b
scudo 7B
scultura 7A
scuola 1b
scuro 5b
scusa 6B
scusare 4b
sdraiarsi 10A
se (ob/wenn) 8a
seccarsi 2B
secolo 2A
(a) seconda di 3A
secondo (me) 13a
secondo (piatto) 11b
sedersi 10a
sedia 5b
segnalazione 3A
segno 6B
segreteria 14b
segreto 4b
seguire 6a
sella 6B/7B
selvaggio 2A
sembrare 6b
semplice 6a
sempre 1a
sempre che 6A
sennò 14a
senso 2A
sentiero 8A
sentire 5a
sentirsi 10a
senza 4a (+inf)/7a
seppellire 4A
sera 6b
serie A 4A
serio 4B
servire (ut.) 15a
servirsi di 10a
servizio 10b
servo 14a
seta 7B
sete 3b
settentrione 9A
settimana 5b
severo 12a
sezionare 3A

sfruttare 15a
sgarbo 8B
sì 2a
sì che è 14b
sia... sia... 6A
siccome 11a
siciliano 2B
sicuro 8b
sigaretta 14b
signora *Prologo*
signore *Prologo*
signorina 1b
silenzio 8b
simile 2A (6B)
simpatìa 6A
simpatico 15a
sindaco 5A
(a) sinistra 3b
sistema 2A
sistemare 10A
situazione 10b
slanciato 10B
slegare 8A
smettere 7a
sobborgo 2A
soccorso 11b
sociale 10A
società 4a
sociologo 9B
soffrire 2A
soggiorno 5b
sogno 10a
soldato 2B
soldi 6a
sole 14a
solenne 2B
solitario 6B
solo (avv.) 3 b (agg.) 7a
solo a dirsi 2B
soltanto 4b
soluzione 2A
somma 7B
sopportare 8a
sopra 2b/8A
(al di) sopra di 3A
soprattutto 4b
sopravvivere 6A
sorella *Prologo*
sorpresa 4b
sorriso 1A
sorte 7B

(tirare a) sorte 7B
sosta 7A
sostituire 8B
sotto 3a
sottoccupato 6A
sottolineare 2B
sottomettere 4B
sottostante 9B
sottosuolo
sovrapporre 9B
spaghetti 3a
spalla 6b
(alle) spalle di 6A
sparare 7B
spargere 8A
sparire 8B
(andare a) spasso 14a
spaventare 4B
spazioso 5b
specchio 2a
speciale 6b
specie 2B/6A
spedire 6B
spegnere (radio) 10a
spendere 9b
sperare 1A
spesa 5a
spesso 6a
spettacolo 14a
spezie 7B
spiaggia 16a
spiegare 8b
spiegazione 7A
spinaci 11b
spingere a 5A
sporco 5a
sport 13a
sportello 16b
sportivo 13a
sposare 4B
spostarsi 1A
spremuta 1A
spuntino 8A
squadra 7a
squilibrio 9A
stabilirsi 9A
staccare 3A
stadio 13a
stagionale 6A
stagione 11b
stagno 8B

stalla 9B
stamattina 12a
stancarsi 1B
stanco 12a
stanza 5b
stare 4a/b
stare di casa 12a
stare studiando 14b
stasera 5a
statale 2A
Stato 4a
statua 3A
stazione 7a
stella 11a
stemma 2B
stendere 2B
stesso 4b
(lo) stesso 8b
stivale 6a
stimulare 9A
stoffa 6b
storia 8a
storico 2A
strada 3a
stradale 6B
straniero 14a
strano 12a
straordinario 4A
strappare 8A
strategico 6A
stregone 3B
stretto 5b
stringere 7B
strumento 8A
struttura 15a
studente 1a
studentessa 14b
studiare 4b
studioso 1B
stufo 8a
stupendo 6A
stupido 8b
stupirsi 8B
su 6a
su...! 5a
subito 5a
subordinata 1A
succedere 14a
successo 15a
sud 3b
suonare 2a (la chitarra) 10a

suonare 10A
superare 8a/4A
superiore 3A/10B
supermercato 1A
superveloce 2A
supplemento 6C
supplizio 6B
suscitare 10B
sveglia 2a
svegliare/sveglia! 5a
svegliarsi 12a
svelto 10B
(alla) svelta 10B
sviluppar(si) 2A
sviluppo 9A
tacere 6B
tagliare 9b
taglia 6b
taglio 6b
talvolta 10a
tanto (avv.) 2a
tanto (agg.) 6b
tanti 4a
tappeto 2B
tardi 6a
tardo 4A
tasca 6B
tavola 5a
tavolo 3a
taxi 7a
tazz(in)a 2b
(per) te 3a
tecnico 6A
tedesco 2a
telefonare (a) 4a
telefonata 8a
telefono 10b
televisione (TV) 8b
tema 1B
temere 9A
temperamento 4B
temperatura 1A
tempo 4a
tenere 15a
tener conto 15a
tentare 4B
tenue 10B
terra 15a
terrapieno 8A
terrazza 15a
terremoto 5A

terribile 1b
terzo 5b
tesoro 2A
tessera 10A
testa 2a
(fai di) testa tua 6a
tetto 9B
tifo 7B
tifoso 13a
tipico 2A
tipo 3a
tirare 9b
titolo 10a
tizio 8B
toccare 8a/1A
togliere 8B
toilette 3B
topo 3B
tornare 7b
tortellini 9b
Toscana 5b
tossicodipendente 5B
totale (sost.) 4A
traccia 2A
tradire 1B
tradizione 15a/3A
traffico 16a
traghetto 1B
tragico 5A
tranquillo 16a
trascinare 7A
trascorrere 14a
trasformare 4A
traslocare 9B
trasparente 10B
trasportare 4A
trasporto 2A
trattare da 14
trattarsi di 10a
trattato 2A
(ad+un) tratto 15b
trattore 9A
trattenere 9A
trattoria 11a
treno 7a
treno locale 6C
triste 10b
troppo 6b
trovare 3b
(andare/venire a) trovare 10a

trucco 4B
truppe 4A
tufo 9B
turismo 10A
turista 3b
turistico 5A
tutto 3a
tutto sommato 2A
tutti 2b
tutt'e ... 11b
uccidere 14b
ufficio 4a
uguale 3A
ultimo 5a
umano 3A
umido 9B
unico 9B
unione 6B
unire 2A
universale 10A
università 6b
universitario 10A
universo 5A
uomo 6a
uovo 9b
urbanista 9B
urbano 2A
usare 2a
uscire 6a
utile 5B
vacanza 16a
vaccino 7A
vagone ristorante 12a
valido 7B
valigia 7a
valore 3A
valorizzare 6A
vantaggio 8A
vario 5A
vecchio 8b
vedere 4b

(non) vedere (l'ora di) 12a
vela 1B
veloce 7a
vendere 6a
vendita 9A
venditore 9a
venerdì 10b
venire 6b
vento 1A
ventre 16a
venuto 13a
ventina 7a
veramente 6a
vergine 4B
vergognarsi 6B
vero 1a
vero e proprio 6A
versione 7A
verso 8a
vestire 6a
vestito 5a
vetrina 6a
vetro 10B
via 3b
via ...! 13a
viaggiare 12a
viaggio 12a
viale 3b
(e) viceversa 4A
vicinanza 10A
(nelle) vicinanze di 4A
vicino a 5b
vicino (sost.) 4A
vicolo 3B
vietare 9A
vigile urbano 16b
villa 1B
villaggio 4A
vincere 7B
vino 5a
viola 6a

violenza 8A
virtù 2B
(biglietto da) visita 10B
visita 1B
visitare 3b
(in) vista 6B
(punto di) vista 6B
visto 11a
visto che 6A
vita 5a
vita (corpo) 6b
vitamina 7A
vitello 11b
vittoria 2B
viuzza 10A
viva 15b
vivere 11b
vissuto 14a
vivo 4a
voce 7a
voglia 16a
(far passare la) voglia 7A
voialtri 10A
volare 5B
volentieri 9a
volere 8b
volontà 1A
volontario 5B
(alla) volta 7B
volta 5a
(a) volte 3A
volto 2A
vorrei 4a
vulcano 8A
(ci) vuole 12a
vuoto 9a
zampa 6B
zia/o 11a
zitto 5a
zona 1B
zoo 2B
zucchero 2b

Textnachweise

p. 19: Antonello Venditti: «Lontana è Milano». Da: A. V.: Canzoni (a cura di Giorgio Cascio). Roma 1981. p. 22/23: Intervista da: Enzo Biagi: «Ho capito che questi ragazzi amano la loro città». Da: Settimanale del Corriere, 30. 5. 1991. p. 30/31: Giovanni Arpino: Le mille e una Italia. Torino 1960 (adattato). p. 34: Trilussa: «Le rovine, fortuna d'Italia.» Da: Mario Moretti/Ingemar Boström: Parlate con noi 2. Berlin 1979. p. 35: Antonello Venditti: «Roma Capoccia». Da: A. V.: Canzoni (a cura di Giorgio Cascio). Roma 1981. p. 42/43: Boccaccio: Decameron II und VIII 9. Novara 1962 (adattato). p. 55: Marino Moretti: Poesie scritte col lapis. Mondadori, in: Il Milione, Antologia per la Scuola Media, D'ANA, Fierenze 1958. p. 56/57: Italo Calvino: Naso d'argento: Da: I. C.: Fiabe italiane I, Milano 1968. p. 58/59: «Rivoluzionarie, ma non troppo». Da: Incontri 10/1981 (adattato). p. 62/63: Petra Rosenbaum: «Pregiudizi attraverso l'Europa». Da: Incontri 6/1985 (adattato). p. 75: Da: La Stampa, 2. 8. 1991 (adattato). p. 76: Leonardo Sole: «Dalla lingua al linguaggio: un progetto per l'autonomia». Da: Amministrazione Provinciale Cagliari, Assessorato alla Cultura «La lingua sarda ieri e oggi», Atti del Convegno Cagliari 1982. p. 84/85: Gianni Rodari: Il libro degli errori. Torino 1964 (adattato). p. 96: Dante Alighieri: La Divina Commedia, Inferno, Canto XXXI. Firenze 1981. Übersetzung aus: Dante Alighieri's Göttliche Comödie. Ed./übers./kom. von Philalethes. Leipzig und Berlin 1904. p. 104–106: Vamba: Il Giornalino di Gian Burrasca: Ed. Bemporad Marzocco. Firenze 1964. p. 113: Intervista di Enzo Biagi con Padre Bartolomeo Sorge, gesuita. In: Corriere della Sera, 12. 10. 1991. p. 114: Leonardo Sciascia: Il mare colore del vino. Torino 1973. p. 126: Giovanni Becchelloni. In: La Stampa 13. 8. 1984 (adattato). p. 129: Luciano De Crescenzo: Così parlò Bellavista. Milano 1977. p. 142: Fruttero & Lucentini: L'amante senza fissa dimora. Milano 1986. p. 146/147: Luigi Malerba: In tram. Da: Storiette tascabili. Torino 1984. p. 148–151: Gianni Rodari: Il filobus numero 75. Da: Favole al telefono. Torino 1962. p. 152: Un incidente (Originalbeitrag). p. 153/154: Luciano De Crescenzo: Così parlò Bellavista. Milano 1980. p. 155–157: I Parchi Nazionali. Da: L'Italia da salvare. A cura del Comitato Parchi Nazionali e Riserve analoghe. Roma 1980. p. 158–160: Da: Stefano Benni: Il bar sotto il mare. Milano 1987. p. 161–163: Luigi Malerba: Le galline pensierose. Torino 1980. p. 164/165: Fabrizio De André: Il pescatore. Milano (Dischi Ricordi) 1979. p. 166/167: Enzo Jannaci: La fotografia. (San Remo) 1991. p. 168: Angelo Branduardi: L'uomo e la nuvola. Luna Musica 1976. p. 169: Salvatore Quasimodo: Ed è subito sera. In: Luca Ceccarelli: L'italiano com'è. Firenze 1984. p. 170: Francesco Petrarca: Pace non trovo. In: Il canzoniere. Milano 1954. p. 171: Giorgio Calcagno: Ai miei figli. Da: Visita allo Zoo. Guanda (o. J.). p. 172: Giuseppe Ungaretti: Vita d'un uomo. Milano 1970. p. 173: Primo Levi: Se questo è un uomo. Torino 1948/1971.